郑蔚●著

云南大学研究生院资助出版

ON INTERNATIONAL TAX HARMONIZATION

—FROM THE PERSPECTIVE OF REGIONAL ECONOMIC INTEGRATION

国际税收协调论

——基于区域经济一体化的视角

图书在版编目（CIP）数据

国际税收协调论：基于区域经济一体化的视角/郑蔚著．—北京：经济管理出版社，2013.9

ISBN 978-7-5096-2554-5

Ⅰ．①国…　Ⅱ．①郑…　Ⅲ．①国际税收-研究　Ⅳ．①F810.42

中国版本图书馆 CIP 数据核字（2013）第 158001 号

组稿编辑：陆雅丽
责任编辑：陆雅丽
责任印制：杨国强
责任校对：张　青

出版发行：经济管理出版社
（北京市海淀区北蜂窝 8 号中雅大厦 A 座 11 层　100038）
网　　址：www. E-mp. com. cn
电　　话：（010）51915602
印　　刷：北京京华虎彩印刷有限公司
经　　销：新华书店
开　　本：720mm×1000mm/16
印　　张：14.25
字　　数：233 千字
版　　次：2013 年 9 月第 1 版　2013 年 9 月第 1 次印刷
书　　号：ISBN 978-7-5096-2554-5
定　　价：39.00 元

本书受云南大学研究生院资助出版，谨此真诚致谢！

前　言

在过去的30多年中，区域经济一体化浪潮席卷了整个世界。全世界90%以上的国家都分别加入了不同的区域性经济组织，而且有不少国家成为多个经济一体化组织的成员。截至2013年1月10日，在WTO及其前身GATT注册登记的区域贸易协定（RTA）已达546个（货物贸易和服务贸易分开统计），其中已生效执行的有354个。我国也在积极开展区域经济一体化合作，目前正与五大洲的29个国家和地区建设16个自由贸易区，在多层面上参与区域国际税收协调。

税收差异和税制摩擦是区域经济一体化的重要制约因素之一。加强国际税收协调，消除税收障碍已成为推进区域经济一体化的重要举措和必然选择。实践表明，区域经济一体化与国际税收协调相生相伴，从自由贸易区、关税同盟到共同市场以及经济与货币联盟，无一不与税收协调有关，税收利益的协调与分配可以说是区域经济合作的核心内容。国际税收协调通过关税的协调、间接税的协调、直接税的协调，以及税收征管的协调着力解决国家之间重复征税、无序的税收国际竞争和恶意的国际避税等问题，从而直接推动区域经济一体化进程。

目前世界上起步最早、最为成熟的区域经济一体化组织——欧盟从建立之初就致力于有步骤、有机制地进行国际税收协调，才发展成为目前一体化程度最高的区域一体化组织。相对而言，国内外对国际税收协调的研究还不多，尤其是缺乏深入系统的研究，国内在这方面的研究更是起步晚、成果少，特别是针对中国参与区域经济一体化实践展开的国际税收协调研究是薄弱环节。本书的选题及研究意在这方面添砖加瓦，为推动我国区域经济一体化进程尽绵薄之力。

本书在梳理国际税收协调相关文献、总结国际税收协调实践经验的基础上，尝试提出区域经济一体化进程中国际税收协调的理论分析框架；具体分析国际税收协调产生的作用及其影响，提出国际税收协调绩效评价及协调度测度的指标和方法；并结合我国参与国际税收协调的实际，特别是中国—东盟自由贸易区建设实际，提出我国参与区域国际税收协调的思路及政策启示。具体内容包括：

第一，在界定相关概念的基础上，对国际税收协调的国内外研究成果及相关文献进行了梳理和评述。明晰了国际税收协调的主要内容及科学内涵，通过对关税同盟理论、国际经济相互依存理论和哈马达模型的评述，以及对国内外关于国际税收协调效应、机制和模式等的评析，为全文展开研究奠定了理论基础。

第二，对三个最具代表性的经济一体化区域（欧盟、北美自由贸易区、中国—东盟自由贸易区）国际税收协调状况作了总结分析。重点阐述了目前区域经济一体化中国际税收协调的特点、趋势和面临的主要问题，为本书深化研究找到了方向和突破口。

第三，构建了区域经济一体化背景下国际税收协调的理论分析框架。探讨了区域经济一体化背景下国际税收协调的主要影响因素及作用机理；对区域经济一体化下国际税收协调度进行了分类；分析了不同协调度下国际税收协调的内容、方式、机制特点及其与区域一体化程度的相关性。

第四，分析了国际税收协调对区域经济一体化的作用及效应，提出了国际税收协调绩效评价及国际税收协调度测度的指标和方法。在比较区域经济一体化进程中国际税收竞争与国际税收协调所带来的福利效应的基础上，得出了国际税收协调的效应具有多样性和复杂性特点的结论。关键是要找到国际税收协调与国际税收竞争的最优均衡点，适度的国际税收协调给区域带来的福利效应大于国际税收竞争。

第五，对中国参与区域国际税收协调进行了实证分析，对中国参与区域国际税收现状及前景作了总体判断，提出了中国参与区域国际税收协调的思路和建议。其中包括中国—东盟自由贸易区建设中国际税收协调的可行性、中国参与区域国际税收协调所具备的优劣势及面临的机遇和挑战。另外，从战略及策略、协调目标、协调布局、协调原则、协调的步骤和方式、协调的机制，以及中国提高自身参与区域国际税收协调能力需要做出的努力等方面提出了相应的建议。

郑　蔚

2013 年 4 月

Preface

Regional economic integration has been swept the entire world in the past three decades. 90 per cent of the countries over the world have been engaged in different regional economic organizations, and many countries are engaged in more than one organization. China has actively taken part in regional economic cooperation and regional tax harmonization in recent years. It is constructing 15 free trade regions under the FTAs with 28 countries and regions, and participated in international tax harmonization in these regions.

Taxation difference and tax system conflicts are the main reasons that stifle regional economic integration. Strenthening the international tax harmonization and eliminating tax barriers are becoming the inevitable choice of regional economic integration. The practice of regional economic cooperation indicates that the regional economic integration goes with international tax harmonization. From the Free Trade Agreements to the Customs Unions, to the Common Markets and to the Economic and Monetary Unions, the regional economic cooperations are never without international tax harmonization. The tax benefits are the key content of regional economic cooperation. International tax harmonization directly promoted the process of regional economic integration through tariff harmonization, indirect taxes harmonization, direct taxes harmonization and taxation cooperation in seeking solutions to overlap taxation, hamful tax competition, and tax avoidance.

The earliest and most successful regional economic integration, EU can be attributed to its dedication to systematic international tax harmonization from the very beginning. However, intensive studies in the international tax harmonization lag behind the other issues of regional economic integration, comprehensive and systematic research in international tax harmonization is particularly rare. Domestic research in this field started late, and achieved much less, and research in China's participation in regional tax integration is especially less. The purpose of the dissertation's research is to make a necessary, beneficial and useful complement to the theories of regional economics and international taxation, as well as a contribution to China's participation in international tax harmonization and regional economic integration.

The dissertation suggests a theoretical analyzing frame for international tax harmonization based on a critical review on the literature and a summery of related practice of international tax harmonization; analyzes the effects of international tax harmonization on the regional economic integration; proposes indicators and method for assessing the performance and degree of international tax harmonization under the regional economic integration; gives policy enlightenment to China's participation in the regional tax harmonization based on the practice of China–ASEAN Free Trade Agreement. The main contents of the dissertation include:

1. Arationale and a critical review of the literature based on a definition of the term "international tax harmonization". The dissertation definites the contents and key points of international tax harmonization, and critically reviews the three theories link to international tax harmonization, Customs Union Theory, International Economic Dependency Theory, and the effects, system and models of international tax harmonization in the domestic and foreign literature, which lays a theratic foundation for the disertation.

2. An introduction to the practice of international tax harmonization in three regions, EU, North American Free Trade Agreement, and China–ASEAN Free Trade Agreement, as well as the features, trends and challenges of regional tax harmonization, which leads to the breakthrough for the dissertation.

3. A construction of theoretical analyzing frame for the international tax harmonization in regional economic integration. The dissertation classifies regional tax harmonization by the degree of harmonization, analyzies the features, contents, ways and systems of international tax harmonization at different degrees, and discusses the factors that affect

the international tax harmonization in the context of regional economic integration.

4. An analysis on the effects of international tax harmonization on regional economic integration, a model comparing of the effects of international tax harmonization and international tax competition, and a performance assessment frame for international tax harmonization. The result of the model is, the welfare improvement caused by international tax harmonization is much more than international tax competition. It is concluded that the effects of international tax harmonization are various and complex, so the the key point is to find out the banlance between tax harmonization and competition, where most welfare effects can be achieved.

5. An empirical analysis on China's participation in regional tax harmonization, a perspective of and some suggestions on China's further practice in regional tax harmonization. The dissertation analyzes the feasibility of international tax harmonization in China-ASEAN Free Trade Agreement, and the advantages, disadvantages, opportunities and challenges of China's participation in regional tax harmonization. And at last a regional tax harmonization strategy for China is raised, which covers the goals, layout, principles, procedures, mechanism, and improvement of the countries' tax system.

Zheng Wei

April 2013

目　录

Contents

第一章　国际税收协调概述

第一节　研究背景

经济全球化和区域经济一体化是当今世界经济发展最显著的特征。在过去的 30 多年中，区域经济一体化浪潮席卷了整个世界。全世界 90% 以上的国家都分别加入了不同的区域性经济组织，而且有不少国家成为多个经济一体化组织的成员。1957 年以罗马条约的缔结为标志成立的欧洲经济共同体是世界上最早建立也是目前成员最多、一体化程度最高的区域经济一体化组织。20 世纪 80 年代和 90 年代，欧洲经济共同体的成功实践掀起了区域经济一体化在全球范围内的浪潮。在加勒比海地区、非洲、北美、拉丁美洲、亚洲、环太平洋地区都展开了形式、程度不一的区域经济一体化进程。到 2013 年 1 月 10 日，在 WTO 及其前身 GATT 注册登记的区域贸易协定（RTA）已达 546 个（货物贸易和服务贸易分开统计），其中已生效执行的有 354 个①。目前世界上主要的经济一体化组织有：欧盟（EU）、北美自由贸易区（NAFTA）、亚太经济合作组织（APEC）、中国—东盟自由贸易区（China-AESEAN）、南方共同市场（MERCOSUR）、非洲联盟（AU）等。

不同的区域经济一体化组织不同程度地要求成员国将经济活动由国家过程逐步转化为国际过程，即消除各国生产要素在区域内自由流动的障碍，把各国各地区的各种经济部门连接成一个既有利益竞争又相互依赖的国际经济联合

① 来自 WTO 官方网站数据：http：//www. wto. org/english/tratop_ e/region_ e/region_ e. htm。

体。一体化拓宽了各国经济行为主体在区域内的经济活动范围，使国家之间的经济联系日益紧密并且相互渗透和依赖。区域成员国一方面从区域经济一体化进程中获得利益，另一方面又相互间为利益而竞争。税收是影响经济要素流动的重要因素之一，税收制度和政策作为区域经济运行的一个重要组成部分，从区域经济组织建立之初就与区域经济一体化的发展息息相关。经济决定税收，税收又反作用于经济。同理，区域经济发展决定区域税收，区域税收反作于区域经济发展。税收的国际协调一方面推动了区域经济的一体化进程，另一方面也为区域经济一体化带来了挑战。

一方面，区域成员国在税收政策和管理方面的协调大大推动了区域经济向一体化的方向迈进。欧盟从建立之初就致力于区域内的国际税收协调：从关税协调到增值税、所得税协调，在反避税、反有害税收竞争、反转让定价方面进行坚持不懈的合作，以及建立欧盟独立预算、颁发税收制度的建议和指令。目前在欧盟内部已初步构成一种超越国家层面的税收制度雏形，这对于成员国及欧盟经济都产生了十分积极的影响。正是这些税收协调举措推动了欧盟在经济、文化、教育等方面的一体化合作，从而使其一体化程度不断加深，范围越来越大。目前欧盟拥有 27 个成员国（2013 年 7 月克罗地亚加入后变为 28 个）、65% 以上的国际贸易在成员国之间进行，所有成员国国内生产总值超过 10 万亿美元，占世界生产总值的 30%，其贸易总量约占全世界的 20%[①]，是目前世界上贸易总量最大的经济体，成员国之间税收政策和制度协调程度在世界各区域经济组织中达到了最高水平。其他一些经济一体化区域，如北美自由贸易区、亚太经济合作组织、中国—东盟自由贸易区等，尽管国际税收协调主要还停留在关税协调的层次，但通过关税的协调，对内实行低税率甚至零关税、对外实行统一或差别性关税，大大促进了自由贸易的发展，改进了组织内部的福利水平，使区域内市场一体化程度逐步加深。

另一方面，区域经济一体化进程的加深使各国的税收政策相互联系和影响的程度不断加深，各成员国之间的税制联系也日益增强，由此产生的税制摩擦在很大程度上阻碍了区域经济一体化的推进。区域一体化发展到一定程度以后是否能进一步顺利推进，很大程度上取决于区域组织能否成功地应对这种问题

① 欧盟官网：http：//europa. eu/pol/comm/index_ en. htm。

和挑战。区域经济一体化程度的加深使各国之间尤其是区域成员国之间国家经济政策的相互影响和相互依赖程度也日益加深，各成员国之间的税制联系也日益增强。一个国家的税收政策会对其他国家的经济福利带来影响，同时也受到其他国家税收政策的约束，因为一国税收政策的目标、有效性及其目标的实现程度不仅受制于本国国内的因素，而且也受制于相关国家的政策选择。当一个国家采取税收优惠政策来吸引国外资本时，势必不同程度地侵蚀了其他国家的税基，从而也会引发其他国家也采取同样的税收政策。

区域性经济组织的合作大多始于自由贸易，而税收协调的一项重要内容——关税协调就成为区域内成员国贸易顺利展开的第一步。也就是说，区域性经济组织从建立之初就伴随着税收协调。随着商品、资本、技术和劳力等经济要素在区域内以及世界范围内跨国流动日益频繁，各国之间都存在着不同程度的利益交织、竞争与合作关系，区域内各国相互间由于从事国际经济活动的自然人和法人征收所得税、财产税、关税等所带来的税收分配关系变得错综复杂。在这种复杂的税制联系下，税收主权是国家主权的一种基本反映形式，因此，各国往往极力维护这种主权而不愿意让渡、放弃，这就带来了一些问题：一是由于国与国之间税收管辖权交叉重叠而导致的重复征税；二是各国为了尽可能多吸引跨国流动资本而竞相实施税收优惠政策而产生的税收国际竞争；三是国际经济行为主体（主要是跨国公司）采用改变居所、联属公司内部贸易和转让定价、在避税港设立基地公司等形式进行的国际避税。这些问题也越来越成为阻碍区域经济贸易进一步发展、区域一体化进一步推进的因素。而这些问题的解决需要区域各国进行税收协调与合作。通过国际协调来逐步实现区域内税收政策的配合、制度的融合，减少成员国之间的税收摩擦和冲突，促进区域经济健康和谐发展。

由此可见，税收的国际矛盾和协调问题是与区域经济一体化相生相伴的，对这一问题加以研究不仅是国际税收理论与实践发展的需要，也是区域经济一体化研究与发展的需要。而相对于区域经济一体化领域其他问题的研究，国际税收协调问题的研究要滞后许多。国内外学者大多从国际税收协调的原因、背景、方式、内容、模式方面进行研究，却几乎没有学者从区域经济一体化内影响国际税收协调的因素以及税收协调绩效的评价方法方面进行深层次的研究：在区域成员国国情各异、税收政策目标各异的情况下开展税收协调，协调的效果和进展会受到哪些因素的影响？一个区域推进国际税收协调的可行性状况如何？区域国际税收协调通常按什么程度、什么阶段递进，这些不同阶段是以什么指标来评价和界定的？处于不同协调阶段的协调内容、机制、方式等各有什么特点？区域内国际税收协调是如何推进区域经济一体化进程的？国内外对这些方面的研究都需进一步深入。

20世纪以来，我国积极加入区域经济一体化合作，参与区域国际税收协调，目前正与世界29个国家和地区建设16个自由贸易区。我国除了加入《亚太贸易协定》之外，还签署了10个自由贸易协定：中国与东盟、巴基斯坦、新加坡、新西兰、智利、秘鲁、哥斯达黎加签署的自由贸易协定，中国内地与香港、澳门的更紧密经贸关系安排，以及与台湾地区的海峡两岸经济合作框架协议。另外，还与海湾合作委员会、澳大利亚、挪威、瑞士、冰岛、韩国商建自由贸易区。中国—东盟自由贸易区建设标志着我国在参与国际区域经济一体化方面迈出了实质性步伐。中国—东盟的经济一体化发展虽然还处于自由贸易区建设的低级阶段，目前的税收协调也仅涉及关税协调。但随着一体化步伐的加快，区域间生产要素的流动日趋频繁，因各国税制差异而造成的税收障碍也将日益突出。因此，有必要对间接税、直接税的协调作前瞻性考虑。

另外，目前世界范围内大国与大国之间的竞争逐步体现为对区域经济一体化组织的竞争。我国在参与区域经济合作方面远远落后于欧洲、北美洲的国家，目前我国参与的10个区域经济合作主要还停留在关税协调这样的自由贸易安排阶段。有的区域经济合作形式松散、进展缓慢，如APEC；有的区域经济合作推动起来困难重重，如东亚“10+6”合作。因此，我国应重视研究区域经济一体化下的国际税收协调问题，我国应对推动区域经济合作的策略进行认真分析，争取以推动国际税收协调为支点，来推进区域经济合作。同时，我们应当用一种开放的、未来的眼光看待国际税收环境的变化，将这些变化的因素纳入本国税收政策制定之中，使我国的税收制度更加符合我国开放式经济发展的需要。

因此，从区域经济发展的角度看，研究国际税收协调的主要影响因素、协调度的测度方法，有利于区域性经济组织分析本区域开展国际税收协调的运作条件，以及区域内国际税收协调演进的规律，以利用有利因素，克服不利因素，顺应国际税收协调的规律，预测其发展趋势，促进商品、劳动力、

资本等经济要素在区域内的自由流动，进而推动区域一体化进程。从一国的视角来看，研究区域经济一体化下的国际税收协调对本国有效参与区域经济合作也非常有意义。在开放经济条件下，要促进本国经济与区域经济、全球经济更好地融合，要提高本国参与区域经济合作的有效性，就要了解国际税收协调如何推动区域经济一体化进程，在参与区域经济合作中，如何通过把握区域经济一体化影响国际税收协调的因素，以及区域内国际税收协调演进的规律，主动协调本国与其他国家之间的税收冲突和矛盾，以有效参与区域经济合作。

第二节　国际税收协调的内涵

西方税收理论界对国际税收协调这一概念存在着不同的解释，主要归因于对“协调”一词的不同理解。从20世纪80年代西方税收理论开始关注国际税收协调问题以来，在西方文献中主要出现了三个词来表述“协调”：cooperation①，coordination②③④⑤⑥与harmonization⑦⑧⑨⑩。使用这三个不同的词也体现了西方学者

① Rasmussen, B. On the Scope for International Tax Cooperation: The Role of Capital Controls. *Open Economics Review*, 1999, 10.

② Gnossen, S. and S. Shoup. Coordination of Value-Added Taxes in S. Gnossen ed, *Tax Coordination in the EC*, Kluwer Press, 1987.

③ Keen, M. The Welfare Economics of Tax Coordination in the European Community. *The Economics of Tax Policy*, ed. M. Devereus, Oxford University Press, 1996.

④ Kanbur, R. and M. Keen. Jeux Sans Frontieress: Tax Competition and Tax Coordination When Countries Differ in Size. *American Economics Review*, 1993, 83.

⑤ Huber, B. Tax Competition and Tax Coordination in An Optimum Income Tax Model. *Journal of Public Economics*, 1999 (71): 441-458.

⑥ Sorensen, P. The Case for International Tax Coordination Reconsidered. *Economic Policy*, 2000, 10.

⑦ Razin, A. and E. Sadka. International Tax Competition and Gains from Tax Harmonization. *Economies Letters*, 1991, 37.

⑧ James, D. Can We Harmonize Our Views on European Tax Harmonization? *International Bureau of Fiscal Documentation*, 2000, 6: 263-268.

⑨ Eggert, W., B. Genser. Is Tax Harmonization Useful? *International Tax and Public Finance*, 2001, 8: 511-527.

⑩ Oshawa, Y. A Spatial Tax Harmonization Model, *European Economic Review*, 2003, 47.

对国际税收协调的概念从“合作”到“协调”再到“融合”的三个不同程度的理解。使用 cooperation 的含义是指参与协调的国家通过进行某种合作来解决税收差异和冲突问题。Coordination 是指参与协调的国家通过某种共同的政策和机制对各国的税收政策进行协调的过程；James 用 harmonization 来表述国际税收协调以及他对国际税收协调的界定受到了西方学者的普遍公认。其含义是：对成员国的税种、税基、税率和税收征管进行协调，这种协调将按以下几个层次发展：首先是各国设置不同税种的无协调状态；其次是联盟成员国都设立某些相同税种，同时允许成员国设立某些不同税种的“部分协调”状态；再次是每个国家实行相同税种、不同税基、不同征管方式的“名义协调”状态，最终达到税种和税基完全相同的“财政联邦制”状态①。

另外，以当代著名财政学家马斯格雷夫为首的一些学者对国际税收协调提出了两种不同的方向：一种是通过统一各国的税制来消除大部分税收冲突，从而实现税制的均等化（Equalization）。不过马斯格雷夫也强调，这样的税收协调是在倒掉了洗澡水的同时也丢掉了婴儿。另一种是创造一个既能使各国在最大的自由范围内安排自己的税制结构又不会干扰国际效率和公平的框架，也就是在“差异化”（differentials）的前提下协调，即允许每个国家可以有不同的税制，但在运用税收政策时必须考虑大家共同的经济和社会目标。

笔者比较赞同用 harmonization 来表述区域内的国际税收协调，因为税收主权被各国视为国家主权的一部分来捍卫，在区域内开展国际税收协调，用 harmonization 比 coordination 和 cooperation 更体现出国与国之间政策的相互融合，以实现和谐共赢发展之义，更令成员国容易接受。另外，笔者认为，要实现完全“均等化”的税收协调是一种几乎不可能实现的构想，它要求参与协调的国家必须采取统一的经济政策，甚至要有共同的政治目标，并放弃大部分的税收主权，其实现的可能性依赖于区域经济完全一体化的实现。因此，比较赞同“差异化”的国际税收协调。

国内税收理论早期对国际税收协调的定义主要限于国际税收关系的协调，

① James, D. Can We Harmonize Our Views on European Tax Harmonization? *International Bureau of Fiscal Documentation*, 2000, 6: 263-268.

即两个或两个以上的国家或地区针对行使各自税收管辖权产生的冲突进行协调[①②③]。从20世纪90年代后期以来国内学者普遍将国际税收协调的含义进行了扩展，即两个或两个以上的国家或地区，为了实现共同的经济目标，通过颁布共同指令、签订税收制度或税收管理合作协议等途径，使参与国或地区的税收政策、税收制度（包括税种、税率）互相接近或统一，以减轻彼此之间的税收冲突和摩擦，以增进商品、资本和劳务在相关区域内自由流动，提高整体效率和福利所采取的一系列相关政策和措施[④⑤⑥]。

在综合国内外相关定义的基础上，笔者进一步对国际税收协调的内涵进行以下几个方面的补充：

第一，国际税收协调是一种体制和规则在本国税收利益和国际税收利益间寻求平衡和妥协的行为，协调的目的并不是要消除国际税收竞争，而是消除税收摩擦和冲突并保持适当的竞争；协调的本质是参与协调的国家必须让渡一部分税收主权；协调的主体是具有税收主权的国家或地区政府；协调的对象是参与国税法中规定的征税目的物；协调的内容包括税收管辖权、税率、税基以及税收管理。

第二，国际税收协调体现着一种税收关系从国内到国际发展的过程，这种协调必然要受到各国国内经济发展水平、财政政策、法律制度等因素的限制，又受到国际经济发展水平、国际经贸关系、国际税收关系、国际经济组织以及经济全球化和区域经济一体化进程的影响和制约。

第三，国际税收协调是一种博弈协调。由于目前除了欧盟之外还没有任何一个经济一体化区域建立起超国家的强权机构来操控这种协调，各国政府只能通过建立各种形式的国际机制来消除国际合作中的障碍。而这种国际机制的达成及实施过程就是各方政府选择非合作还是合作的博弈过程。

国际税收协调按协调的主导方不同可以分为三类：

---

① 陶继侃．国际税收与国际的税收协调［J］．世界经济，1988（1）．

② 邓子基等．国际税收导论［M］．北京：经济科学出版社，1998.

③ 王传纶．国际税收［M］．北京：中国人民大学出版社，1992.

④ 靳东升，龚辉文．经济全球化下的税收竞争与协调［M］．北京：中国税务出版社，2008.

⑤ 邓力平，陈涛．国际税收竞争研究［M］．北京：中国财政经济出版社，2004.

⑥ 常世旺．论中国—东盟自由贸易区税收协调［J］．东南亚研究，2008（4）．

1. 国与国之间的协调

国与国之间的协调指两个以上的国家根据本国的实际操作需要，针对特定的税收冲突问题达成税收协定、条约、协议来进行的协调。这些国与国之间的税收协定大多是双边协定，内容大多以避免双重征税、税收情报交换、反国际避税为主。例如，世界最早的双边税收协定是1943年比利时和法国签订的税收征管合作、税收情报交换的协定。目前我国也与世界上90余个国家和地区签订了这样的双边协定。这不是本书的研究范围。

2. 国际组织协调

国际组织协调指通过权威的国际组织主导、规范和协调各国税收关系和税收纠纷，如联合国、OECD主导的国际税收协调。就国际组织主导的国际税收协调而言，WTO、OECD、联合国在过去几十年的国际税收协调实践中取得了影响最为深远和广泛的成效，尤其是WTO主导的关税协调是目前范围最广、最有成效的国际税收协调。OECD于1963年公布了《关于对所得财产避免双重征税的协定范本》（以下简称《OECD范本》），并在过去的30年里对该范本进行了多次修订。该范本更多站在发达国家的立场上，以协调发达国家的税收协调利益为出发点，偏重于居民税收管辖权，较多地要求限制地域管辖权。由于《OECD范本》倾向于发达国家的税收利益协调，发展中国家很难据此维护自己的利益，因而广大发展中国家多方呼吁要求制订一个能反映发展中国家切身利益的国际税收协定范本。为此，联合国经济与社会理事会于1977年正式公布了《联合国关于发达国家与发展中国家间避免双重征税的协定范本（草案)》（以下简称《UN范本》)。这个范本以协调发达国家和发展中国家之间的税收利益关系为出发点，主张尽量扩大地域税收管辖权。《OECD范本》和《UN范本》的产生标志着国际税收协调进入了规范化的阶段，这两个范本成为国际税收协定范本的基础，也代表了OECD和UN主导的对当代国际税收协调最具影响的两项举措。总的来说，OECD和UN两个国际组织主导的国际税收协调在反重复征税、抵制有害税收竞争和跨国公司转让定价、统一常设机构认定等方面取得了不少成绩。但本文主要关注区域经济一体化中的国际税收协调，因此，对以上三个国际组织主导的国际税收协调就不作更多的分析。这类协调也不是本书的研究范围。

3. 区域经济一体化下的国际税收协调

指特定的经济一体化区域内，从区域层面上展开的、在成员国之间采取的

统一的国际税收协调行动，包括统一税收制度、税收政策等 。这就是本书主要的研究对象。

上述三种类型的国际税收协调既有联系又有区别，为了突出重点，深化选题研究，本书重点研究区域经济一体化下的国际税收协调，不包括第一、二类的国际税收协调。

第三节　国际税收协调的意义

一、避免国际重复征税

国际重复征税是指两个或两个以上的国家，在同一时期内对同一纳税人或不同纳税人的同一征税对象征收相同或相似的税。造成国际重复征税的根本原因是各国税收管辖权的重叠行使。税收管辖权（Jurisdiction to Tax）是一个国家具有的在一定范围内的征税权力。在所得税征收的国际税收实践中，一个国家可以按两种原则来行使税收管辖权：一种是属地原则，又称为收入来源地管辖权，即一国政府只对纳税人来自本国境内的收入或在本国境内从事的经济活动依照本国法规定征税，而对其来自国外的收入则不予征税；另一种是属人原则，又称为居民，即一国政府只对属于该国的居民或公民（包括自然人和法人）取得的所得行使课税权力。对于按照何种原则行使税收管辖权，国际上并没有统一的规定，因此，每个国家有权根据自本国的政治经济和财政政策来决定采取属地原则还是属人原则，从而也就有收入来源地管辖权和居民公民管辖权之分。从国际税收的实践来看，世界上大多数国家都选择了同时采用两种原则行使税收管辖权，一般国家对间接税采取属地原则，对于所得税则有不同，对居民纳税人采取属人原则，对非居民采取属地原则。于是就产生了国际重征税。这通常有三种情况：一是不同国家同时实行属地原则和属人原则，使得具有跨国收入的纳税人一方面作为居民向其居住国就世界范围内的收入纳税，另一方面作为非居民纳税人向收入来源地纳税；二是由于居民身份的确认标准不同，使同一跨国纳税人在不同国家都被认定为该国的居民，因而要向不同的国家纳税；三是由于收入来源地确认标准不同，使同一跨国所得同时归属两个不同的国家，向两个国家承担纳税义务。

国际重复征税造成了三方面的后果：一是加重了跨国纳税人的负担，影响跨国纳税人对外投资的积极性；二是违背了税收公平的原则，让资本这一重要的生产要素不能在全球范围内得到优化配置；三是造成国际税收利益冲突，因为跨国纳税人受到了重复征税在不堪重负的情况下会选择转移资本或者筹划避税，这样一来国与国之间的冲突难免。

税收管辖权是一个国家主权在税收领域中的体现，因此一个独立的主权国家基本不会轻易放弃自己的税收管辖权。当出现国与国之间重复征税问题时，最好的办法就是相互协商进行合作，也就是通过国际税收协调来避免和解决国际重复征税。

二、约束国际税收竞争带来的扭曲和低效

国际税收竞争源于各国对资本的需求，其实质是各国间以税收为载体的竞争。由于所得税率的高低、税基宽窄等直接影响到国际资本流动的方向，世界各国政府为了吸引国际流动资本，纷纷采取了降低税率、增加税收优惠等税收竞争措施，以促进本国经济增长。自20世纪80年代以来，西方各国就开始了以减税为主要手段、以所得税为主要内容的国际税收竞争大战。1986年美国为了克服其公司税“高税率、窄税基”所带来的不利于吸引外资等一系列弊端，率先将公司所得税从46%减到34%。这一举措吸引了美国的投资者和外国投资者都将海外的投资投向了美国，使美国在20世纪90年代初从资本输出大国变为了净资本输入大国。为了保持对国际投资的吸引力，欧洲各国也纷纷降税，各国的平均公司税率从1986年的37%降到了1992年的27%。

适度的国际税收竞争可以让资本和其他资源在全球范围内合理、有效地配置，有利于实现税收中性，提高经济效率，促进经济增长。但是过度的、旨在吸引外国直接投资的国际税收竞争会产生两种后果：一是由于对流动性资本减少征税，或对其进行补贴，将使税收负担转移到流动性相对较小的劳动力身上①②。经

① Gordon, R. Taxation of Investment and Savings in a World Economy. *American Economics Review*, 1986, 76: 1086-1102.

② Razin, A. and E. Sadka. International Tax Competition and Gains from Tax Harmonization. *Economies Letters*, 1991, 37.

典税收竞争模型——Z-M 模型分析得出的结论是：资本的流动性比劳动力要大，由于各辖区发现对资本征税会导致资本外流，于是各辖区争相降低资本税展开税收竞争，这样就出现了资本税“向底部竞争”（race to the bottom），其最终结果是，所有与资本所得有关的税都将消失①。欧盟 2000 年的一项调查表明，在过去的 15 年里欧盟对储蓄的税收下降了 10%，而对劳动的税收却增加了 7%。而劳动力的税率提高，又会使劳动力成本提高，这在一定程度上又降低了外资流入的吸引力，因此又反过来影响了税收竞争措施的效应。二是税收竞争会导致税率太低，从而使公共物品提供不足、工资较低的就业、住宅和其他资产的流失以及税基的减少②。当一国政府一再降低资本税率以吸引国际资本流入时，就大大减少了本国资本税的收入，为了维持一定的公共支出水平，政府只好选择提高劳动力的负税或者减少公共物品的提供。有对美国各州的数据研究结果表明，在不考虑政府间转移的情况下，地方政府支出的效率损失约占地方总支出的 8%，而加入“政府间转移”后，这个比例降到了 0.6%③。由此可见，税收竞争的损失较大，而如果所有辖区进行税收协调，提高资本税，则可以大幅度增加税收收入，进而改善公共服务水平。

因此，需要对所得税的税率、税基进行国际税收协调来纠正这种扭曲，提高所有国家的福利水平④⑤⑥。

三、防止国际逃避税

防止国际避税和逃税是国际税收协调要解决的另一个重要问题。国际避税是指跨国纳税人利用各国税法规定的差别，以种种公开的合法手段，以谋求减轻纳税义务的行为。国际逃税也称国际偷漏税，是指跨国纳税人利用国际税收管理的困难和漏洞，采取种种隐蔽非法手段来逃避国际税负的行为。由于在国

---

① Zodrow, G. R. and P. Mieszkowski. The Incidence of the Property Tax: The Benefit View Versus the New View. In G. R. Zodrow (ed.), *Local Provision of Public Services: The Tiebout Model after Twenty-Five Years.* New York: Academic Press, 1983.

②④ Oates, Wallance E. *Fiscal Federalism.* Harcourt Brace Jovanovich, USA, 1972.

③ Willdasin, D. E. Interjurisdictional Capital Mobility: Fiscal Externality and a Corrective Subsidy, *Journal of Urban Economics*, 1989, 25: 193-212.

⑤ Keen, M. Pareto-Improving Indirect Tax Harmonisation, *European Economic Review*, 1989, 33: 1-12.

⑥ Wilson, J. D. *A Theory of Interregional Tax Competition*, *Journal of Urban Economics*, 1986, 19: 296-315.

际税收实践中，要区分跨国纳税人减轻税负的行为属合法还是非法非常困难，而两者的共同特征是都造成了国家财政利益的损失，因此两者一般统称为国际避税。从理论上和实践中看，国际避税的途径主要有以下几种：一是通过纳税主体的国际转移来避税；二是通过改变纳税主体的性质使其逃离在一国税收管辖权之外来避税；三是通过纳税客体的国际转移来避税；四是通过改变纳税客体的性质使其逃离在一国税收管辖权之外来避税；五是利用国际税收协定的漏洞、特例或缺陷进行避税；六是利用国际避税地避税：在国际避税地设置常设机构，或者专门从事转移和积累利润的避税公司。

据估计，目前世界上50%的国际贸易是发生在跨国公司的子公司之间，这些跨国公司采取“公司内部贸易”和转让定价正是国际逃避税的重要部分。欧盟委员会2000年发布的一项调查报告指出，在调查的1000件增值税案件中，有高达1.3亿欧元的税收流失，而且这只是“冰山一角”①。美国国内收入局2004年公布的一份数据显示，2000年美国7500家最大跨国公司因以转让定价等方式将利润转移到了避税港。据我国有关研究统计，2007年我国63万家外企亏损金额达1200多亿元，每年通过转让定价逃避的外资所得税高达300多亿元②。

由于国与国之间信息不对称、税收征管权的限制，要防止国际逃避税是一项很复杂的工程，需要各国在税收情报交换、税收征管方面进行合作与协调来完成。

① EU Working Paper. Tax Coordination in the European Union, December 2000.

② 乔丹丹. 我国外资企业逃避税的现状分析 [J]. 黑龙江对外经贸，2009（4）：154-159.

第二章 相关理论及文献综述

第一节 区域经济一体化进程中国际税收协调的相关理论

一、关税同盟理论

关税同盟理论是继亚当·斯密和大卫·李嘉图的贸易理论之后最早出现的与国际税收协调最直接相关的理论。该理论最早由美国经济学家雅各布·维纳（Jacob Viner）于1950年在其《关税同盟问题》一书中提出，他在书中分析了关税同盟对各成员国产生的静态经济效应和动态经济效应。关税同盟建立所产生的静态效应包括：①贸易创造效应，即成员国之间因取消关税和非关税壁垒扩大了贸易规模从而带来各国整体福利的提高。②贸易转移效应，即由于成员国建立共同对外关税联盟后造成成员国与非成员国之间的贸易向成员之间的转移。③贸易条件效应，即同盟内国家与同盟外国家之间贸易条件发生的变化，可能是净受益，也可能是净损失。④社会福利效应，一国供需弹性越大，贸易创造的福利效应就越明显；组成关税同盟前一国的关税水平越高，则组成关税同盟后贸易创造的福利效应就越大；两国的贸易成本越接近，则贸易转移的福利损失就越小。

关税同盟产生的动态效应包括：①规模经济效应，即关税同盟建立后为成员国间产品相互出口创造了更好的条件，从而扩大了成员国产品的市场规模而实现了规模经济效应；②促进竞争效应，即关税同盟组成后由于各国市场相互开放从而增强了各国同类企业之间的竞争；③资本流入效应，即关税同盟建立后同盟外国家为绕过同盟一致对外实行的关税和非关税壁垒而直接到同盟内国家投资生产，伴随着大量资本流入。

从关税同盟理论中可发现，贸易创造和贸易转移两种静态效应对决定建立这样的税收协调同盟是否必要、是否值得至关重要。它同时也揭示了一个国家是否愿意加入关税同盟、参与这样的税收协调在很大程度上取决于本国的贸易创造效应能否大于贸易转移效应。当然，除了静态效应的对比，一国还应考虑加入关税同盟可能为其带来的动态效应。总之，关税同盟理论分析了国际税收协调在关税协调方面的效应，同时也对达成关税协调的成本与收益分析提供了参考。例如，结盟前各成员国关税水平越高，结盟后福利效应就越大，贸易转移效应就越小；结盟前各成员国间贸易比例越高，与外部贸易比例越低，则结盟后的贸易转移效应越小，福利越大。就单独的一个国家而言，也可以通过其投资环境与其他成员国的对比预测参与关税同盟后外国直接投资流入本国的变动，或者对比与其他成员国的关税水平来分析加入同盟后所获得的贸易创造效应和转移效应等这些分析，来预测参与关税协调的收益和成本。

二、国际经济相互依存理论

国际经济相互依存理论的开拓者和权威是美国学者查理·库伯（Richard Cooper），他在 1968 年出版的《相互依存经济学：大西洋共同体的经济政策》一书①中指出，各国经济的相互依存是各国经济政策协调产生的原因所在，也是经济政策协调的基础。他认为，一个国家的经济发展不仅取决于本国所实施的经济政策，而且取决于其他国家的经济发展程度和所实施的政策；同时这个国家的经济发展和政策又会影响其他国家的经济发展和政策的制定。因此，国与国之间在经济上是相互依存的，也就注定了国与国之间需要进行经济政策方面的相互协调，他还分析了没有政策协调的后果。衡量国与国之间依存度的两个指标是：一国贸易总额占该国国民生产总值的比重；一国贸易总额的增长速度与该国国民生产总值增长速度之比。库伯还建立了一个简单的模型，分析政策协调的收益以及这些收益怎样随着对其他国家的依赖程度而变化，并得出这

① Cooper, Richard. The Economics of Interdependence: Economic Policy in the Atlantic Cmmunity, NY: McGraw-Hill, 1968.

样的结论：随着对外开放程度与资本流动性的提高，一国与其他国家在经济上的依赖程度也会提高；随着各国间经济相互依存度的加深，使得一个国家很难在不考虑其他国家经济发展及采取的政策的情况下实现本国的宏观经济政策目标，缺乏国际间的经济政策协调会使各国付出巨大的代价。之后，库伯又利用短期汇率多国模型比较了两种形式的协调：一种是内部协调，即各国的财政货币当局只关注本国国民收入和利率决定而不关注他国的这些变量而进行的协调；另一种是完全协调，即一国在制定其政策时考虑到国与国之间的相互影响和作用而进行的协调。他得出的结论是：政策制定者之间缺乏政策协调会拖延国家目标的实现，同时还会增加国际储备的需要。

其他一些学者也对国际经济相互依存理论进行了补充。有学者进一步阐明，经济上相互依存的本质就是经济政策层次上的相互依存（Morse，1976），发达国家之间经济相互密切联系，利益相互交融，各国在达到其主要经济目标（经济增长、物价稳定等）时，必须考虑他国实施的政策对本国的影响。有学者进一步分析了不同国家之间不同的相互依存程度：发达国家之间相互依存程度最高，并日益深化；发展中国家之间的相互依存度正在迅速发展；最不发达国家与发达国家之间相互依存度最低，发展也缓慢。还有学者从福利经济学的角度提出一国的政策行为对另一国产生的外溢效应：由于外部性和公共物品的存在，一国财政、货币、税收、贸易、产业政策的变动会对另一国产生外溢效应，这种外溢效应可能是正向，也可能是负向的，并且效应大小取决于两国间贸易依存度的大小。因此，如果两国相互考虑对方的发展需要，提供对方所需，就会同时获利；反之就会相互伤害。当然，也有学者不完全赞成国家间经济政策的协调，原因是协调也会产生负面效应，例如减少政府间适度而有效的竞争。

国际经济相互依存理论为国际税收协调奠定了理论基础，因为它为国际税收协调带来了以下启示：

第一，一国的税收政策不可避免地会对其他国家带来外部性影响，同时也会受到其他国家税收政策的约束。

第二，在各国经济贸易相互依存度不断加深的条件下，一个国家在设置税收制度时，在运用税收政策和工具来实现其宏观经济目标时，将不得不在一个开放的区域性、全球化经济框架下进行考虑，即应把其他国家的经济发展状况、实施的税收政策等各种变量考虑在内。

第三，经济依存度越高的国家之间越容易产生税收冲突，也越需要进行协调。依存度较高时，就会一损俱损、一荣俱荣，因此更应积极寻求平等互利、适时适度的协调办法。一国参与国际税收协调固然需要在一定程度上让渡部分国家经济主权，以满足其他国家的经济需要，这必然会对该国造成一定的福利的损失。但从大局和长远的角度来看，积极的协调使税收冲突得到有效解决将有利于为该国经济可持续发展提供更好的外部环境，最终使各国获得整体福利的改进和经济的协调发展。反之，如果一国的税收政策以损害相关国的利益来获利，必然会引起相关国家乃至全世界的反对和抵制，最终制约该国的经济发展。

三、以博弈论为基础建立的哈马达模型

匈牙利著名数学家约翰·冯纽曼创立的博弈论揭示了局中人在某种竞争条件下，当个体无法完全掌控竞争的成果，而需要由整个集体共同决策时，局中人采取何种策略才能使自身利益或整体的利益最大化。随着世界经济的相互联系和依存不断加深，单独的一个国家正如处于一场整体竞争局面下的局中人，竞争结果不完全取决于该国所采取的政策，还取决于其他国家所采取的政策。因此，各国制定和采取什么样的宏观经济政策（包括税收政策）就需要进行博弈。西方经济学家把博弈论引入国际经济政策协调的分析而建立了哈马达模型（见图 2-1），通过这个模型来分析各国经济政策在不同的假设条件下产生的福利效应，各国通过协调达到国际经济政策均衡的过程。

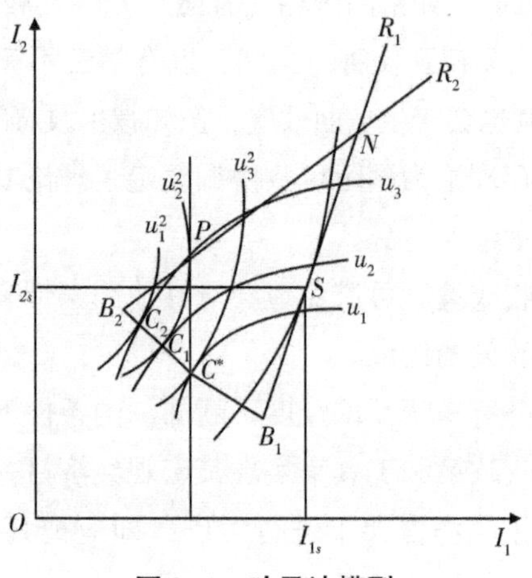

图 2-1　哈马达模型

假设存在高度相互依存的国家 1 和国家 2，两国政策的目标都是实现各自社会福利效应的最大化。如图 2-1 所示，两国的社会福利函数分别为 U_1 和 U_2，政策工具分别为 I_1 和 I_2，即 $U_1 = U(I_1)$；$U_2 = U(I_2)$。沿坐标向外移动表示国家 1 和国家 2 的政策趋向扩张。由于两国相互依存，每个国家的最佳政策选择必然受到对方政策的影响。从图 2-1 可以看出，如果国家 2 的税收政策不变，则必然存在一点 B_1，在这一点上国家 1 的社会福利最大；同理，对于国家 2 也存在一点 B_2，使国家 2 的社会福利最大。两个国家不同的福利水平线组成了一系列的税收政策组合。在实施政策的过程中，一国会根据对方国家税收政策的改变而不断调整本国的政策，这就形成了反应函数。这就意味着一国的最佳政策是另一国最佳政策的函数。反应函数上不同点构成了反应曲线。国家 1 的无差异曲线与对应的国家 2 的政策选择线 I_2 的水平切线的连线 R_1 就是国家 1 的反应曲线；同理，国家 2 的反应曲线为 R_2。在不同的福利水平下，国家 1、国家 2 的无差异曲线的切点构成了契约线 B_1B_2，它表示两个国家如果进行了政策协调，则两国的福利水平就可以沿着契约线 B_1B_2 达到帕累托最优。而两国在不进行政策协调的情况下，会出现两种情况。一种情况是两国均在给定对方政策选择的条件下，独立地、不受影响地选择自己最佳政策，那么均衡点为 N（古诺—纳什均衡点），这一均衡点的产出是无效率的。另一种情况是假设一方（国家 2）是先行者，另一方（国家 1）为追随者。先行者知道一旦自己采取某种政策选择就会引起追随者用古诺最佳反应函数 R_1 选择其最佳政策，然而它却忽视了自己的政策可能对先行者的影响，这样博弈的结果是在 S 点（斯塔克尔伯格均衡点）达到均衡。在这种情况下，对先行者有利而对追随者不利，因此结果将是没有一个国家愿意充当追随者的角色而使这个博弈局面最终崩溃。所以，只有在双方进行了政策协调的情况下，均衡点才位于 B_1B_2 上，与非合作的 N 点和 S 点相比，两国的福利水平得到更大的提高。而均衡点的具体位置则取决于双方谈判力量的对比。在双方达到合作均衡时，任何单方的毁约都会招致对方的严厉报复而使双方都受损。

马哈达模型说明，国际间经济政策的不协调会导致无效率，而协调则可以达到帕累托最优。但是，也可以看出，协调的利益分配（即双方所获得的福利大小）取决于博弈双方的谈判力量。在长期内，随着博弈双方地位和力量此消彼长，原有的利益分配格局可能会被不断打破，被新的谈判和协调结果所取代。

第二节　国外研究综述

国外对国际税收协调的研究起始较早，最早始于 18 世纪后期。笔者将国外对国际税收协调的研究分为四个阶段。第一阶段为早期研究阶段（18 世纪后期到 20 世纪 40 年代）。这一时期欧洲各国之间的贸易交往兴起，1843 年比利时与法国签订了世界上第一个税收领域的合作协议——税务合作和情报交换协议，两年之后比利时又与荷兰签订了内容相似的税收协议。奥匈帝国和普鲁士王国于 1899 年签订了世界上第一个避免所得税双重征税的协定。这一时期对国际税收协调的研究主要围绕关税互惠协调带来什么样的效应，最早是亚当·斯密和大卫·李嘉图的国际贸易理论，他们俩认为两国间实行关税互惠的福利效应具有不确定性，既可能是正的，也可能是负的。但两人都没能具体分析在什么情况下为正、什么情况下为负。此后关于税收协调的研究一直停滞到 20 世纪 50 年代。

第二阶段为初期发展时期（20 世纪 50 年代至 70 年代末）。这一时期"二战"结束后关税协调的举措开始在全世界范围内和经济一体化区域内大规模展开。随着各种区域性和次区域性经济组织的出现，关于区域内关税协调的研究开始兴起，最为著名的就是关税同盟理论。接下来随着 50 年代后期开始的国际税收竞争理论的发展，再加上 60 年代出现的国际相互依存理论的影响，开始出现少量关于资本税协调方面的研究。

第三阶段为快速发展时期（20 世纪 80 年代至 90 年代末）。在这一时期，随着欧盟关税、增值税、所得税协调以及税收管理协调实践的全面展开，以及理论界美国经济学家马斯格雷夫（1996）资本输入中性和资本输出中性理论的提出，国际税收竞争相关理论和关于欧盟税收协调的研究大量涌现，国际税收协调理论的研究开始快速展开。这一时期最大的特点是关于国际税收竞争与协调的争论尤为激烈。

第四阶段为平稳发展时期（21 世纪初至今）。这一时期的研究开始对国际税收协调进行理性、多角度、综合的思考，主要涉及国际税收协调与竞争的效应（尤其关注资本税协调的效应）、国际税收协调的模式和机制。

总的来说，国外对区域国际税收协调的研究起步较早，在关税协调、国际税收竞争与协调、欧盟税收协调经验和 OECD 税收协调方法方面的研究成果尤为突出，在关税协调、国际税收竞争两个领域形成了较为完整的理论体系；国外学者针对其他经济区域尤其是发展中国家的税收协调几乎没有研究；国际税收协调理论主要依据关税协调理论以及国际税收竞争理论，而在针对经济一体化区域内税收协调的综合性理论极少，在揭示区域内国际税收协调的可行性、达成条件以及区域内国际税收协调绩效的评价，以及国际税收协调的博弈过程方面的研究几乎处于空白。

经过认真的梳理，笔者认为，国外涉及国际税收协调的研究可归纳为以下几类：①有关国际税收协调的理论基础；②国际税收协调的必要性；③国际税收协调的效应；④国际税收协调的机制和模式。现分别就以下几类研究进行综述。

一、国际税收协调的必要性

国外针对国际税收协调的很多研究都是围绕着协调的必要性进行的，即国际税收协调是否必要、是否有效。这些研究大致从以下几个角度出发来分析协调是否必要：

1. 国际税收竞争

国际税收竞争是指主权国家通过减税等各种税收优惠政策以及避税等特殊形式来吸引他国税基的一种行为。西方学者对国际税收竞争进行了大量的实证和理论的研究，得出了国际税收协调必要、不必要、不一定必要，以及适度协调与适度竞争应该并存几种结论：

第一，国际税收协调是必要的。早期的国际税收竞争理论认为税收竞争导致税率和公共支出规模偏离最优状态，扭曲了资源的有效配置，从而产生了福利损失，因此，税收协调是必要的，因为它可以纠正这种扭曲，提高所有国家的福利水平①②③。过度的、旨在吸引外国直接投资的国际税收竞争会产生两种

① Oates, Wallance E. *Fiscal Federalism.* Harcourt Brace Jovanovich, USA, 1972.

② Keen, M. Pareto-Improving Indirect Tax Harmonisation, *European Economic Review*, 1989, 33: 1-12.

③ Wilson, J. D. *A Theory of Interregional Tax Competition*, *Journal of Urban Economics* , 1986, 19: 296-315.

后果：一是税收竞争会导致税率太低，从而使国家的税基减少、公共物品的供应不足、就业的工资过低、住宅和其他资产的流失①；二是由于对流动性资本征税减少，或对其进行补贴，将使税收负担转移到流动性相对较小的劳动力身上，从而使劳动的税收负担过重，挫伤劳动积极性，导致社会劳动力供给不足②③。Zodrow 和 Mieszkowski 提出的 Z-M 模型被称作基本或经典税收竞争模型，得出这样的结论：资本的流动性比劳动力要大，由于各辖区发现对资本征税会导致资本外流，于是各辖区争相降低资本税展开税收竞争，这样就出现了资本税“向底部竞争”（race to the bottom），其最终结果是，所有与资本所得有关的税都将消失④。Willdasin 进一步利用 Z-W 模型估算了所有辖区为小规模的情况下，税收竞争导致的效率损失。他对美国各州的数据研究结果表明，在不考虑政府间转移的情况下，地方政府支出的效率损失约占地方总支出的 8%，而加入“政府间转移”后，这个比例降到了 0.6%⑤。由此可见，税收竞争的损失较大，而如果所有辖区进行税收协调，提高资本税，则可以大幅度增加税收收入，进而改善公共服务水平。

第二，国际税收协调不必要。后来一系列的税收竞争理论对早期税收竞争模型进行了拓展，认为适度的税收竞争在一定程度上也对税基和税收收入有正的效应，高税率国家通过税收竞争降低税率会带来税收收入的增长⑥，因此协调是没有必要的。另外，当存在避税这种形式的税收竞争时，即使成员国在税率协调上达成一致，但某些成员国仍然可以在税收稽查上采取较为松懈甚至放任的政策容许避税的存在，而如果一个诚实的国家（不存在避税）和一个不

① Oates, Wallance E. *Fiscal Federalism.* Harcourt Brace Jovanovich, USA, 1972.

② Gordon, R. Taxation of Investment and Savings in a World Economy. *American Economics Review*, 1986: 76, 1086-1102.

③ Razin, A. and E. Sadka. International Tax Competition and Gains from Tax Harmonization. *Economies Letters*, 1991, 37.

④ Zodrow, G. R. and P. Mieszkowski. The Incidence of the Property Tax: The Benefit View Versus the New View. In G. R. Zodrow (ed.), *Local Provision of Public Services: The Tiebout Model after Twenty-Five Years.* New York: Academic Press, 1983.

⑤ Willdasin, D. E. Interjurisdictional Capital Mobility: Fiscal Externality and a Corrective Subsidy, *Journal of Urban Economics*, 1989: 25, 193-212.

⑥ Gropp, R. and K. Kostial. The Disappearing Tax Base: Is Foreign Direct Investment Eroding Corporate Income Taxes? *Working Paper* No. 31, European Central Bank, 2000.

诚实的国家（存在避税）进行国际税收协调，那么会出现两种结果：一种是国际税收协调使两个国家都蒙受损失；另一种是使避税国获益，并诱使诚实的国家变为避税国①。由此看来，国际税收协调不能带来福利增进。

第三，国际税收协调不一定必要。国际税收协调不一定是减少国际税收竞争的最合适的手段。Eggert 和 Genser 认为，尽管主流理论得出的结论是国际税收竞争具有无效性，但这不能得出必须要进行国际税收协调的结论②。他们的研究表明，国际税收竞争的有效性取决于一系列税收工具的组合运用，如果参与税收竞争的成员国可以同时运用工资税、目的地原则的商品税和居民管辖权的资本税等多种税收工具，那么国际税收竞争可以减少税收对生产效率的干扰。因此，只要政府选择合适的税收工具组合进行科学的税制设置，那么在不进行国际税收协调的情况下也可以实现经济效益。Rasmussen 则从国际税收协调的可替代性来说明协调不一定是必要的。他建立了一个两国模型分析了国际资本控制在何种程度上可以替代税收协调政策，结论是：在两国经济同质、对称的情况下，资本控制可以促成与国际税收竞争均衡相关的帕累托改进，并解决了税收竞争产生的所有低效问题，因此它可以完全替代国际税收协调；只有在两国不对称的情况下，两种政策才无法完全替代，因此国际税收协调不一定是必要的③。

第四，近年来的国际税收竞争理论比较倾向于辩证地看待竞争与协调的关系，主张适度的竞争和协调，在竞争中维护协调，在协调中保护竞争。Janeba 和 Peters 是近十年来较为系统地分析了税收优惠和税收竞争模型的学者。他们设计了一个不对称的国际税收竞争模型，分析的结论是：两国同时采取非歧视税收政策的结果要强于或等于两国同时采取税收竞争政策时的结果；但是当一国采取税收竞争政策而另一国采取非歧视税收政策时，采取竞争政策国家的税收收入最大④。针对国际税收竞争与协调应把握在什么程度，Janeba 和 Smart

① Cremer, H. and F. Gahvari. Tax Evasion, Fiscal Competition and Economic Integration. *European Economic Review*, 2000, 44: 1633-1657.

② Eggert W., B. Genser. Is Tax Harmonization Useful?. *International Tax and Public Finance*, 2001, 8: 511-527.

③ Rasmussen, B. On the Scope for International Tax Cooperation: The Role of Capital Controls. *Open Economics Review*, 1999, 10.

④ Janeba, E., and W. Peters. Tax Evasion, Tax Competition and the Gains from Nondiscrimination: The Case of Interest Taxation in Europe. *The Economic Journal*, 1999, 109.

(2003) 又进一步提出：如果低税率的税基在税收竞争政策下比高税率的税基有更多的弹性，那么对国际税收竞争进行一定的限制和协调是有益的；如果税基的弹性与上述相反，而税基总量固定的话，那么对税收竞争进行协调是有害的。又有学者进一步总结，在当今国际税收竞争已成为一种常态的条件下，各国都对税收竞争政策进行适当的限制，既对本国有利，也能促进国家间形成一种有序的竞争局面①。

2. 国家规模

一些学者围绕国家规模不同、人均资本量不同、禀赋不同对国际税收协调的必要性进行了研究，得出的结论大体一致，即税收协调会受到大国的支持和小国的反对。Wilson ②、Bucovetsky ③对 Z-W 基本模型进行扩展，分析了规模不同的辖区之间的不对称税收竞争：由于资本跨辖区流动取决于资本成本，而资本成本等于资本税后回报率与税率之和。由于较大的辖区是资本市场的主要需求者，其税率变动将影响到整个资本市场的税后回报率。因此，当大国试图降低税率时，整个资本市场的税后回报率会大幅度提高，相应的资本成本也提高，这样就抵消了资本向大辖区流动的税收效应。因此大国进行税收竞争的动机要小，其设置的资本税率相应要高④。而小国由于无法影响资本的税后回报率，当它降低税率时可以降低资本成本，吸引资本流入。所以小国往往是国际税收竞争的赢家，较之大国缺乏国际税收协调的动力。

Eggert 和 Kolmar 研究了国际税收竞争下的税收信息分享问题，结果发现，国家间交换税收情报的动机和程度取决于国家规模的大小⑤。国际税收协调带来的税收情报交换将给小国带来较大的成本，而且会使小国在一定程度上降低国际税收竞争力而蒙受损失，因此不情愿进行税收情报交换。大国将因税收信息交换受益而积极支持。这一结论也可以解释卢森堡、瑞士等一些欧洲小国为

---

① Janeba, E. , and M. Smart. Is Targeted Tax Competition Less Harmful than Its Remedies? *International Tax and Public Finance*, 2003, 10.

② Wilson, J. D. Tax Competition with Interregional Differences in Factor Endowments. Regional Science and Urban Economics, 1991, 21: 423-451.

③ Bucovetsky, S. Asymmetric Tax Competition, *Journal of Urban Economics*, 1991, 30: 67-181.

④ 邓力平. 经济全球化下的国际税收竞争研究：理论框架 [J]. 税务研究, 2003 (1): 22.

⑤ Eggert, W. and M. Kolmar. Residence-Based Capital Taxation in a Small Open Economy: Why Information is Voluntarily Exchanged and Why It Is Not. International *Tax and Public Finance*, 2002, 9: 465-482.

何不愿加入税收情报交换体系。

3. 政府目标选择

大多数国际税收竞争模型认为，即使一国政府以本国居民福利最大化为政策目标，税收竞争也可能导致较低的流动要素税率，进而不利于本国公共品供给和国民福利的最优化。但有学者从公共选择理论的角度来解释税收竞争为什么不应受到协调：政府也是“经济人”，他们的目是追求自身利益最大化，即他们会想方设法通过扩张财政支出来获取个人收益，如贪污、奢华的办公设备和额外津贴等。在这种情况下，税收竞争会限制政府规模的过度扩张，对政府官员的“寻租”行为产生一定的约束，而税收协调不一定是有益的，因为协调将利于政府扩张①②。Fuest 和 Huber 从公共选择理论中选民定理的角度来解释国际税收协调难以得到政府支持的原因。其研究认为，如果一国按属地原则即地区管辖权对居民征税将使大部分税收负担落在中等收入者身上。因为富人有多余的资本用于投资，甚至采取到国外投资的方式来逃避国内税收，而低收入者由于没有多余的资本来投资，也就无法获得资本收入。这就会使中等收入阶层的资本税负偏高。当进行国际税收协调提高了参与国的资本从源征税率时，高收入阶层也将因其避税利益减少而受损，同时中等收入阶层也因资本所得税率提高而受损③。因此，这两个阶层都会反对国际税收协调，从而使政府的协调方案难以达成④。另外，Brueckner 从政府目标对公共服务的偏好的角度说明，对公共服务偏好较高的政府更有动力进行税收协调：因为税收竞争会导致地方公共服务供给不足，因此对于公共服务偏好较高的政府（通常是高税国）更愿意参与税收协调来适当提高流动要素的税率，以维持其高水平的公共服务⑤。

---

① Brennan, G. and J. Buchanan. *The Power to Tax: Analytical Foundations of a Fiscal Constitution.* New York: Cambridge University Press, 1980.

② Edwards, J. and M. Keen. Tax Competition and Leviathan, *European Economic Review*, 1996, 40: 113-134.

③ 邓力平. 经济全球化下的国际税收竞争研究：理论框架 [J]. 税务研究, 2003 (1): 22.

④ Fuest, Clemens and Bernd Huber. Tax Competition and Tax Coordination in a Median Voter Model, *Public Choice*, Vol. 107, 2001, 97-113.

⑤ Brueckner, J. K. A Tiebout/Tax Competition Model, *Jornal of Public Economics*, 2000, 77: 285-306.

4. 新经济地理贸易

新经济地理贸易理论研究认为，由于大国具有较好的公共服务以及产业集群等地理优势，可以对资本流入征收并保持比小国高的税率。如果市场是不完全竞争的，当存在交易成本时，垄断厂商会选择在大国生产，可以获得“特定区位的租金”（location-specific rent），从而收取较高的生产者价格①。而大国则可以对垄断厂商的这些租金课征利润税，以提高本国福利水平，国家相对规模越大，课征的利润税也越高②。另外，存在产业集群效应的情况下，资本流动可能导致资本税收的增加而不是下降，而税收竞争也不会导致区域间税率的趋同，拥有产业集群的东道国可以课征更高的税收③，因此税收协调是没有必要的④。高级制造业和服务业往往以产业集群的形式聚集在收入较高的“中心国家”，这些国家的居民对公共服务需求水平较高，也愿意承担较高的资本税。这些国家因为产业集群以及较好的公共服务，对国外流入的资本具有较大的吸引力，因此它们借此征收并维持较高的资本税，这种税就相当于一种特殊的区位经济租金。而外围国家将失去通过低税率竞争资本的优势，同时“中心国家”如果降低税率就会降低公共服务的供给水平。在这种情况下进行国际税收协调会降低所有国家的福利水平因而是没有必要的。

5. 外部性

一些学者从一国公共物品存在外部性的角度来说明税收协调没有必要。公共品的外部性会使一个国家的公共支出在其他国家产生效效，每个国家都希望其他国家花费资源在公共品上。例如，减少国内污染会改善国际环境，赞助技术研发会通过技术转移有利于其他国家等。这种外部性效应使各个国家愿意搭其他国家的“便车”，而减弱了税收竞争的动机⑤。一国居民所获得的效用，不仅通过本国提供私人产品、公共物品体现出来，还体现在所获得的具有正外

---

① 邓力平．经济全球化下的国际税收竞争研究：理论框架［J］．税务研究，2003（1）：22.

② Haufler, A. and I. Wooton. Country Size and Tax Competition for Foreign Investment. *Journal of Public Economics*, 1999, 71: 121-139.

③ 黄焱．国际税收竞争的福利效应分析［J］．税务研究，2006（5）：32.

④ Baldwin, R. and P. Krugman. Agglomeration, Integration and Tax Harmonization, Center for Economic Policy Research Discussion Paper, No. 2630, 2000.

⑤ Bjorvatn, K. and G. Schjelderup. Tax Competition and International Public Goods. *International Tax and Public Finance*, 2002, 9: 111-120.

部性的国际公共物品上，而这些国际公共物品是由别国所提供的。因此，当一个辖区准备降低税率来吸引其他辖区的资本时，它同时会考虑到：其他辖区资本外流会减少这些辖区的税收，进而使这些辖区的公共服务下降，而公共服务的外部性又会影响到本辖区，使本辖区居民的福利也产生负效应[①]。对于纯国际公共物品来说，产生的正效应和负效应可以相互抵消，从而也就使税收竞争缺乏动力。因此，外部性的存在会减缓税收竞争，从而使税收协调不太必要。不过笔者认为，能充分考虑外部性的国家可能很少，仅只是为数不多的一部分发达国家；而其余国家，尤其是发展中国家由于经济发展需要，以及产业结构问题，还不能考虑到其他国家公共品对本国产生的外部性。

二、国际税收协调的效应

国外对国际税收协调的效应研究主要围绕着国际税收协调是否可以使参与的国家获得福利改进展开，形成了国际税收协调可以带来福利改进和不可以带来福利改进两种看法，但这些研究大多没有进一步分析国际税收协调引起的福利改进在参与国之间是怎样分配的。

（一）正面效应

1. 关税协调带来的效应

在国际税收协调中关税协调为参与国带来了最多的正效应。以 Viner 的关税同盟理论为核心的区域经济理论认为，关税协调主要给参与协调的国家带来两种效应——贸易创造与贸易转移效应，这两种效应的差值就是关税同盟成员国的福利效应。差值为正则关税协调为成员国带来了净福利的增加，差值为负则带来了净福利损失。

另外，关税协调还带来以下几种正效应：①规模经济效应，即关税同盟建立后为成员国间产品相互出口创造了更好的条件，从而扩大了成员国产品的市场规模而实现了规模经济效应；②促进竞争效应，即关税同盟组成后由于各国市场相互开放从而增强了各国同类企业之间的竞争；③资本流入效应，即关税同盟建立后同盟外国家为绕过同盟一致对外实行的关税和非关税壁垒而直接到同盟内国家投资生产，伴随着大量资本流入。

① 吕民，常世旺．税收竞争与协调：综述与启示［J］．经济研究导刊，2008（6）：35.

Kowalczyk 指出，如果一个小国的其他国家都是某个自由贸易组织的成员，并且假设产品是可替代的，那么这个小国可以通过互等比例的关税减让加入任一自由贸易组织而获益。也就是说，当一个贸易小国周边国家纷纷加入区域经济组织时，该国的明智选择就是加入该区域经济组织，这样才能使该国的福利水平得到改进。

2. 间接税和直接税协调带来的正效应

第一，有利于规模经济效应。在目的地征税原则下，外国企业生产的产品在消费国会受到征税，尽管这不会影响外国资本选择投资的决策，但它会造成国内市场分化，从而阻碍了规模经济效应的实现①。根据 1988 年欧洲委员会的调查发现，规模经济可以通过扩大厂商的规模、达到最优生产水平而使工业产品的成本降低 1% ~63%。Smith 和 Venables 也通过实证研究发现，规模经济使福利提高 1% ~4%②。

第二，资源优化配置的效应。区域成员国内商品税率的差异会导致生产扭曲，而进行税收协调则可以减少这种扭曲，增进资源的优化配置。1988 年欧洲委员会在对 2000 家厂商关于共同市场内商品流动障碍的调查中，边界限制被列为最重要的四大障碍之一。而目的地原则之下的增值税率和消费税率差异是边界限制的主要因素。根据欧洲委员会 1988 年的调查，由于增值税和消费税率差异而导致的边界限制使欧共体内部商品成本上升，而由此导致的成本上升相当于欧共体内部市场贸易部额的 1.6% ~1.7%，GDP 的 0.2% ~0.3%。因此，如果通过税收协调来减少或消除各国间的增值税和消费税差异，就会使公司成本下降，提高资源的有效利用率。

第三，减少消费扭曲的效应。旨在消除间接税差异的国际税收协调具有减少消费扭曲的效应。Pearson 和 Smith③ 对欧盟实施了增值税和消费税协调后对英国消费产生的效应进行了实证研究。欧盟实施的增值税协调将增值税分为两档：对于大部分商品的交易征收 14% ~20% 的标准增值税，对于一些生活和社会基本用品则征收 4% ~9% 的低增值税。对于酒水、烟草和矿物油的消费

① Devereaux, M. and M. Pearson. Harmonization Corporate Tax in Europe. Fiscal Studies, 1990, 11: 21-35.

② Smith, A. and A. Venables. The Costs of Non-Europe. An Assessment Based on a Formal Model of Imperfect Competition and Economies of Scale, IFS Economic Papers No. 70, 1988, Institute for Fiscal Studies, London.

③ Pearson, M. and S. Smith. Issues in Idirect Taxation, Fiscal Studies, 1992, 9: 25-35.

则征收消费税。在这一协调政策之下，英国的消费变化是：酒水消费增加了39%，食品降低了3%，汽油降低了12%，燃料降低了5%。这不禁令人怀疑税收协调是否总能带来福利改进，Pearson和Smith最终得出的结论是：国际税收协调能够减少国际间的消费扭曲，为整个协调的区域带来福利的改进；但是如果这种协调政策不符合某一成员国的消费偏好时，将会使这一成员国福利水平下降。也就是说，税收协调带来的区域整体的福利改进并不意味着所有成员国的福利改进。Karakosta和Kotsogiannis通过模型分析得出，在不完全竞争框架下，如果全球公共物品的收益能在各国间分配，而且从税收协调导致的税收收入或损失能够根据各国对全球公共物品提供的程度在各国间分配，则从任何一种税收扭曲出发，进行目的地和原产地的税收协调都可能达到帕累托改善①。

第四，实现税收收入分配效应，建立更加公正的国际税收分配关系。从一定程度上来说，税收协调是一个税收的重新分配的问题，包括两方面：一方面是税收在不同的生产要素间重新分配，另一方面是税收在各成员国之间重新分配。资本税协调可以改变收入在资本和劳动力之间的所得分配。由于在开放经济下，资本是完全可以流动的，在不对资本税进行任何协调的情况下，各成员国相互吸引国际资本竞相降低资本税率，税收负担会逐渐落在流动性较差的劳动力身上。但是由于资本的供给是没有弹性的，因此税收协调又将所得从劳动转向资本。因此，如果税收协调的目的在于收入分配的调节，那么只有成员国对再分配政策有相似的偏好时，协调才更容易进行。

另外，间接税的协调可以扭转成员国之间的税收转移分配效应。在区域内人员可以自由流动和消费的情况下，如果各国的间接税存在差别就会令商品价格存在差别，而消费者就极有可能到税率低的国家进行一些商品的消费。这就意味着，高税率的国家的一部分税收收入就转移到了低税率国家，也就是高税国出现了税收转移效应。如果各国都竞相降低税率以吸引消费者来消费，则会出现各国税率低于最优税率的税收竞争局面。而如果对各国的间接税进行协调则可以扭转这种税收转移效应。尤其是对于欧盟这样区域范围不大、各成员国

① Karakosta, O., Kotsogiannis, C. and M. Lopez-Garcia. Does Indirect Tax Harmonization Deliver Pareto Improvements in the Presence of Global Public Goods? CESifo Working Paper, No. 2668, 2009.

相邻很近、15%的人口跨境而居的区域来说，消费者的流动性更大，就更容易出现税收转移效应。在这样的区域中，小国总愿意采取较低的税率，因为低税率吸引其大邻国消费者来本国消费带来的收益要大于实施高率税带来的税收收入的增加。

第五，增值税协调的国际替代效应和国际收入效应。Fehr、Rosenberg 和 Wiegard① 曾针对欧盟增值税协调的效应做过一个实证研究。他们假定成员国都具有一定的市场影响力，并界定了商品税的国际替代效应和国际收入效应。当商品税成为关税的次优替代税时，一国可能通过在目的地原则下对进口商品实施高税率，或在原产地原则下对出口商品实施高税率来影响贸易条件，在这种情况下商品税的国际替代效应增加。商品税的国际收入效应与净税收出口相关。当一国的税收负担部分转移到外国居民身上时，相当于该国的税收收入增加，也就是净税收出口增加，商品税的国际收入效应增加。表 2-1 和表 2-2 模拟了欧盟增值税协调所带来的福利效应。

表 2-1　清算机制下的福利和税收收入效应

国家	福利 百万元欧洲货币单位②	福利 占增值税收入的百分比	增值税收入 占税收收入的百分比
法国	-307	-0. 60	-0. 97
比利时—卢森堡	-22	-0. 28	-0. 43
荷兰	-42	-0. 36	-0. 76
德国	121	0. 28	1. 52
意大利	9	0. 04	0. 83
英国—爱尔兰	187	0. 65	1. 16
丹麦	-106	-1. 47	-1. 82
EU	-60		
世界其余国家	-4		

资料来源：Fehr, H. , C. Rosenberg and W. Wiegard. Welfare Effects of Value-added Tax Harmonization in Europe. Springer, Berlin-New York, 1995.

① Fehr, H. , W. Wiegard and C. Rosenberg. Welfare Effects of Value-added Tax Harmonization in Europe. Springer, Berlin-New York, 1995：122-232.

② 注：欧洲货币单位是欧元的前身。

表2-1是在欧盟走向清算机制的情况下（在清算机制下，没有净税收出口），结果显示：低税国获得了福利的增加，而高税国的福利却减少了。这是因为在清算制度下，当消费者购买进口商品时为外国支付了税收，但是消费者所在国的税收收入增加了。在这种情况下，欧盟的总福利降低了。这是由于边境税收取消之后各国税率上升的结果。

表2-2　过渡机制下的福利和税收收入效应（占增值税收入的百分比）

国家	替代效应	净税收出口效应	增值税收入
法国	-0.17	-2.03	-2.65
比利时—卢森堡	-0.06	1.91	1.66
荷兰	-0.19	-5.19	-7.10
德国	0.08	2.02	2.40
意大利	0.04	1.23	1.66
英国—爱尔兰	0.39	1.56	2.30
丹麦	0.30	-1.71	-3.14

资料来源：Fehr, H., W. Wiegard and C. Rosenberg. Welfare Effects of Value-added Tax Harmonization in Europe. Springer, Berlin-New York, 1995.

表2-2是在实施过渡机制下的效应，可以看出各成员国的效率损失或收益都很小，而税收的国际转移效应却很大。

第六，资本税协调带来的福利改善效应。Fuest 和 Huber 的研究得出资本税协调会导致其他税收工具失衡的效应①。Keen②、Turunen-Red 和 Woodland③、Lahiri 和 Raimondos-Moller④ 等学者围绕商品税协调是否可以带来帕累托改善

① Fuest, Clemens and Bernd Huber. Tax Competition and Tax Coordination in a Median Voter Model, *Public Choice*, Vol. 107, 2001: 97-113.

② Keen, M. Pareto-Improving Indirect Tax Harmonization. European Economic Review, 1989, 33: 1-12.

③ Turunen-Red, A. H., Woodland, A. D. Multilateral Reform of Domestic Taxes. Oxford Economic Papers 42, 1990: 160-186.

④ Lahiri, S., Raimondos - Moller, P. Public Good Provision and the Welfare Effects of Indirect Tax Harmonization, The Journal of Public Economics, 1996, 33: 22-31.

进行了研究。Willdasin[①]、Fuente 和 Gardner[②]、Nodgaard 和 Nielsen[③] 分别将 Z-W 模型进行了改进对国际资本税协调的效应进行了计量分析。Konrad 和 Schjelderup 分析了经济一体化区域的资本税协调得出，只要资本税收入对各国来说是一项战略补充，则对区域内各国实行资本税协调一定会提高各国的社会福利水平，同时也将使区域外世界各国的福利水平也获得改善——因为一国资本税率的提高会导致其他国家也提高资本税率，进而使世界各国的税率趋同并达到最优[④]。Kanbur 和 Keen 进一步回答了什么形式的国际税收协调可以在竞争中维持，并带来各方福利的改进，结论是根据各国的不同国情、对公共物品的偏好等不同情况实行有区别的税率，即允许税率差别的协调最为有效[⑤]。

3. 国际税收竞争协调带来的福利改善

在资本税协调的效应研究方面，最有名的是 Sorensen [⑥] 建立的应用一般均衡模型（Applied General Equilibrium，简称 AGE 模型，又称 TAXCOM 模型），分析了在均衡时区域内国际税收竞争和国际税收协调的福利效应。模型以欧盟国家和美国为样本对象，并将美国视为联盟（也就是欧盟）面对的外部世界。通过设定一系列复杂的假定，TAXCOM 模型阐述了当所有厂商追求自身利润最大化，所有消费者追求自身产用最大化，以及所有市场出清时达到一般均衡。在均衡时，联盟内部资本完全自由流动，资本税后利率是相等的；而在联盟外部的世界，资本不完全流动，因此联盟内、外资本的税后回报率不同。该模型从两个不同的角度分析了国际税收协调与国际税收竞争的一般均衡，以说明国际税收竞争与协调对主权国家福利所产生的影响：

第一个角度是区域税收协调和全球税收协调对区域内和区域外的影响。模

① Willdasin, D. E. Interjurisdictional Capital Mobility: Fiscal Externality and a Corrective Subsidy, *Journal of Urban Economics* 25, 1989: 193-212.

② Fuente and Gardner. Corporate Income Tax Harmonization and Capital Allocation in the European Community. IMF Working Paper, 1990: 90-103.

③ Nodgaard, U., and Nielsen, L. N. The Quantitative Effects of Tax Competition Among the EU Member State. Working Paper No. 1/99, 1999 Ministry of Economic Affairs, Copenhagen.

④ Konrad and Schjelderup et al. Fortress Building in Global Tax Competition. Journal of Urban Economics, 1999, 46: 156-167.

⑤ Kanbur, R., Keen, M. Jeux Sans Frontieres: Tax Competition when Countries Differ in Size. American Economic Review, 1993, 83: 877-892.

⑥ Sorensen, P. The Case for International Tax Coordination Reconsidered. *Economic Policy*, 2000, 10.

型把区域税收协调简单地看作欧盟内西欧成员国之间的资本所得税协调，协调方式是实行最低税率的限制；把全球税收协调简化视为西欧国家和外部世界（在此以美国代替整个外部世界）之间的资本所得税协调，协调的方式同样是最低资本所得税限制。则会出现以下三种情况：

第一，假定区域内（西欧国家）采取限制资本所得最低税率的方式来进行区域内税收协调，而外部世界（美国）对此政策变化不作出反应。在这种情况下，区域内国家整体的资本所得税率比税收竞争状态下有所提高。因为区域内国家结成联盟后，其总资本供给弹性小于单个国家的资本供给弹性，因此就可以利用这种弹性力量提高资本所得税税率。此时这些国家劳动所得税就会降低，因为这样可以提高劳动供应，刺激国内投资。国内资本所得税率的提高和投资的增加会使这些国家投资活跃从而取得更多的资本所得税收入，进而使这些国家增加和改善基础设施以吸引更多资本流入。对外部世界（美国）来说，西欧国家提高资本所得税税率也会导致资本流向外国部世界，将推动外部世界的投资、税收和转移支付。因此，美国和西欧福利的增加将是相等的。

第二，假定外部世界（美国）对上述区域（西欧国家）税收协调政策作出相应的反应。在对资本从源征税时，较低的利息率可以促进国内投资从而提高本国福利水平。当大量资本从西欧流入美国时，美国为了驱使利率走低，使本国获利，将会提高资本所得税率来降低资本需求。这一结果反过来也会诱使西欧联盟进一步提高资本所得税率。这就产生了一种“战略互补”的结果，会使世界福利水平得到整体的提高。

第三，假定区域内（西欧国家）与区域外（美国）之间达成统一的税收协调——最低资本课税率限制协议，也即全世界达成国际税收协调的一个分析。在此假定西欧比美国具有较强的再分配偏好，即美国对福利水平具有较高的偏好。那么相比区域内的协调，最佳选择使西欧国家的福利水平提高了一倍；但这一最佳选择对美国而言却不是最优的，美国的福利水平有所下降，因此，从这一角度来说，全球税收协调所导致的较高资本所得税率并不是最优的。

第二个角度是分析区域税收协调对区域内国家福利所产生的不同影响。这一模型将西欧国家按经济结构差异分为三个次区域：英国、欧洲大陆国家和北欧国家。北欧和欧洲大陆国家比英国具有更强的社会再分配偏好和更高的社会福利要求；北欧和英国比欧洲大陆国家具有较高的总要素生产力、纯利润份额和外国所有权份额；英国比北欧和欧洲大陆国家具有较高的劳动供给弹性。比较的结果是：①人口差异对区域税收协调所带来的福利在成员国之间的分配不会造成很大程度的影响；②国家对社会再分配偏好的不同在很大程度上影响区域税收协调的福利分布，对社会再分配偏好较高的国家将获得更多的税收协调福利；③资本回报中纯利润份额较高的国家将获得更多的税收协调福利；④要素生产力较高的国家通过税收协调获得更多的资本流入；⑤劳动力供给弹性较高的国家可以从税收协调中获得较多的资本流入；⑥引入国外股权比重较高的国家可以更多地利用税收出口效应将税负转嫁给外国投资者。

笔者认为，TAXCOM 模型分析给我们带来一些有利的理论启示，例如，区域税收协调给各个成员国带来的收益是有差别的。因此，一方面区域内应多方考虑形成一个可行的税收协调的利益分配机制，另一方面各成员国因综合分析协调给自己带来的收益与成本，同时调整自身的相关经济和税收政策以谋取在协调中的利益最大化。当然，该模型也存在一些不足：一是假定过多，而且一些假定不切实际从而使分析结论也不尽现实。例如，假定所有的均衡都是建立在市场完全竞争的基础上就不切实际。二是针对区域外部世界对区域内协调政策产生的反映估计不足。模型假定联盟内采取资本课税最低限制来进行税收协调时，外部世界也会提高资本所得税率也不切实际，然而提高资本税率不一定是外国世界必然采取的对策，例如，区域外的发展中国家就很可能不提高税率以期更多的资本流入，这样这会出现另一种结果。

（二）负面效应

税收协调在给成员国带来正效应的同时，也会产生一些负效应：

1. 协调政策可能偏离成员国的经济发展目标

对于国际税收竞争的协调要求所有成员国执行协调所定的税率，区域内一些实施低税率的成员国尽管不愿意实施高税率，也被迫提高它们的税率，然后对于这些成员国来说，可能它们具有比改进本国的福利水平更迫切的需求，比如，引进外资发展经济。因此，协调会导致这些成员国不能按它们设想的轨道发展经济。

2. 协调收益有可能大于损失

国际税收协调可以消除国际资源配置的扭曲，但它给部分成员国带来的扭

曲可能会大于它所带来的收益，尤其是当这种协调未能在一种有效而恰当的机制下进行时，协调的效果可能会与目标背道而驰。其中，最有影响的是 Keen 建立了一个两国模型，分析了在两国为一同盟的国际商品税协调，得出的结论是：一系列的商品税协调政策并不能使两国都达到帕累托改进，而且从中受益的一方所获得的收益也不足以弥补受损一方的损失①。Ben Lockwood 建立了两国模型并分析得出，只有当税收协调能够同时增加两个国家的进口值时才能获得帕累托改进，然而任何一项协调政策必然会使其中一国的进口值受损，因此能够达到帕累托改进的国际税收协调政策不可能存在②。有学者分析了区域经济一体化中的税收协调后提出，尽管税制的多样会造成效率损失，但进行区域内国际商品税协调却使各国的税率扭曲，这种扭曲带来的效益损失会大于协调本身获得的效率收益，因此，区域经济一体化并不是特别需要统一税制③。

3. 协调可能会偏离一些国家税收政策的目标

不同的国家对公共支出具有不同的需求，对公共物品也具有不同的偏好，同时会采取不同的政策工具来维持这种需求。而进行间接税协调就意味着对所有国家都采取了同样或相近的间接税政策，这会偏离一些国家税收政策的目标。

4. 同样的协调政策对于不同的国家会导致不同的效果

由于各国国情不同，同样的税收协调政策在不同的国家实施会导致不同的效果。例如，对有的国家来说，征收间接税比直接税更容易增加财政收入，而对另一些国家来说恰好相反，于是，间接税的协调政策可以使一部分国家取得更多的税收收入，而在另一些国家则不奏效。

5. 协调会使发达国家受益而发展中国家受损

由于除了欧盟之外的区域经济一体化组织在今后一段时间内都不太可能在区域内建立一个超国家的机构来行使国际税收协调的权力，区域内的税收协调只能通过多方协商后达成多边税收协定来完成。这种多边协商很可能出现的结果是：发达国家凭借它们的经济、政策和外交实力在协商中占据优势，进而在

① Keen, M. Welfare Effects of Commodity Tax Harmonization. Journal of Public Economics, 1987, 33: 107-114.

② Lockwood, B. Can International Commodity Tax Harmonization be Pareto-improving When Governments Supply Public Goods? Journal of International Economics, 1997, 43: 387-408.

③ Valeria De Bonis. Regional Intergration and Commodity Tax Harmonization. IECIT 2-39, 1996.

协调中获得更多的收益。因为在国际税收竞争中，发达国家通常要争取居民管辖权，以便向其居民征税来获取更多的税收；发展中国家通常争取地域管辖权来向流入的资本征税来获取更多的税收。由于居民的流动性比资本差，发达国家一旦在多边协商中占据了优势，就会提高居民的所得税，这就相当于对居民投资到发展中国家的资本征了资本税，从而抢占了一部分发展中国家应得的资本税。

6. 对直接税的协调会使高税率国家受益，低税率国家受损

Gropp 和 Kostial 曾进行了一项实证研究①，分析了欧盟成员国进行公司所得税的协调对各成员国税收收入损益的影响。这项研究将欧盟成员国在1991～1997 年的公司所得税税率、宏观经济数据作为研究样本，估算结果表明，如果协调实施统一的税率，原来税率较高的国家协调后税率将相对降低，由此可以获得较多的税收收入，因此，高税率国在税收协调中受益；而原来税率较低的国家在协调后税率将相对提高，从而使税收收入减少，因此，低税率国在税收协调中受损。而受益和受损的程度取决于税率变化程度以及公司所得税对于税基的收入弹性。例如，奥地利在模拟 1990 年税收协调中，FDI 减少量达 GDP 的 0.3%，所导致的税收损失相当于同年不进行协调状态下税收收入的 1/3。不过这个模型只反映了 FDI 流动变化对公司所得税收入产生的影响，而没有考虑其他要素（如劳动所得税）的税率变化对 FDI 的影响；另外，税收收入的损益也不完全代表税收协调导致的总的福利损益。

三、国际税收协调的机制和模式

迄今为止，受到中外学者公认的国际税收协调模式是 James② 提出的四层次国际税收协调模式 。尽管后来有少量学者又重新进行了划分，但都是在这个基础上的扩展。James 根据对税种、税基、税率和税收征管这些要素的协调程度不同将国际税收协调划分为四个层次：

第一层次：无协调状态的缓和模式。这个层次是国际税收协调的初级形

① Gropp, R. and K. Kostial. The Disappearing Tax Base: is Foreign Direct Investment Eroding Corporate Income Taxes? Working Paper, No. 31, European Central Bank, 2000.

② James, D. Can We Harmonize Our Views on European Tax Harmonization? *International Bureau of Fiscal Documentation*, 2000, 6: 263-268.

式，协调的主要目的是避免双重征税，以缓和国家间缺乏税收协调的状态。在这一层次下进行协调的主要方式是签订避免双重征税协议，协调的内容主要是化解各国税管辖权冲突，并在税收征管上进行其他合作。

第二层次：部分协调模式。在这一层次中，参与协调的各国建立起紧密的经济联盟，联盟规定其成员国设置部分相同的税种，同时也允许成员国可以自由设置不同的税种。因此，这一层次的税收协调是基于成员国部分税种的协调。

第三层次：名义协调模式。每个参与协调的国家都实行相同的税种，但每个国家的税基可以不同，各国税收征管方式也可以不同。这种模式仅仅是名义上的协调，还不是充分的国际税收协调。

第四层次：财政联邦制模式。这是国际税收协调的最高层次。在这种协调模式下，各国所设置的税种和税基完全相同，但在不同级别层次上征收不同的税率，成员国家组成超国家权力机构，由这个机构在统一税基的基础上对所有成员国按相同的税率征税，所获得的税收收入用于统筹满足整个联盟的需要，整个税收管理类似于财政联邦制国家中央政府税收和地方政府的两级税收关系。当然，联盟允许每个国家对相同的税基可按不同的税率来征税以实现本国经济和社会目标。

按目前世界上各区域税收协调的进程来看，尤其是欧盟的国际税收协调实践，以上模式的划分是比较科学、比较符合实践的。这个四层次的协调模式不仅对国际税收协调的程度和范围作了大致的界定，还对区域国际税收协调的演进趋势作了科学的总结。但就实际情况来说，就是目前税收协调程度最高的欧盟也还没有完全达到“财政联邦制”模式的协调，因此难以预测这样的模式究竟能否实现。

针对超国家机构协调问题，1998 年国际著名财政学家维托·坦齐（Tanzi, V. Tanzi）提出了建立世界税收组织（World Tax Organization）的设想①。他指出，“目前国际贸易问题有一个世界贸易组织来处理，世界宏观经济的稳定和国际收支平衡有国际货币基金组织来监控，但世界范围内尚无一个超国家机构

① Tanzi, V. Tanzi. Is there a need for a World Tax Organization. In: A. Razin and E. Sadka, Editors, The Economics of Globalization-Policy Perspectives from Public Economics, Cambridge University Press, 1999.

或组织来推动国际税收合作。全球的国际税收管理问题仅仅依靠各国分头行动或部分国家订立协议来解决是远远不够的，这样既不能有效地维护各国正当税收权益，又不能使各国承担应尽的国际税收义务，因此，在国际税收这一轮游戏中，需要有一个超国家的机构来订立公认的、权威的游戏规则”。他所构想的这一组织的职责是负责监督各国税收制度，加强管理协作和商讨需要统一解决的税务争议，形成国际税收仲裁权威中心。

目前，许多国家和国际组织都积极支持建立国际税收合作组织，并为此提出了各种议案。总的来说，发展中国家态度比发达国家更积极、更迫切：因为发展中国家希望通过这一组织来表达发展中国家的要求，改变现行发达国家主导国际税收合作的局面；而发达国家，尤其是 OECD 由于担心国际税收组织的建立会影响和动摇其地位而态度较为冷淡，它们更希望建立一个以 OECD 为中心的国际税收合作体系。笔者认为，建立一个类似国际贸易组织的国际税收合作组织将会给参与的发展中国家带来收益，因此，发展中国家应积极推进这一合作。尽管发达国家和发展中国家在国际税收分配关系以及规则的制定方面存在根本利益分歧，但二者在税收合作领域也存在着共同利益和共同关心的问题，例如，避免跨国所得双重征税、加强情报交换合作、打击国际避税等。难点和关键点就是怎样找到发达国家和发展中国家都能从中受益的结合点切入合作。

第三节 国内研究综述

相对于国外的研究，国内在国际税收协调方面的研究起步较晚，最早的文献出现在 20 世纪 80 年代末；而且专门致力于这个领域研究的学者也很少；理论研究较多，实证研究较少。笔者认为，国内研究大致可以分为三个阶段，现就这三个阶段的研究特点和成果作一个简要的概述。

第一阶段为 20 世纪 80 年代末至 90 年代末。这一阶段可以说是整个国际税收问题研究的萌芽阶段，国际税收协调仅在为数很少的国际税收学或国际经济学教材中作为内容的一部分提到，而针对国际税收协调进行的专题研究更少。这一时期对国际税收协调这个概念的理解也与后期大不一致，主要是指国际税收关系和矛盾的协调。这一时期只有零星的几篇论文对国际税收协调问题进行了综合研究，大多数专题研究都是针对国际税收协调中的某一个具体问题来进行的，如转让定价、恶性税收竞争、税收抵免等。

第二阶段为2000~2005年。这一时期是国际税收协调研究的起步时期。这一时期的特点是：针对经济全球化对税收制度带来的影响的意识增强；国际税收协调的概念发生转变，关于国际税收协调的综合研究开始不断出现，很多研究重在展望国际税收协调的趋势；出现了不少关于欧盟国际税收协调实践及对我国带来的税收政策启示的研究；对国际税收竞争的研究开始兴起。

第三阶段为2006年至今。这一阶段应属发展阶段，特点就是：研究重点从对国际税收协调的综合研究转移到针对中国—东盟自由贸易区国际税收协调的研究，对欧盟国际税收协调的研究继续展开，另外国际税收竞争的相关研究进一步深化，并由此对国际税收协调的最优资本课税、协调的博弈方面带来了一些启示。

国内学者对国际税收协调的研究主要围绕以下几方面展开：

1. 关于国际税收协调的概念、内容、意义、发展趋势的综合性研究

这也是国内学者成果最多的一方面的研究。最早出现的有关国际税收协调的文献是1988年南开大学国际经济系陶继侃教授发表于《南开经济研究》上的一篇论文：《国际税收与国际的税收协调》①。论文阐述了国家之间的税收矛盾，着重论述了国际重复征税与国际的税收分配关系，指明国际税收协调的基本原则及其在所得税和产品税方面的运用。厦门大学的邓子基教授和邓力平教授是继陶继侃教授之后较早研究国际税收协调问题的学者，他们也是此后一直致力于这个领域研究并且成果最为卓著的两位学者。他们对北美自由贸易区的税收一体化问题作了前瞻性研究，并且第一次提出了“区域性税收一体化”的概念：指区域性一体化组织各成员国为了更好地促进区域内经济的发展，相互间逐步调整各自的税收体制与协调各自的税收政策，最终使各国的税收体制趋向一致或基本相同②。他们还提出，税收一体化是区域性经济一体化的高级

① 陶继侃．国际税收与国际的税收协调［J］．南开经济研究，1988（1）．

② 邓子基，邓力平．北美自由贸易区与税收一体化［J］．涉外税务，1994（2）．

形式之一与终极目标的一部分。

邓力平等的《效率、公平、主权、协调》①、胡怡建的《间接税协调的原则和方法》② 简述了经济全球化下世界贸易组织的国际税收协调实践，并指出现代税收发展在经济全球化的影响下将在竞争与合作中发展③。勒东升在其《税收国际化趋势》一书中分别从增值税的国际化、公司所得税的国际化、个人所得税的国际化几方面阐述了经济全球化给税收国际化带来的深刻影响，系统介绍了国际税收协议这一协调方式的产生、内容、发展趋势，比较了联合国和 OECD 范本两个主要国际税收协议的差异，并对国际税收协调的必要性和发展趋势进行了研究④。勒东升在其论文《试论税收国际协调的理论与实践》中阐述了税收国际协调的必要性、内容和主要形式，协调的现状和趋势，并对完善我国税收国际协调关系提出了建议⑤。还有几篇分析国际税收协调趋势的论文指出：国际税收协调将形成以欧盟为"领头雁"、多区域并存的雁阵式发展格局，协调的程度将按关税协调——间接税协调——直接税协调的"梯次型"逐步深化，协调的机制从刚性协调到弹性协调发展⑥；对增值税和消费税的协调将取代对关税协调成为国际税收协调的核心内容，加强所得税协调将成为各国的共同选择，区域性国际税收协调的前景将更为广阔⑦。低层次的恶性税收竞争将导致国际税收秩序恶化，加强税收协调是保障国际税收利益分配稳定合理的必然选择⑧。

有几篇博士论文也对国际税收问题进行了专题或相关研究：杨春梅在其论文中分析了经济全球化下的税收国际冲突及其负效应、国际税收协调的必要性，探讨了国际税收协调的公平原则和效率原则，深入分析了商品税、所得税

---

① 邓力平，詹凌蔚，郑榕．效率、公平、主权、协调［J］．涉外税务，1999（12）．

② 胡怡建．间接税协调的原则和方法［J］．涉外税务，1996（9）．

③ 邓力平．经济全球化、WTO 与现代税收发展［M］．北京：中国税务出版社，2000．

④ 勒东升．税收国际化趋势［M］．北京：经济科学出版社，2003．

⑤ 勒东升．试论税收国际协调的理论与实践［J］．上海行政学院学报，2003（6）．

⑥ 樊丽明，常世旺．全球区域性税收协调与中国税收政策取向［J］．税务研究，2005（4）．

⑦ 苑新丽．国际税收协调的发展趋势［J］．财经问题研究，2002（10）．

⑧ 中国税务学会税收学术研究委员会《经济全球化税收对策》课题组．经济全球化条件下的国际税收协调［J］．税务研究，2005（9）．

的国际协调问题，最后对促进我国税收国际协调的对策与措施提出了建议①；李栋文在其论文中对经济全球化下的国际税收利益冲突及后果进行了机理分析，对国际贸易组织的关税协调实践、《UN 模板》和《OECD》模板指导下的国际税收协议实践以及欧盟的国际税收协调实践作了案例分析，提出了经济全球化下税收利益国际协调的构想，以及我国参与国际税收利益协调的对策②。王君分析了国际税收协调的法律基础——双边、多边协议，并对当前国际税收协作发展趋势进行了阐述③。另外，还有一篇博士论文《国际性区域税收协调：理论与实证研究》④ 对国际区域性税收协调进行了相关理论分析，并着重对欧盟、北美、东盟、亚太地区、非联盟、南方共同市场这几个区域的国际税收协调进行了概述和分析，归纳了国际区域性税收协调的演进规律与发展阶段，最后对我国参与区域性税收协调的政策提出了建议。

迄今为止，国内关于国际税收协调研究的专著仅有三部，均属于对国际税收协调的综合性研究。第一部专著是 2008 年中国税务出版社出版的勒东升、龚辉文的《经济全球化下的税收竞争与协调》，这是对国际税收协调问题研究较为全面的一部专著⑤。当然，这部专著如同书名一样，一半的篇幅研究国际税收竞争，一半的篇幅研究了国际税收协调的相关问题。在对国际税收协调的阐述中，他们先介绍了国际税收协调的含义、必要性、内容与形式、理论基础和发展趋势，又进一步将协调的主要内容分为两大类：税收制度协调与税收管理的协调，并分别对这两类协调进行了详细的阐述。这部专著的最后一章从签署税收协定、国际税收情报交换、中国参与“中国—东盟自由贸易区”的国际税收协调实践三个方面进行了较为全面的归纳，并提出了中国与东盟税收协调的现实选择。这本书条理分明、观点明确、内容丰富，理论性、专业性也比较强，对国际税收的相关问题的归纳总结也比较客观、全面。不过笔者认为，这本书的亮点更多在于前半部分对国际税收竞争的研究，尤其是在国内首次对国际税收问题中较为前沿的概念“税制竞争力”进行了分析，提出了税制竞

---

① 杨春梅．经济全球化下的税收国际协调［D］．厦门大学邓子基教授指导的博士学位论文，2001.
② 李栋文．经济全球化与税收利益国际协调［D］．厦门大学庄宗明教授指导的博士学位论文，2003.
③ 王君．经济全球化下的国际税收协作机制［J］．国际税收，2008（3）.
④ 常世旺．国际性区域税收协调：理论与实证研究［D］．山东大学博士学位论文，2007.
⑤ 勒东升，龚辉文．经济全球化下的税收竞争与协调［M］．北京：中国税务出版社，2008.

争力的评价指标，并对中国的税制竞争力作出了评价。

第二部专著是2010年中国税务出版社出版的陈璃的《全球视野下的税收协调理论与实践》。这本书先用一章的内容对国际税收协调的含义、必要性、内容和形式等进行了介绍，接下来用了六章一一对关税协调、增值税协调、消费税协调、企业所得税协调、个人所得税协调和税收管理协调的内容和实践进行了阐述和归纳，最后一章总结了国际税收协调的教训、发展趋势及启示。这部专著结构严谨，体系完整，可读性较强，其中不乏详尽的分析和一些翔实的材料；整本书主要是以协调为主线对国际税收的内容进行了归纳和整理，更加类似于一本教科书。

第三部专著是目前有关国际税收问题最新的一部专著，也是与笔者本文研究方向非常相近的一部专著，即2010年12月经济科学出版社出版的常世旺的《国际区域性税收协调研究》。这本书首先阐述了国际区域性税收协调的一般理论、关税与自由贸易区、区域性税收协调的效应及区域性税收协调的机制；其次，系统阐述了区域性税收协调在各个经济组织内的开展状况，重点介绍了欧盟、北美自由贸易区以及东盟区域国际税收协调的发展状况；再次，对区域性税收协调发展的一般规律进行了总结，对区域国际税收协调发展趋势进行了预测；最后提出了我国参与区域性税收协调的政策建议。尽管笔者的论文与这部专著在研究方向上很相近，但在基本理论框架、研究的视角、主体结构方面都大不相同：这本书用了两章的篇幅来介绍世界各个区域国际税收协调的发展情况，而在本文中，这部分内容仅作为一章当中的一节简单介绍，而且只选取了三个最有代表性的区域——欧盟、北美自由贸易区和中国—东盟自由贸易区；该书还用了一章对区域国际税收协调的演进规律和发展方向作了分析——笔者认为这是该书的亮点和创新点，而本文的创新点一是提出了影响区域国际税收协调的因素，二是提出了区域国际税收协调绩效的评价框架，这两部分内容用了一章来阐述。该书和本文的最后都对我国参与区域国际税收协调的政策提出了建议，但视角大不一样，该书的特色是对我国具体采取什么样的步骤开展对哪些区域的税收协调提出建议，特别是对中国—东盟自由贸易区的税收协调提出了详细的政策建议；本文主要是从全球战略视角，对我国参与全球区域国际税收协调所面临的优势、劣势、机遇和挑战进行了详细分析，最后提出包括协调的目标、原则、步骤、机制以及我国应如何调整自身税制。

2. 对区域经济一体化下的国际税收协调研究

国内学者对区域经济一体化下的国际税收协调也作了一些研究，这些研究主要针对两个区域：欧盟与中国—东盟自由贸易区。

不少学者对欧盟国际税收协调及其对我国带来的启示做了大量研究。钟晓敏[①][②]指出，欧盟将以各成员国之间的税收协调与合作为主，但同时保留一定程度的税收竞争是未来欧盟税收政策走向的基本态势；她还对欧盟哪些领域应作税收协调而哪些领域不应协调进行了分析，最后指出，直接税协调的难度很大，甚至不可能，即使是间接税的协调也没有必要税率完全相同。陈强顺对欧盟最惠国关税制度和欧盟的优惠贸易条件做了较为详细的介绍[③]。黄红英全面介绍了欧盟的间接税协调，指出欧盟间接税协调的重点在于对增值税的原则、减免和申报等做了详细的规定[④]。成新轩对欧盟间接税协调做了全面的剖析，不仅分析了间接税协调的资源配置效应、收入再分配效应，还分析了间接税协调的成本问题[⑤]。葛夕良也对欧盟直接税协调的最新进展做了介绍，还分析了欧盟在直接税协调方面的种种障碍，最后指出，虽然协调难度很大，但并非不可能，而且直接税协调将极大地加深欧盟一体化进程[⑥]。

最近几年国内学者针对中国—东盟自由贸易区税收国际协调的研究大量涌现。其中有两篇论文最有影响。一是“中国—东盟税收问题研究”课题组进行的一项《中国—东盟税收协调问题研究》[⑦]。该研究对中国—东盟区域与欧盟的税收协调背景从税制、税收政策、税收协议几方面进行了系统的比较，借鉴欧盟的协调经验提出了中国—东盟税收协调的选择方案：东盟各成员国应规范和完善现行税制，拓宽税收协议网络，加强国际合作；中国应深化税制改革、完善国际税收制度；区域成员应共同建立和完善税收协调机制。二是刘馨颖的《中国与东盟10国税收协调之探析》[⑧]，该文对中国与东盟10国税制现

---

① 钟晓敏．竞争还是协调：评欧盟未来的税收政策走向［J］．财经论丛，2001（9）．

② 钟晓敏．欧盟税收政策的协调：过去、现在与未来［J］．世界税收评论，2003（12）．

③ 陈强顺．欧盟的共同关税与间接税［J］．中国对外贸易，2001（11）．

④ 黄红英．欧盟的间接税协调［J］．中国对外贸易，2000（12）．

⑤ 成新轩．试析欧盟的间接税协调［J］．欧洲，2002（4）．

⑥ 葛夕良．欧盟直接税协调的最新进展［J］．涉外税务，2002（6）．

⑦ “中国—东盟税收问题研究”课题组．中国—东盟税收协调问题研究［J］．涉外税务，2008（4）．

⑧ 刘馨颖．中国与东盟10国税收协调之探析［J］．世界经济研究，2008（5）：30-36．

状从间接税和直接税两大方面作了详细的介绍和比较分析，进而指出中国与东盟尚未具备欧盟税收协调的诸多条件，提出东盟10国税收协调的现实选择，并对区域协调的未来进行了展望。此外，常世旺介绍了中国—东盟国际税收协调的阶段性成果，总结了协调的步骤，并选取1996~2006年中国流入东盟10国的直接投资、东盟10国和中国的GDP建立了一个模型，分析了区域内税收协调的效应①。还有一些学者对中国—东盟自由贸易区税收协调的趋势及我国参与的对策进行了有益的探讨②③④。

3. 国际税收竞争对国际税收协调带来的启示

一些学者对国际税收竞争的研究也为国际税收协调带来了启示，其中最为有名的就是邓力平⑤⑥⑦对西方国际税收竞争理论进行了全面的评述，从税收竞争下的所得税协调原则、生产要素流动与税赋分布国际税收竞争与协调的辩证关系等角度对国际税收协调问题的研究带来不少启示。另外，邓力平教授的一本专著《国际税收竞争：基本分析、不对称性与政策启示》通过国际税收竞争的相关研究进一步从不对称性竞争研究、税制优化，以及竞争模型构建等方面为国际税收协调带来了一些启示，结论是：过度的税收竞争会导致本国和他国福利水平的下降，因此各国应积极参与国际税收竞争并在竞争中保持协调与合作⑧，这也是近期其他学者的研究结论⑨。

还有部分学者通过对国际税收竞争理论与实践的梳理提出我国应完善税制，积极参与国际税收竞争与协调的政策建议⑩。陈涛的论文着重分析了国际税收竞争的效应与竞争下的最优资本课税，但也用了大量篇幅阐述了国际税收从竞争到协调的模式和趋势，分析和评价了经合组织与欧盟的国际税收竞争

① 常世旺．论中国—东盟自由贸易区税收协调［J］．东南亚研究，2008（4）．

② 王瑛，胡天辉，周强．中国—东盟自由贸易区税收协调探讨［J］．宏观经济，2008（7）．

③ 吉林省国际税收研究会课题组．中国—东盟税收协调现状及相关政策建议［J］．涉外税务，2008（4）．

④ 唐小明，雷又生．“10+1”框架下的中国—东盟税收协调［J］．特区经济，2008（10）．

⑤ 邓力平．当代西方国际税收竞争理论述［J］．税务研究，2001（7）．

⑥ 邓力平．国际税收竞争的实证研究［J］．涉外税务，2002（7）．

⑦ 邓力平．经济全球化下的国际税收竞争研究：理论框架［J］．税务研究，2003（1）．

⑧ 邓力平．国际税收竞争：基本分析、不对称性与政策启示［M］．北京：经济科学出版社，2009．

⑨ 韩霖．国际税收竞争的效应、策略分析：结合我国国情的研究［M］．北京：经济科学出版社，2007．

⑩ 邓毅，崔晓如．国际税收竞争理论及我国国际税收政策取向［J］．国际税收，2003（11）．

与协调的实践[①]。此外，还有唐震华的《国际上转让定价税制发展的综合评析》[②]、鲍灵光的《OECD关于恶性税收竞争的报告》[③]、邵明均等的《税收间接抵免的特点及其运用》[④] 等，都通过对国际税收竞争的研究得出了有关国际税收协调的一些启示。

上述文献研究表明，国际税收协调的相关理论从不同的视角对国际税收协调问题作了解析。尽管对国际税收协调必要性及其影响因素的看法不一，但总体上认为国际税收协调是不可回避的理论和现实问题。伴随着实践的发展，国际税收协调相关理论研究经历了一个从兴起到停滞到快速发展再到平稳发展的过程，目前国际税收协调及其研究处于平稳发展阶段。

国际税收协调和区域经济一体化的实践表明，税收的国际矛盾和协调问题与区域经济一体化相生相伴，相对于区域经济一体化领域其他问题的研究，国际税收协调问题的研究相对滞后。

国际税收协调是动态的综合的系统工程。国际税收协调主要是通过关税的协调、间接税的协调、直接税的协调，以及税收征管的协调，重点解决国家之间重复征税、无序的税收国际竞争和恶意的国际避税等问题。

税收协调与税收竞争，税收单一化与税收多样化，税权集中与税权分散是矛盾的统一体。在价值观和方法论上反映了普遍主义（Universalism）与特殊主义（Particularism）、集体主义（Communitarianism）与个人主义（Individualism）的冲突与选择。成功的国际税收协调必须找准二者的最佳均衡点，把握最佳的国际税收协调度。

以往的国际税收协调理论研究主要集中在有关国际税收协调的理论基础、国际税收协调的必要性、国际税收协调的效应及国际税收协调的机制和模式等方面。而在理论与实践的结合上，提出科学的国际税收协调理论分析框架，建立国际税收协调的绩效评价及协调度测度的指标和方法等，还有待理论和实践工作者作出努力。这些研究的薄弱环节正是本文研究的重点。

---

① 陈涛．经济全球化下国际税收竞争的理论与实践［D］．厦门大学邓力平教授指导的博士学位论文，2002.

② 唐震华．国际上转让定价税制发展的综合评析（上、下）［J］．涉外税务，1997（1）、（2）.

③ 鲍灵光．OECD关于恶性税收竞争的报告［J］．涉外税务，1999（3）.

④ 邵明均等．税收间接抵免的特点及其运用［J］．涉外税务，1997（12）.

相对而言，国内对国际税收协调问题的研究起步较晚，成果较少，尤其是针对中国参与国际税收协调的战略选择和对策研究等方面，仍是区域经济一体化实践中亟待加强的研究领域。本书正是基于上述考虑选择了本选题的研究，以期在完善区域经济一体化理论和国际税收协调理论研究方面尽绵薄之力，为推动中国的区域经济一体化进程做出自己应有的贡献。

第三章 区域经济一体化进程中的国际税收协调实践

第一节 几个主要区域的国际税收协调举措

区域经济一体化组织遍布世界各大洲，但本文仅选择三个最具有代表性的区域来介绍：欧盟、北美自由贸易区和中国—东盟自由贸易区。欧盟是目前一体化程度最高的区域，其成员均为发达国家；中国—东盟自由贸易区是覆盖范围最广的区域，也是我国目前最重要的参与合作区域，其成员大多为发展中国家；北美自由贸易区是第一个发达国家与发展中国家建立的区域经济组织，其税收协调程度仅次于欧盟。这三个区域就区域一体化程度、成员结构以及国际税收协调实践都比较具有代表性，因此本文重点介绍这三个区域经济组织的国际税收协调措施。

一、关税的协调

1. 欧盟

关税协调是欧盟税收一体化的起点。欧盟进行关税协调的主要措施是：建立关税同盟，颁布区域性税收协定（罗马条约）；先统一内部关税，再统一对外关税；区域内采取差异化协调，分步到位，逐步统一；协调的主要内容是关税税率减让和消除；协调的目的是废除国与国之间商品流通的关税障碍，实现区域内自由贸易。为了建立关税同盟，欧洲经济共同体（EC）从1957年签订了《罗马条约》，这一条约成为早期成员国间消除关税壁垒的重要措施，1958

年开始协调成员国对内、对外关税。1959 年 1 月 1 日，欧洲经济共同体国家关税降低了 10%；后来建立欧洲煤钢联营条约拆除在煤、钢、铁、矿等方面的关税壁垒；1973 年 EC 的成员国建立起关税同盟；然后又于 1976 年 7 月实现了工业品对内取消关税，对外统一关税；同时实施共同的农业政策，使农产品可以在区域内自由流动；至 20 世纪 90 年代初取消了成员国内部的一切非关税壁垒。对外关税的关税协调比对内协调具有更高的难度。欧盟的做法很值得借鉴，它充分考虑到成员国与区域外各国的经济发展水平参差不齐、需要税收保护的程度高低不一的情况：荷兰、联邦德国、卢森堡、比利时的经济发展水平较高，对国外市场的依赖也比较大，所以一直实行较低的对外关税；而法国、意大利由于国内工业竞争力相对较弱，为保护本国工业而对外实行较高的关税。考虑到以上成员国的不同国情和对关税的不同需求，欧共体按照 1957 年 1 月 1 日四个不同税区（联邦德国、荷比卢关税同盟、法国和意大利）使用的实际关税税率为基础，以算术平均法计算确定不同的税率，然后采取共同对外税率分步到位的办法最终达到了统一。目前欧盟成员国内部实行统一的贸易规则、统一的关税、统一的行政手续。

2. 中国—东盟自由贸易区

中国—东盟自由贸易区是在东盟基础上建立起来的：1967 年成立的东盟是政治集团的联盟，仅有 5 个成员国，后来成员国扩展为包括东南亚地区 10 个国家，2001 年中国加入，并于 2010 年 1 月 1 日正式建立了“中国—东盟自由贸易区”。迄今为止，关税协调是中国—东盟自由贸易区开展的主要国际税收协调，间接税和直接税的协调在区域内仅有一些双边的合作，但尚未在区域层面展开。该区域进行关税协调的特点是：分阶段、分层次、分产品逐步降税；成员国不分大小，一律平等；通过颁布区域性税收协定来协调。采取的主要措施如下：

第一，实施共同有效的普惠关税（CEPT），将 CEPT 减税计划分两种方式实施：快速减税和正常减税。

第二，采取原产地规定。为了使区域内成员国比非成员国享有较多贸易优惠或较低关税，1992 年东盟自由贸易区理事会在雅加达通过了“CEPT 原产地条规”，根据该条规，东盟成员国从另一会员国直接进口产自该国的成分比率不低于 40% 的产品，出口国家核发产地证明者，可享有优惠关税。

中国—东盟自由贸易区的关税协调分为两个阶段：

第一阶段：东盟自由贸易区的关税减让。1992 年东盟各国签订了《新加坡宣言》、《东盟加强经济合作的框架协定》和《共同有效优惠关税》，至此，东盟 6 个老成员国内部已将关税降解至 0 ~ 5%，其余 4 个新成员（缅甸、老挝、柬埔寨、越南）也将于 2015 年开始对正常产品和大部分敏感产品实行零关税，到 2018 年对剩余产品实行零关税。东盟将税收协调的产品分为三类：快速降税产品、常速降税产品和例外产品，另外对配额产品则实行单独谈判。快速降税产品的关税减让速度原则上要快于 WTO 承诺水平；常速降税产品的降税速度根据现行的关税税率来决定；而例外产品则在过渡期执行最惠国税率。

第二阶段：中国—东盟自由贸易区的关税减让。2001 年，中国与东盟 10 国签署了《中国—东盟自由贸易区的基本框架协议》，一致同意在 10 年内建成中国—东盟自由贸易区。该协议规定：中国和东盟双方从 2005 年开始降低正常产品的关税，至 2010 年和 2015 年先后与东盟 6 个老成员国和 4 个新成员国实现绝大多数产品零关税，取消非关税措施，实现双方自由贸易。2003 年中国与东盟签署了"早期收获计划"，对 500 多种农产品先行降税，到 2006 年约 600 项农产品的关税降为零。2004 年 11 月，中国与东盟又签署了《中国—东盟全面经济合作框架协议货物贸易协议》和《中国—东盟全面经济合作框架协议争端解决机制协议》，前者规定从 2005 年 7 月 20 日起，双方正式开始对原产于对方的 700 余种产品给予关税优惠待遇，后者为贸易争端解决提供了法律基础。2007 年 1 月 1 日第 10 届中国—东盟首脑会议上签署了《中国—东盟服务贸易协议》，开启了区域内服务贸易自由化的进程。到目前为止，中国与东盟 6 个老成员国之间已有 90% 的产品降到了零关税，与东盟 4 个新成员国也将在 2015 年实现 90% 的产品零关税。东盟 6 个老成员国对中国的平均关税从 12.8% 降至 0.6%；中国对东盟的平均关税从原来的 9.8% 降到了 0.1%。

表 3-1　中国—东盟《货物协议》与《服务贸易协议》主要内容

《货物协议》主要内容
• 2005 年 7 月 1 日起，削减和取消 7000 余种商品关税；逐步取消数量限制和非关税壁垒；承认中国市场经济地位等；
• 正常类商品：中国与东盟老成员 6 国 2010 年关税削减至 0，与东盟新成员 4 国 2015 年关税削减至 0；
• 敏感类商品：中国与东盟老成员 6 国 2018 年关税削减至 0 ~ 5%，与东盟新成员 4 国 2020 年关税削减至 0 ~ 5%。

续表

《服务贸易协议》主要内容	
中国承诺：	在建筑、环保、运输、体育和商务服务5个服务部门的26个分部门，向东盟国家开放市场，允许对方设立独资或合资企业，放宽设立公司的控股比例限制等内容
新加坡承诺：	开放商务服务、分销、教育、金融、医疗、娱乐和体育休闲服务、运输等服务业市场
马来西亚承诺：	开放商务服务、电信、建筑、金融、医疗、旅游和运输等服务业市场
泰国承诺：	开放专业服务、建筑及工程、教育、旅游和运输等服务业市场
菲律宾承诺：	开放服务、电信、建筑及工程、环境、旅游等服务市场
文莱承诺：	开放旅游和运输等服务业市场
印度尼西亚承诺：	开放建筑及工程、旅游和能源服务等服务业市场
缅甸、老挝、柬埔寨、越南承诺：	开放商务服务、电信、建筑、金融、医疗、旅游和运输等服务业市场

资料来源：根据中国—东盟《货物协议》和《服务贸易协议》整理。

表3-2　中国—东盟自由贸易区部分关税减让时间

起始时间	关税税率	覆盖关税条目	参与国家
2000年	所有东盟成员国平均关税3.87%	85%的CEPT条目	原东盟6国
2001年	对所有东盟成员国0~5%	90%	原东盟6国
2002年	对所有东盟成员国0~5%	全部	原东盟6国
2003年10月1日	中国与泰国果蔬关税降至0	中泰水果蔬菜	中国/泰国
2004年1月1日	农产品关税开始下调	农产品	中国与东盟10国
2005年1月1日	对所有成员国开始削减关税	全部	中国与东盟10国
2006年	农产品关税降至0	农产品	中国与东盟10国
2011年	5%以下		自由贸易区所有成员国
2015年	对所有东盟成员国0	全部产品（部分敏感产品除外）	中国与东盟新成员国
2018年	对所有自由贸易区所有成员国0	全部产品	中国与东盟新成员国

资料来源：《中国—东盟年鉴》（2004年）。

3. 北美自由贸易区

到目前为止，北美自由贸易区的税收协调的主要内容也主要围绕关税进行，其最明显的特点在于它是典型的南北合作型、大国主导型的区域经济组织，美、加、墨三国的经济发展水平差距较大，但却组成了自由贸易区，在关税协调的历程中，美加两个发达国家始终保持着强势地位，而墨西哥这个发展中国家却通过参与区域关税协调成了最大的受益者。北美自由贸易区成功的关税协调实践证明，只要在削减和取消关税壁垒的步骤和时间表上坚持互利互惠和协商一致原则，并适当照顾经济发展水平相对较低的成员国的利益，就可以使不同经济发展水平的国家在税收协调中达成共识，并共同受益。

北美自由贸易区大致可以分为三个阶段：

第一阶段：美加自由贸易协定时期。随着欧洲经济共同体的建设和一体化程度的加快，为了与欧共体形成抗衡，1988 年 1 月 1 日美加两国正式签订了美加自由贸易协定。协定于次年生效，至此，美加自由贸易区成为世界上最大的双边自由贸易区，也是当时覆盖领域最广泛的贸易协定，其内容涵盖了关税、投资、服务、农产品贸易和争议解决等诸多方面。美加自由贸易协定对关税减免的目标是，两国在 10 年内取消双边商品贸易中所有关税。具体做法是：将双边贸易商品分为 A、B、C 三类，其中 A 类商品从 1989 年 1 月 1 日起取消全部关税；B 类商品在 5 年内完成关税减让；C 类商品则在 10 年内逐步取消关税。

第二阶段：北美自由贸易区时期。1992 年 8 月美国、加拿大和墨西哥三国签订了“北美自由贸易协定”，1994 年 1 月 1 日起实施。北美自由贸易区成为当时世界上最大的区域性经济组织，也是第一个发达国家与发展中国家建立的区域经济组织。北美自由贸易协定内容广泛，包括了商品贸易、投资、知识产权及政府采购等。该协定的总体目标是：立即取消三国间约 65% 的制成品关税，5 年内取消另外 15% 的制成品关税，其余部分在未来 10 年内取消，还剩极少数产品的关税在 15 年内取消。墨西哥承诺将在未来 10 年内完全取消从美国进口的工业品关税；美国与墨西哥将在 15 年内完全取消彼此的农产品关税。另外，协定还对取消非关税壁垒进行了规定：各国不得对当地成分、当地生产和出口业绩进行要求；不得向对其他两国的出口产品进行补贴，对非北美自由贸易区国家的出口例外；允许采取反倾销措施，但必须与其他成员国进行磋商。

第三阶段：美洲自由贸易区筹备阶段。构建美洲自由贸易区（Free Trade Area of Americas，FTAA）的设想最早于1994年美国迈阿密西半球首脑会议提出，目的是在2005年初建成一个全球最大的自由贸易区，以与欧盟（European Union，EU）形成对峙之势。这个自由贸易区将是世界上面积最大、拥有8亿人口、年GDP总值达14万亿美元的自由贸易区。

在这一阶段内美国和墨西哥分别与美洲一些国家签署了双边贸易协定。美国2003年与智利签订自由贸易协定；2004年签订了多米尼亚—中美洲—美国自由贸易协定；2005年签订了中美洲与美国自由贸易协定。墨西哥于1996年成立中美洲—墨西哥自由贸易区；1998年与尼加拉瓜、智利签订双边自由贸易协定；2001年与危地马拉、洪都拉斯、萨尔瓦多“北三角”三国共同签订自由贸易协定；2001年与乌拉圭签订贸易互补协定。这些以关税协定为主的双边贸易协定为全面成立美洲自由贸易区打下了一定基础。

在美国与一些中美洲国家就双边自由贸易进行谈判的同时，美洲34国就美洲自由贸易区（FTAA）的谈判一直没有中断。2003年11月19日～21日，FTAA第8次部长级会议在美国迈阿密举行。在此次会议上，各成员国均采取了较为灵活、务实的态度。经过相互妥协，会议对自由贸易区的框架协议达成以下共识：美洲自由贸易区谈判将尊重各成员国不同的经济发展水平以及各国的敏感商品和服务需求，允许各国就开放本国市场的程度作出不同的承诺；参与谈判的成员国将就建设自由贸易区达成统一协议，但成员国可通过双边或区域协定在某些领域内取得更大程度的开放；本国知识产权保护、农产品补贴和反倾销问题以及投资、政府采购等问题将在世贸组织或双边、多边框架下商谈；美洲自由贸易区的启动时间为2005年1月。

但是后来由于区域内各国分歧较大，有关FTAA的谈判进展缓慢，在农业补贴、降低关税、市场准入等关键问题上尚未达成实质性的协议。虽然历次首脑会议一再重申2005年建成美洲自由贸易区，但谈判一直停留在议程和框架层面上，无法深入。

二、间接税的协调

（一）欧盟

在关税同盟成立后，关税已经不再是影响欧盟成员国间商品流动的因素

了，但增值税和消费税等间接税的差异对商品流动的影响却日益凸显，于是间接税的协调就成了欧盟税收协调的重点。对于间接税的协调，欧盟协调的主要对象是增值税和消费税；协调的目的是逐步统一增值税和消费税，以促进欧盟经济一体化；协调的主要措施是：在区域性税收协定——罗马条约的规范和约束下，征集各国的协商意见，再以指令形式建议各成员国采纳实施；在维持各成员国商品税差别的基础上实现部分相同的税种（如增值税），追求税率和计税方法的大致相近。欧盟间接税协调的原则在《罗马条约》第95条中作了规定：①任何成员国不得直接或间接对其他成员国征收超过其向本国同类产品直接或间接所征收的各种国内税；②任何成员国不得向其他成员国征收旨在间接保护其产品的各种国内税。并补充规定：向某一成员国出口产品所享受的国内税折扣不得超过其被直接或间接征收的税金数额①。这一原则性规定的目的是避免各成员国通过间接税策略重新引入一套防御性系统以取代关税。

1. 增值税的协调

增值税协调是欧盟间接税协调的重点。早在20世纪60年代，欧盟各国就先后采用了增值税制度，接下来就对增值税进行了不同程度的协调，其协调的原则是：废除一切影响产品和服务贸易的障碍，使成员国之间的交易和成员国内部的交易趋同。欧盟对增值税的协调大致经历了三个阶段：

第一，税制与征管办法的协调。欧盟各国的增值税都是其财政收入的重要来源，但各国的增值税制度却差别很大。为了逐步统一增值税，欧盟先后颁布了二十多项相关指令以约束和协调各成员国增值税制度，这些指令均有一个共同的重要依据——《罗马条约》。1967年欧盟委员会发布的“第1号指令”要求所有成员国都启用增值税制，并废除对营业税额的其他征税形式。1969年发布的“第2号指令”要求各成员国共同遵守增值税的一些共同的指导性原则，但这些原则仅是指导性原则，仍未达到对增值税进行协调的程度。1977年的“第6号指令”发布了一个增值税法令范本，要求各成员国按此范本修改本国的增值税。该范本对纳税人、征税范围、税基、退税、纳税地点、小企业认定等进行了统一的规定。这项指令的发布标志着欧盟对增值税的协调进入

① Christian Louit. 欧盟的税收协调及其对欧洲建设的影响［J］. 李立宏，施鹏译. 经济法论坛，2002（10）：595-629.

了税制和征管办法协调阶段。

第二，征税原则的协调。各成员国接受增值税的协调指令以后，按照消费地原则征税，并且实行出口零税率。按照该原则，商品只要在同一国家内消费，不论其出产国在哪里，都适用相同的增值税税率，这样就避免了因税率不同而导致的商品消费扭曲。随着1993年建立了单一市场、区域一体化程度进一步提高，欧盟委员会又提出了所有交易按照原产地原则征税。但这样会使成员之间的税收收入分配状况有所改变，贸易入超的国家税收收入会减少，而出超的国家税收收入会增加。为了避免各成员国之间税收收入的突然转移，欧盟设立了一项过渡性方案，在过渡体制结束后，欧盟的增值税将建立在原产地原则之上。该方案保留原产地和消费地两种征税原则，同时允许废除边境税收收入的转移。尽管该过渡性方案原定只运作到1996年12月31日，但由于种种原因欧盟不定期延长了期限，至今欧盟仍保留着过渡体制。

第三，税率的协调。为了使成员国之间的交易和成员国内部的交易趋同，欧盟委员会从1987年开始对区域内所有交易采取出产地原则，即产品按照出产地国家的税率征税，而不按消费地国家的税率征税。但是，在出产地原则之下，成员国之间的税收收入分配发生了变化，因此，需要一个预算补偿机制来辅助出产地原则的执行。同时，税率的差别容易引起非一般纳税人（如个人、政府部门、医院等）流向增值税率最低的国家购买商品和服务。因此，对增值税率的协调势在必行。1992年，欧盟委员会提出了统一增值税的最低税率：正常的最低税率是15%，每个国家可以出于文化或社会因素的考虑对部分商品或服务制定1~2个减税税率，但不得低于最低税率的5%①。低税率只适用于社会、文化基本所需的商品和服务，如食品、药品、水电、公共交通等。在规定了增值税最低税率的基础上进行统一协调，避免了各成员国之间通过降低税率进行税收竞争，同时又允许各成员国在一定的范围内行使对税率的自主权。总的来说，这项统一规定使大多数国家的增值税率都有不同程度的提高，这主要是因为预算稳定公约要求成员国的财政赤字不能超过本国GDP的3%，另外一部分国家为了克服财政恶化在降低直接税比重的同时提高了间接税的比重。1995年，欧洲部长理事会又提出各成员国增值税率最高不得高于25%，

① 钟晓敏．竞争还是协调：评欧盟未来的税收政策走向［J］．财经论丛，2001（9）：15-21.

但由于各国都把税率和税基看作税收主权中最敏感的部分，因此，该提议几乎受到了所有成员国的反对。但到目前为止，各国之间的增值税率还是存在较大的差别，税率最低的是卢森堡，仅为15%，最高的是瑞典和丹麦，高达25%。至今欧盟也没有提出要完全统一增值税率。原因在于，增值税并不是一个适合税收竞争的税种，增值税制的不同引起税收竞争所造成的扭曲不会太大。

总的来说，欧盟增值税的协调强调税收政策的合理性，追求税收制度的统一，同时致力于减少和消除由于法定税基不同而带来的有害税收竞争。税收协调在消除对商品、服务、资本和劳动自由流通的障碍的同时，提出了内部"合理竞争"的原则。①

2. 消费税协调

消费税是指针对特定商品（酒、烟等）消费所征收的一种间接税，它是欧盟增值税的配套税种，因此，在税收协调中也占据一席之地。由于消费税所牵涉的利益小，因此，比增值税更容易在成员国之间达成一致意见。消费税只在货物抵达国征收，征管方式比增值税简单。消费税主要是为了对宏观经济进行调控，对消费产生负外部效应的产品征收，避免增值税的累退性、促进社会公平，因此，消费税的税率要高于增值税。欧盟对消费税的协调采取了与增值税相似的措施，一方面是让各成员国的税率相互接近，另一方面是统一消费税的征收范围。在税率方面，欧盟明确规定，对于石油产品，为了减少对能源的消费和保护环境而征收高税；对于烟酒等对公众有害的产品，其消费税率向高税国家的水平趋同；对日用消费品的税率则向低税国家趋同。1993 年欧盟统一了最低税率，并且规定每两年调整一次，直到税率完全接近目标税率为止。在消费税的征收范围方面，欧盟于 1992 年发布指令规定了成员国消费税的征收范围是：烟草、酒精饮料和矿物油。2002 年欧盟委员会建议对商用柴油统一征收消费税，并预期在 2011 年统一该项消费税的税率。同年，欧盟委员会还建议对汽车综合征收消费税，包括购车时的注册税、车辆道路税、燃油增值税、保险税等，预计在 5～10 年内废止，并转由提高道路税和燃油税来补偿。2003 年欧盟又对扩大能源品消费税范围达成一致，从 2004 年起征收消费税的能源品从原来的矿物油扩大至煤、汽、电等产品，不过只适用于作机器动力或

---

① 赵京霞．浅析欧盟税收政策协调［J］．税务研究，2005（12）：86-90.

供热的能源产品。

（二）中国—东盟自由贸易区

相对欧盟和北美自由贸易区而言，中国—东盟自由贸易区的建设刚刚起步，目前区域层面的税收协调还停留在关税协调阶段，还没有展开间接税和直接税的协调。目前各成员国进行的一系列协调工作主要围绕成员国零关税的目标努力，而间接税和直接税的协调还未引起各成员国足够的重视。

目前中国—东盟自由贸易区的间接税制有以下一些特点：①各成员国间接税收入比重偏高。东盟各国间接税收入占税收总收入的比例一般都在50%左右，新加坡略低，但也达到了44%。通常经济不发达的国家间接税的比重要高于直接税的比重，而经济发达国家的直接税比重则高于间接税的比重。②各国引入增值税时间较短，而且增值税率、税基差异较大。中国—东盟间各国增值税的标准差比欧盟要大（见表3-3）。③消费型增值税与生产型增值税并存，未引入增值税的国家（老挝和缅甸）消费税复杂。

表3-3　欧盟与中国—东盟自由贸易区增值税标准税率的差异程度

	欧盟原15国（1991年）	欧盟27国（2006年/2007年）	中国—东盟（2006年/2007年）
标准税率的平均值（%）	18.01	19.49	10.14
标准税率的标准差	3.11	2.34	3.52

资料来源：刘馨颖．中国与东盟10国税收协调之探析．世界经济研究，2008（5）：30-35.

与欧盟相比，中国—东盟自由贸易区进行间接税协调的难度更大，主要原因是：欧盟发达国家成员居多，而中国—东盟自由贸易区则以发展中国家居多，各成员国经济发展基础差距巨大；中国—东盟各成员国在国家规模、人口数量、经济发展水平等方面也存在很大差异；中国—东盟区域各国税收状况和税制结构差异非常显著，而且各国的税收制度在不同程度上存在不成熟性，中国—东盟目前的建设才刚刚起步，目前关税的协调尚未全面完成，对间接税协调的意愿还未达成共识。

但是随着中国—东盟区域各国间经济联系的不断深入，各国税收制度差异引起的冲突将逐步成为区内商品、资本、劳务进一步流动的最大障碍。笔者认

为，尽管中国—东盟自由贸易区的发展目前还达不到全面展开间接税协调的程度，同时针对间接税的协调也存在一些实际困难，但是鉴于区域经济一体化组织的发展规律和需要，中国—东盟自由贸易区应对间接税的协调进行前瞻性考虑。目前可以借鉴欧盟的经验，首先在区域内统一增值税的类型，实行普遍的消费型增值税；逐步规范税基，统一减免税规定，进一步加强税制的透明度；同时建议各国完善增值税制度，已引入增值税的国家逐步取消不合理的减免税，拓宽增值税税基，还未引入增值税的国家适时引入增值税。

（三）北美自由贸易区

北美自由贸易区内的税收协调严格来说，也未涉及间接税和直接税，不过在北美自由贸易协定中，对贸易便利化和投资便利化的少量条款在某种意义上对成员国出口产品的国内商品税起到了约束和统一作用。例如，协定规定，“任何缔约方不能对出口到其他缔约国的产品征收任何形式的税或费”，但由于目前区域内间接税制差异较大，无法正式展开对间接税的协调。美国至今没有开征增值税，而加拿大和墨西哥却实施增值税。加拿大对货物和劳务的增值税于1991年开征，主要以加工制造业为征税对象，联邦税率为7%，后降至5%，但各省另行征收税率不一（5%～10%）的销售税。加拿大1972年开始征收资本增值税。最初规定资本增值的50%需要纳税；1990年达到最高，资本增值的75%需要纳税；2000年10月直至今天维持在50%的比率。墨西哥仅对商品和服务征收增值税，增值税是墨西哥的主体税种，一般税率为15%，该税率同样适用于相关商品和服务的进口。但墨西哥的增值税税率高于墨西哥国际边界地区的税率。这些区域的增值税税率为10%。

三、直接税的协调

（一）欧盟

欧盟对成员国直接税的协调主要涉及公司所得税和个人所得税，协调的方式具有两个特点：一是为了解决现实的冲突和问题而颁布了一些指令，规范了一些概念，并制定了一些协调法律；二是将提交欧洲法院审议并判决的一些案例作为有关的协调政策。另外，欧盟直接税协调的另一个重要方式，是在对成员国政府、企业或个人的具体实施提出争议、要求判定的时候，做出维护欧盟原则和有利于经济一体化发展的判决。欧盟对直接税协调所采取的措施与关税和间接税协调有很大的不同。关税和间接税的协调是在欧盟内全范围、分步骤、有计划地推进的，而直接税的协调则是在某一领域先遇到分歧，再引起关注，最后才进行协调，这种协调仅停留在部分领域，从这些领域一点点展开。首先，建立欧盟条约中对关税和间接税的协调都有相应的规定，但是对直接税的协调却没有规定。其次，直接税更加深入国家的税收主权，也比关税和间接税复杂得多，因此，各国政府都对直接税自行制定法律规定，自行监管实施。另外，所得税政策往往是企业层面的问题，透明度不高，因此，很难通过超国家的机构来使各成员国达成一致同意的协调意见。但是随着欧盟一体化程度的加深，劳动力、资本以及服务业在成员国自由开业经营越来越多，由于各国所得税税制不同而对此造成的障碍也日益显现出来。在这样的背景下，所得税协调的问题也就日益受到了关注。

1. 公司所得税

欧盟对公司所得税协调颁布了一些指令。1990 年 7 月 23 日理事会制定了《母子公司指令》与《并购指令》。《母子公司指令》是为了避免子公司对位于另一成员国的母公司提供的股息受到双重征税，但条件是母公司必须持有子公司至少 25% 的资本或投票权。《并购指令》针对两个或两个以上成员国企业之间的重组、并购、资产转让和股权交换制定了共同税收政策：免除企业在进行重组、并购、资产获得和股权交换过程中的资本交易税。只有在这些行为结束之后，才能对超出原资本份额的部分征税。这两个指令的颁布和实施是为了协调各成员国企业税收政策，推动区域内企业间的合理竞争、促进资本流动。

欧共体还颁布了《消除关联企业利润调整中的双重征税的公约》（以下简称仲裁公约），该公约制定的仲裁程序，用以解决针对成员国并购企业经营活动中对转移价格的不同理解而造成的双重征税争议，提高这些争议解决的效率，保护了纳税人的利益。

欧盟部长会议于 1998 年颁布了《企业税收行为守则》，该守则的目的是解决不公平的税收竞争。守则规定了欧盟成员国不得采取的一些行动，如实施仅适用于非居民的税收优惠，给在本国没有实质性经济活动的公司税收上的利益；采取与国际通告原则相背离的确定利润的规则等。2000 年在里斯本会议上，欧盟委员会确定了公司所得税协调的目标进程表（见表 3-4）。

表 3-4 欧盟公司所得税协调目标进程（里斯本目标）

时间	目 标	优 势	最后期限
长期	共同税基	透明、高效、可行	
中期	原产地税	政治上可行、执行简易	2010 年
	选择性共同税基		2010 年
短期	根据欧洲公司章程调整母子公司并购指令	包含了中小企业在内	2003 年
	完善当前已实施的指令	使指令效果更明显	2003 年
	拓宽并购指令适用范围	使跨国公司合并便利化	2003 年
	协调与欧盟相关的税收条约	减少税收筹划、根据欧盟实际调整税收条约	2005 年
当前	协调欧洲公司章程的实行	保证欧洲公司制的利益	
	实行利息/专利费指令	协调相关公司间转让定价问题	
	仲裁条约的拓展	合理解决有关转让定价的争议	
	2002 年继续实施行为准则	避免有害税收措施	

资料来源：Karel Lannoo，Mattlas Levin. An EU Company Without an EU Tax? CEPS Research Report，2002，April.

2. 个人所得税

目前欧盟针对个人所得税协调颁布的指令只有一个，是 2003 年 6 月颁布的关于以利息形式获得的储蓄所得（收入）的税法规定，也称储蓄指令。该指令要求，一成员国的居民在另一成员国的储蓄利息收入，应按照其居民所在国的税法规定课税。因此，所有成员国有义务建立信息交换系统，将非居民在本国的储蓄利息收入纳税情况向居民所在国自动通报。在这项指令的实施过程中，由于卢森堡、奥地利和比利时提出要维护其银行的保密制度而不能完全承诺提供信息，欧盟允许这三个国家有一个过渡期，在过渡期内这三个国家可以获取其他国家提供的信息而暂时不需向其他国家提供信息。同时指令规定，如果欧盟一旦与美国、瑞士、列支敦士登、圣马力诺、摩纳哥及安道尔按经合组织的要求达成信息交换协议，则这三国也必须加入自动信息交换系统。另外，指令规定实施信息交换的成员国可以保留 25% 的税收份额，其余 75% 的税收所得返回给居民所在国。

（二）中国—东盟自由贸易区

中国—东盟自由贸易区内还没有展开区域性的直接税协调，仅在部分成员国之间建立了一些双边税收协定来避免双重征税，在其他直接税协调方面都没有实施任何措施。

目前中国与东盟国家（除文莱外）基本上建立了以增值税和消费税为中心的间接税与以个人和公司所得税为主的直接税相结合的现代税制。各国公司所得税率差异不大，但是区域内各国的税收竞争已客观存在，如果不在区域层面进行一定的协调，就有可能演化为恶性的国际税收竞争。例如，文莱政府不征收个人所得税、销售税、工资税和出口税，得到许可的外国投资者可以享受长达20年的公司税免税期①。马来西亚从2005年10月起全面下调了对进口汽车所征收的关税和消费税税率，目的就是与泰国竞争“亚洲底特律”的地位，吸引外国汽车制造商到马来西亚建立基地。

各成员国之间为消除税收障碍，促进经济往来，主要针对避免双重征税签署了一些双边税收协定（见表3-5、表3-6）。目前中国与马来西亚、新加坡、泰国、越南、老挝、菲律宾、印度尼西亚、文莱8个国家都签署了避免双重征税的协定，同时这些国家的国内税法和税收协定中均对外国税收抵免有明确的规定，原则上可以通过双边协定和国内税法解决区域内跨境所得重复征税问题。但目前柬埔寨还没有与其他国家签署避免双重征税的协定。

表3-5　2007年中国和东盟各成员国税收协定签订情况

	中国	新加坡	泰国	菲律宾	马来西亚	印度尼西亚	越南	老挝	缅甸	文莱	柬埔寨
中国	—	√	√	√	√	√	√	√		√	
新加坡	√	—	√	√	√	√	√		√	√	
泰国	√	√	—	√	√	√	√	√			
菲律宾	√	√	√	—	√	√	√				
马来西亚	√	√	√	√	—	√	√				
印度尼西亚	√	√	√	√	√	—	√			√	
越南	√	√	√	√	√	√	—		√		

① 李国淮．中国—东盟自由贸易区的税收竞争与协调［J］．税务研究，2007（1）：87-90.

续表

	中国	新加坡	泰国	菲律宾	马来西亚	印度尼西亚	越南	老挝	缅甸	文莱	柬埔寨
老挝	√		√					—			
缅甸		√					√		—		
文莱	√	√				√				—	
柬埔寨											—
总协定数	89	62	57	39	75	63	45	5	7	4	0

资料来源："中国—东盟税收问题研究"课题组．中国—东盟税收协调问题研究．《涉外税务》，2008（4）.

表 3-6　中国—东盟税收协定涉及的具体税种

国家	税种范围
泰国	所得税、石油所得税
文莱	根据所得税法征收的所得税和石油利润所得税
新加坡	所得税
菲律宾	对个人、公司、产业和信托征收的所得税、股票交易税
马来西亚	所得税、补充所得税、超额利润税、石油利润税
印度尼西亚	按照 1984 年所得税法征收所得税
越南	个人所得税、利润税、利润汇出税
老挝	企业利润（所得）税、个人所得税
中国	个人所得税、企业所得税（外商投资企业和外国企业所得税、中外合资经营企业所得税、外国企业所得税）

资料来源：作者根据中国—东盟签订的税收协定整理。

这些税收协定主要在防范双重征税和国际避税方面采取了以下做法：①对税收征管权进行规定。中国与东盟签署的税收协定中体现了所得税征税中地域征管权优先的原则。例如，中国与文莱签订的税收协定规定：缔约国一方的企业利润仅在该缔约国征税，但该企业通过设在缔约国另一方的常设机构在该缔约国另一方进行营业的除外。②为消除双重征税承认税收饶让原则。我国主要采取免税法和抵免法来消除双重征税，与东盟国家的协定中规定：对于从中国取得的所得应缴纳的中国税收，应允许在该项所得应缴纳的本国税收中抵免。

③为防止国际避逃税规定情报交换。由于情报交换是防止和减少国际避逃税的有效措施，在中国与东盟的税收协定中对情报交换作了如下规定：缔约国双方主管当局应交换为实施本协定所需要的情报，特别是防止税收欺诈或逃税的情报。

笔者认为，随着中国—东盟自由贸易区建设的深入，在现阶段虽然不必要全面展开直接税的协调，但应该采取一些柔性的合作举措，为今后建立税收协调机制打下基础：逐步分国别、分阶段展开直接税、间接税和资本转让税的协调，最终在所有成员国之间达成一致；根据现实情况有选择地进行税收协调，将协调的重点放在会对市场机制造成扭曲的税种上，如针对企业所得税和一些间接税会带来国家之间的有害税收竞争，建立关于有害税收竞争的报告制度，形成区域内成员国不实行有害税收竞争的承诺制度；在税收协调过程中建议各成员国要在国际税收协调的大环境中进行内部税收制度调整和改革。

（三）北美自由贸易区

北美自由贸易区在直接税方面没有在区域层面上展开协调，只是从促进公平竞争和投资方面作了原则性的规定："各方应采取措施防止反竞争商业行为，各缔约方将在竞争法的执行方面进行合作"，"各国给予自由贸易协定成员国的投资者及其投资的优惠待遇将不低于给其本国投资者或其他国家的投资者的优惠待遇。自由贸易协定的任何成员国均不得对在其境内的投资者规定经营条件"。这些条款规定在很大程度上促进了区域内的资本流动，如美国在加拿大的投资从 1998 年的 720 亿美元增至 2003 年的 1050 亿美元，2002 年加拿大在墨西哥的投资比 1994 年增加 3 倍。但是由于区域内三国的企业所得税制差别较大，又缺乏协调，区域内不乏大量的国际避税和税收竞争。区域内关联企业特别多，如加美两国的股份公司中有 2/3 存在关联关系，这些关联企业通过转让定价、资本弱化等方式大量逃税。另外，三国都不同程度地降低公司税税率，以吸引其他成员国的投资，各国的投资优惠政策各不相同，税收竞争日益激烈。

四、国际税收竞争的协调

当前仅有欧盟在区域的层面上针对国际税收竞争进行了协调，北美自由贸易区、中国—东盟自由贸易区和世界其他区域经济一体化组织都没有在区域层面正式展开国际税收竞争的协调。

欧盟防止和消除国际税收竞争的主要措施如下：

第一，颁布防止和消除有害税收竞争的原则框架——《欧盟行为法典》(EU Code of Conduct)（以下简称《法典》），该法典于1997年12月1日由欧盟财政部长一致通过。《法典》对有害税收竞争进行了这样的定义：有害税收竞争是那些课征过低税率（包括零税率）的行为，而且这种税率比其低税率成员国通常的税率还要低。此外，《法典》还规定了认定有害税收竞争行为的5个原则：①税收优惠政策是否只给予非居民或与非居民有关的交易；②税收优惠政策是否是一种“围栏政策”，即与国内市场相隔绝；③税收优惠是否给予缺乏实质内容的经济活动；④是否与转让定价规则相冲突；⑤是否缺少透明度。

第二，建立“行为法典部”，负责对法典范围内的税收政策进行评估。该部门在1998年就提出了期间报告，认定了欧盟除了奥地利以外的其他成员国均存在违反《法典》有害税收竞争行为，这些行为共85项可以归纳为5个不同的领域：与控股公司有关的制度；金融服务和离岸公司；部门特殊政策；区域鼓励政策；其他政策。

第三，呼吁成员国进行合作。欧盟呼吁所有成员国按照《法典》规定进行合作，应努力劝说第三国也采取消除有害税收竞争的措施，成员国若拥有附属或领地，或者成员国在那些领地上有特殊义务或税收特权的，应承诺遵守不采取有害税收竞争措施。

第四，赋予《欧盟行为法典》法律约束和制裁权。《欧盟行为法典》的法律基础是欧共体条约中第92～94条“政府援助”（State Aid）条款，因此《法典》是一项具有法律约束性的文件①。“政府援助”条款将认定和制裁的权力赋予了欧盟委员会，欧盟行为法典所认定的有害税收竞争行为可以援引这一条款，通过欧盟委员会来对成员国进行法律制裁。

第五，颁布《利息税指令》，协调利息税。欧盟颁布的《利息税指令》要求成员国在2004年1月1日前出台和公布与指令相一致的法律、法规和行政规章，并在2005年1月1日起实施。情报交换制度是欧盟《利息税指令》的核心制度，2009年以后欧盟所有成员国都实行了情报交换制度。《利息税指

① Osterwell, E. OECD Report on Harmful Tax Competition and European Union Code of Conduct Compared. International Bureau of Fiscal Documentation, 2001, 6: 198-202.

令》在一定程度上打击了欧盟的国际避逃税，有效协调了支付地国、税收居民国和受益人之间的利益，这不仅在欧盟立法史上写下了重要的一笔，也为国际税法的发展做出了重要贡献①。

第二节 区域经济一体化进程中国际税收协调的趋势及特点

在区域经济合作不断加深，区域内各国经济日益融合的背景下，区域内国际税收协调减少了资本、商品、劳务、技术等在区域内跨国流动的税收障碍，大大推动了区域经济一体化的进程。从区域经济一体化的角度探析国际税收协调的特点和趋势，有利于把握区域一体化中的国际税收协调体系，从而促进区域内国际贸易和国际投资的发展。

一、协调的内容以关税协调为主逐步转为以间接税和所得税为主

从区域性国际税收协调演进的层次来看，随着区域经济一体化的深入，其税收协调大致要经历三个阶段：关税协调、间接税协调、直接税协调②。区域经济一体化大多起源于关税同盟，因此区域内国际税收协调也起源于关税的协调。在过去几十年内，关税协调一直是区域性国际税收协调的主要内容。目前大部分区域性经济共同体都处于这一阶段，如中国—东盟自由贸易区、北美自由贸易区等。现在仅有欧盟在完成了关税协调后进入了间接税和直接税的协调并取得了不少成果。欧盟是目前世界上一体化程度和国际税收协调程度最高的区域，因此，欧盟的国际税收协调历程在很大程度上代表着区域经济一体化国际税收协调的历程。从欧盟国际税收协调的历程来看，税收协调的内容经历了以关税协调为核心到目前逐步以间接税和直接税协调为核心。

欧盟从 1958 年开始协调成员国的对内和对外关税，1973 年正式建立关税同盟，拆除成员国之间的关税壁垒，对非成员国实行统一的对外关税。关税同

① 崔晓静. 欧盟利息税指令及其对我国的借鉴［J］. 现代法学，2007（2）：146.

② 樊丽明，常世旺. 全球区域性税收协调与中国税收政策取向［J］. 税务研究，2005（4）：3-8.

盟建立之后，各成员国在区域内的流动不再受关税的影响，而增值税和消费税等间接税就成为影响商品价格的重要因素，各成员国之间的间接税政策差异直接影响到商品流动和资源的配置，因此欧盟内部税收协调的重点就从关税协调转到了间接税协调。

在间接税协调方面，欧盟的重点是增值税，协调的目标是统一税率、统一税基、平衡税负。欧盟对增值税的协调大致经历了税制协调、税收原则协调和税率协调三个阶段。其做法是：在维持众多产品的税收差别的基础上使各成员国达成一定程度的税收合作，在保存一定的差异中谋求平衡和协调。在 1968 年至 1973 年内 EC 完成了增值税统一推行工作，并从 1977 年公布了《关于协调成员国对营业税税法的立法——实施共同的增值税体制及统一税基的指令》，开始逐步协调增值税的征收办法。欧盟对增值税的协调强调消除对商品、服务、资本和劳动力四大要素在内部统一大市场自由流动的限制，提出了内部“合理竞争”的原则。

随着欧洲货币联盟的建成，各成员国直接税的差异逐步成为影响欧盟区域内资本、技术、人员流动的重要因素，直接税的协调也就提上了欧盟的日程。1990 年 EU 颁布的两个指令（《并购指令》和《母子公司指令》）和一个公约（《仲裁公约》）标志着欧盟正式展开了直接税的协调。但是迄今为止，由于各成员国对直接税协调的意愿不是很强，再加上各成员国公司所得税最低税率和税基难以达成一致，目前欧盟的直接税协调进展不尽如人意。

二、协调程度与区域一体化程度密切相关

通过欧盟及其他一些区域的税收协调历程可以发现，税收协调的进度与区域经济一体化的程度紧密相关。在区域一体化处于初期的自由贸易区阶段时主要是协调成员国内部的关税，发展到关税同盟阶段时就转为协调对外的关税，到了共同市场阶段时就需要对间接税进行协调，再发展到经济货币联盟阶段时所得税的协调就日益重要了。可见国际税收协调的目的和任务服务于区域经济一体化的演进需要，随区域经济一体化的发展阶段变化而变化。James① 根据

① James D. Can We Harmonize Our Views on European Tax Harmonization? *International Bureau of Fiscal Documentation*, 2000, 6: 263-268.

对税种、税基、税率和税收征管这些要素的协调程度不同将国际税收协调程度划分为四个层次：一是无协调状态的缓和模式。这是国际税收协调的初级形式，协调的主要方式是签订避免双重征税协议，主要目的是避免双重征税。二是部分协调模式。各国组成紧密的经济联盟，在联盟内成员国设置部分相同的税种，同时可自由设置不同的税种。三是名义协调模式。每个国家都实行相同的税种，但每个国家的税基不同，因此征管方式也不同。四是财政联邦制模式。所有国家实施相同的税种和税基，但在不同级别层次上征收不同的税率。成员国家组成超国家权力机构，在统一税基的基础上对所有成员国按相同的税率征收，所获得的税收收入用于满足整个联盟的需要。同时，每个国家对相同的税基可按不同的税率来征税以实现本国经济和社会目标。如果按 James 提出的四层次协调与目前一体化程度最高的区域欧盟的一体化进行对应，可以大致对应为：

经济区域一体化阶段	对应	税收协调程度
特惠关税区 自由贸易区	⇔	无协调状态的缓和模式
关税同盟 共同市场	⇔	部分协调模式
经济同盟	⇔	名义协调模式
完全经济一体化	⇔	财政联邦制模式

从目前世界各个区域的一体化进程和税收协调程度来看，欧盟的一体化进程虽然进入了全面一体化阶段，但税收协调仍处于“名义协调”阶段，欧盟已完成了关税协调，并且在统一税种、税率和税基方面取得了一些成绩，但由于税基和税率是每个国家税收主权中最敏感的部分，各国都不愿出让，因此，还未达到真正的“名义协调”。但欧盟在之前的发展阶段基本符合以上的对应：在欧洲关税同盟和欧洲统一大市场时期，1976 年对内取消了工业品关税，对外统一关税；到 20 世纪 90 年代初取消了一切非关税壁垒，银行、保险、经纪人可在各成员国内开展业务，取消边境税，间接税逐步统一税种和税率，达到了“部分协调”状态。其他区域如北美自由贸易区、中国—东盟自由贸易区、新美协定、新日协定等均处于“自由贸易区到无协调状态的缓和模式”

协调阶段。

因此，国际税收协调与区域经济一体化的不同阶段紧密相关，对国际税收协调的研究，一定要结合经济一体化进程及其特定的阶段来进行。在相当长的一段时间内，国内外对国际税收协调的研究按重要性可依次排为：首先是对资本税国际协调的研究，其次是对商品税国际协调的研究，最后才是对人才与技术国际税收协调的研究，这正是体现了对区域经济一体化不同阶段的把握与理解。对资本国际税收协调研究盛行，主要是与不断深化的投资全球化进程相关，各国都在吸引流动性强的资本；而对人才与技术的国际税收协调研究较少，则是因为从全球和区域经济的发展来看，真正意义的要素流动还有一定距离。

三、政府在区域国际税收协调中的作用日益增强

国际税收协调是一种“政府协调”行为，是主权国家的政府以政府作为行为主体，运用国家权力、动用公共部门资源进行的一种协调行为。现代经济理论与实践都告诉我们，市场机制是人类社会迄今为止最有效、最可行的一种资源配置方式，但经济学的理论和实践也告诉我们，市场虽然在配置资源方面相当有效，但仍然需要政府的部分参与。政府作为国际税收协调的主体使国际税收协调具有了这样的特点：

第一，鲜明的政治色彩：很多区域经济一体化组织都是在各方政治意愿的推动下演变而成的，因此，区域经济组织通常都带有很强的政治色彩，区域内的经济合作要取得收获，也在很大程度上都基于政治合作的先行。因此，区域内的税收协调也具有很强的政治色彩。欧盟的一体化进程和税收协调进程之所以进展较其他区域快，正是基于各国政府首先在政治上开展了合作。而很多区域在政治上的合作没有实质性展开，区域合作的层次也很低，区域内税收协调的程度也相应很低。

第二，主权的维护与妥协：在封闭经济下，一国政府所选择和实施的经济政策对其他国家影响并不明显，税收主权可以得到充分的贯彻。但在区域经济一体化下，各国经经济利益相互交织、联系，各国的主权也因此受到了挑战。以政府为主体的国际税收协调一方面是为了维护本国的税收主权，谋求最有利于本国的福利和资源配置；另一方面也是正确面对主权国家在经济全球化和一体化中面临的种种挑战和矛盾，在平等互利的基础上，适时适度地让渡部分国

家税收主权，因为只有一定的妥协才能达成合作与协调，才能获得比不协调更多的机会和福利。总之，在区域内国际税收协调要求主权国既要关注本国的税收利益，也要关注他国的税收利益；既要考虑当前利益，也要协调和规划长远利益，既要着力于本国经济社会发展，也要兼顾国际社会的协调发展，因此需要在本国税收主权的维护和妥协中寻求平衡。

四、双边与多边协调并进

在过去一百多年的历史中，国际税收协调最重的方式就是签订国际税收协定。自 1899 年奥匈帝国与普鲁士为了避免双重征税签订了世界上第一个税收协定以来，国际税收协调的协定就一直以双边为主。随着 20 世纪 60 年代区域经济一体化组织、自由贸易区的出现，区域性多边税收协调才逐步发展起来，国际税收协调的方式也从双边协调逐步转向了以区域性或跨区域的多边协调。国际税收协调之所以会从双边向多边发展，是由于双边条约的诸多缺陷和多边条约具有诸多优势决定的。多边条约有更多的国家接受和支持，其国际影响力更大。另外，由于在多边条约中，一方违约就需要对所有的缔约方承担责任，因而具有更强的约束力。随着各国、各地区经济合作意愿的不断增强，区域性贸易或经济组织将日益壮大和增多。不论这些区域性贸易或经济组织是否定位为欧盟一样的发展目标，为了深化相互之间的经济合作而进行区域内的国际税收协调都是必要的。因此，尽管目前国际税收协定仍以双边为主，多边为辅，但今后区域性多边协调将发展成为国际税收协调的主要方式。另外，在今后一段时间内，在世界范围内成立专门处理税收事务的国际性组织——类似 WTO 来进行全球范围内的国际税收协调不太可能，因此，区域性的多边协调将成为最主要的国际税收协调方式。

在区域性国际税收协调中，针对税收制度的协调，尤其是税率的协调直接涉及国家主权，会影响到一些国家的财政收入，因此，容易受到这些国家的抵制而很难达成协调的共识。欧盟早在 2001 年就出台了《统一公司税税基草案》，但至今还未实现统一公司税税基的目标。因此，当区域内各国在税制协调方面难以达成一致时，在税收管理方面进行合作与协调，进行国际反避税合作、国际税收情报交换等往往更有效、更具有现实意义。区域内的税收协调将更注重成员国间的税收管理协调与合作，尤其是在加强税收情报交换、国际反

避税方面进行合作。因此，在今后一段时期的区域性国际税收协调实践中，税收制度的协调与税收管理方面的协调将会齐头并进，各区域也将根据自身经济发展的特点和需要，在两者并重中寻找国际税收协调的突破口。

第三节　区域经济一体化进程中国际税收协调面临的主要问题

一、成员国不愿让渡税收主权而难以达成协调共识

税收主权直接表现为国家有权力根据自身的经济发展目标和需要制定其税收政策，并且对国家的税收活动自行管理，以增加财政收入。区域内各国为了达到共同的经济目标而进行国际税收协调，需要通过签订多边的国际税收条约，或者在区域内建立一个超国家的机构来统一调节和管理成员国税收协调的有关事项。在签订条约的情况下，各成员国在缔结条约后各国要接受条约的约束，在行使税收主权时必须以国际条约为依据，这就意味着各国独立制定税收政策的权力受到了一定程度的削弱。在设立超国家机构（如欧盟设立欧洲法院）进行国际税收协调的情况下，成员国就必须以被管理者的身份接受区域性机构政策的管理。由于区域经济一体化组织在进行区域内国际税收协调时所追求的是体现各成员国整体利益的整体性目标，与成员国的各自的利益目标是有距离的，因此，成员国在接受区域性国际税收协调政策时，就相当于向区域让渡了部分税收主权，这将直接导致自己原有权力的减少和削弱。以欧盟为例，欧盟内各成员国在处理税收协调时，必须遵守建立欧盟的各项条约，并且服从理事会所发布的各项指令。

在国际税收协调中走在最前沿的欧盟也经历了种种障碍。虽然几次筹备对区域内公司所得税的税率和税基进行协调，但都由于各成员国难以达成一致而无法实施，迄今为止，欧盟委员会采取的一些协调措施仅仅限于对公司税税基的界定和避免对利润重复征税问题。欧盟从 1993 年统一了消费税的最低税率，但有的国家倾向从量征税，而有的国家则倾向从价征税，因此，到目前为止各国之间的消费税率差别仍然很大。1989 年欧盟委员会提出按 15% 的税率对成

员国的储蓄收入进行来源地扣税，目的是以此来协调成员国的储蓄税税制，但受到了卢森堡的否决而搁浅；1998 年欧盟委员会又提出按 20% 的税率对非居民的资本收入进行源泉扣税，或者向其他成员国提供这部分资本税的信息，但又遭到英国的反对而没能通过。目前除了欧盟以外的区域经济一体化组织对区域内进行税收协调尚未引起足够的重视，要达成共识将会更难。

另外，即使成员国在税收协调问题上达成一致，还可能由于各成员国在税收征管方面的能力或态度差异而取不到应有的协调效果。区域内进行国际税收协调很重要的措施就是在税率方面进行协调，这种协调在执行中很容易得到监控，因为法定税率是公开的。但是如果在税收征管过程中某些成员国采取较为松懈甚至是放任的政策，则很难被观察到，即要对成员国的税收征管进行监督是很困难的，这需要付出高昂的成本。Cremer 和 Gahvari 专门研究了存在逃避税情况下国际税收协调的结果①。当存在逃避税问题时，税收收入不仅取决于税率，还取决于税收征管的执行力度。他们认为，国家可以分为两种类型：一类是诚实国家，这类国家没有逃避税现象；而另一类是逃避税国家，这种国家逃税很严重。如果两个诚实的国家采取统一税率进行税收协调时，会增进两国的福利水平；如果两个逃避税国家进行协调，它们会通过降低税收稽查力度来间接鼓励逃避税行为，因此协调不能使两国的福利得到改进；如果一个诚实国家与一个逃避税国家进行协调时，会有两种结果：一种是协调会使两个国家都受到福利损失；另一种是诚实国家被诱导变成逃避税国。

二、经济发展水平不同的国家之间进行协调的难度

世界各国由于国情不同、经济发展水平各异，所需要的税收制度和政策是不同的，在这样的背景下进行国际税收协调的难度体现在：①统一各国利益的难度：一国认为是合理而有益的税收政策对另一国可能是无益的甚至有害的。低税或无税对于一个公共服务和公共物品要求较高的国家是有害的，但对于一个将发展经济放在首位而急需国际资本流入的国家来说，公共物品的提供只能让位于经济发展需要，因此低税或无税对这样的国家是有利的。②确定标准税

① Cremer, H. and F. Gahvari. Tax evasion, fiscal competition and economic integration. European Economic Review, 2000, 44: 1633-1657.

率的难度：穷国和富国对税率的要求不一样，富国通常税源多、税基较宽，因而采用较低的税率就可以满足政府对财政收入的需要；而穷国通常税源少、税基较窄，需要靠较高的税率才能满足财政收入需要。而且，各国的经济情况不一样、税基所包括的因素也不一样，即使实行相同的税率也不可能取得相同的效果。因此，在国际税收协调中要统一制定一个税率既不科学也很难实现。③保证税收协调效果的难度：由于发达国家和发展中国家的税制结构不同，对不同税种税率的敏感程度也不同。发达国家一般以所得税为主要税种，因而对所得税的税率比较敏感；而发展中国家通常以商品税为主要税种，因而对商品税的税率比较敏感。因此很难保证同样的税收协调政策在发达国家和发展中国家实施能取得相同的效果。

三、区域性国际税收协调机制的缺乏

在同一个区域内，各成员国经济社会发展水平、收入分配政策、环境政策、能源政策、公共服务政策各不相同，税收政策的目标和需要也不尽相同。如果区域内没有建立起有效的国际税收协调的机制，那么税收协调仅只会停留在成员国自发的、双边的、因冲突而起的范围内，很难在区域层面展开上有规划、有组织、有步骤地展开。

欧盟的税收协调之所以可以从关税协调走向间接税和直接税的协调，就是因为欧盟随着一体化的深入逐步建立起一套有效的税收协调机制：首先是明确一体化的方向和目标。欧盟从建立欧共体之初就把协调成员国税收政策作为深化一体化的一项主要任务。1957 年签订的《罗马条约》明确提出欧洲经济共同体的目标是建立共同市场和使成员国的经济政策不断接近。此后欧盟的税收协调一直是围绕着建立统一大市场目标来进行的。其次是赋予区域内超国家机构税收协调的权力。欧盟就像一个国家的政府一样，设立了一个立法机构、一个行政机构和一个独立的司法机构。欧洲执行委员会、欧洲议会和欧洲部长理事会共同承担区域内国际税收协调的任务，欧洲法院作为司法机构，有权对税收协调中产生的争端进行判决。税收协调的建议通常由欧洲执行委员会提出，并征求各成员国的意见、最终起草成指令和规则，然后提交议会和部长理事会，经议会和部长理事会讨论通过后生效执行。最后是建立税收协调的法律保障。欧盟在《罗马条约》中对关税和间接税的协调都进行了明文规定，因此这两项国际税收协调均有法可依，成效显著。然而《罗马条约》中没有关于直接税协调的规定，这使欧盟直接税的协调缺乏法律依据，进展缓慢。

目前除了欧盟之外，其他区域都没有在区域层面上建立起强有力的税收协调机制，大部分区域一体化组织虽然针对关税协调签署了关税协定，制定了关税减让时间表，在关税减让方面取得了很多成效，但没有针对间接税、直接税、逃避税以及国际税收竞争建立起协调机制，尤其是缺乏对国际税收协调的程序性、操作性的规定和立法，包括国内法和国际协定或条约。很多区域的发展中国家限于经济发展水平、税收征管水平和相关立法水平，在本国内的相关规定和立法尚欠缺或不完善。因而在除了关税协调之外的税收协调方面缺乏动力、约束力和效力。即使在关税协调方面，仅仅依靠签署区域性的税收协定来协调，仍然缺乏争端的仲裁和解决机制，以及关税转换为商品税的防范能力，仍然不能进行充分的协调。

四、部分国家税收征管技术和水平的缺陷

区域内国际税收协调是否能真正展开，一方面取决于有效的税收协调机制，另一方面也取决于成员国的税收征管技术和水平是否达到了执行税收协调政策的程度。而税收征管技术和水平是与经济发展程度紧密相关的，通常来说，发达国家的税收征管技术和水平要远远高于发展中国家。一国的税收征管技术和水平取决于国内税收法制和司法的完善程度、税务人员素质的高低、整个社会对税收的遵从程度、信息技术软硬件的配备、社会信息共享水平——这些无不取决于社会经济的发展水平。与发达国家相比，发展中国家不仅在以上各方面技术和水平较低，在税收情报的存储、收集以及协助征税的技术方面效率偏低，成本过大。发展中国家在这些方面的缺陷在短时期内是很难改进的。在同一个区域内往往既有发达国家，又有发展中国家，由于双方在税收征管技术和水平方面的差异，同样的税收协调政策对于发达国家可以顺利执行，并取得收益，而对发展中国家来说，收益可能会远小于成本。当来自发达国家的补偿仍然不能弥补发展中国家的收益缺口时，税收协调的合作就不得不中止。

第四章　区域经济一体化进程中国际税收协调的主要影响因素及测度

第一节　区域经济一体化进程中国际税收协调的主要影响因素

世界上很多区域一体化组织内的成员国历史、政治、经济、文化、社会等各方面情况差异很大，各国的经济政策、税收政策也迥异，国际税收协调要求各国在税收政策方面进行某种程度的趋同，成员国要达成这种趋同的共识必然会因各自国情不同而站在不同的立场上考虑，即便达成了共识，要判断在一个区域应该采取什么样的国际税收协调，应该建立什么样的协调机制来进行协调，首先应对这个区域进行国际税收协调的运作条件分析。这个分析要从影响区域内国际税收协调的因素入手，然后在这些因素的基础上提出一些具体的分析指标，针对这些指标一一进行分析。另外，该区域税收协调所能达到的程度及协调所产生的具体效应也与影响这个区域税收协调的因素密切相关。

总的来说，笔者认为，当一个区域具有共同的合作目标和较深的一体化程度、相近的经济发展水平、较高的经济依存度、差别不大的税收制度时，就可以在区域内进行深度国际税收协调，该区域协调的程度就相应较高，协调所产生的效应也会较多、较大；反之，当一个区域的合作意愿不是很强烈、一体化程度较低、经济发展水平差距较大、经济依存度不高、税收制度差异较大时，就只能在该区域开展低层次的国际税收协调，协调的程度就相应较低，协调所产生的效应也会较少、较小一些。

一、区域经济合作的目标与一体化程度

一个区域开展经济合作的目标与一体化的程度直接决定着这个区域进行国际税收协调的程度和绩效，是影响区域内国际税收协调的最重要的因素。区域经济合作的目标越高，合作的范围越广、程度越深，表明区域一体化的潜力越大，成员的合作意愿和精神越强烈，也就越具有国际税收协调的条件和必要性。欧盟的最终发展目标定位于经济和政治的一体化，相比之下，其他经济区域都没有如此高的目标，因而区域合作的程度与范围也远远落在了欧盟之后，国际税收协调的程度也远远不及欧盟。因此，区域内国际税收协调的必要性、可行性与协调程度是与区域经济合作的目标与一体化程度紧密相连的。一个合作目标定位较高、一体化程度较高的区域必然在国际税收协调方面具有更迫切的必要性、更高的可行性和协调程度。

关于区域经济一体化的程度，各国不同的学者有不同的见解，表 4-1 是几位有代表性的学者对区域经济一体化组织的一体化程度比较：

表 4-1　几位有代表性的学者对区域经济一体化组织的一体化程度比较

经济学家	巴拉萨	李普西	阿格拉	林德特
提出年代	1961	1968	1980	2001
出处	《经济一体化理论》著作	《国际一体化：经济联盟》论文	《欧洲共同体经济学》著作	《国际经济学》第 11 版著作
主要内容	自由贸易区 关税同盟 共同市场 经济联盟 完全经济一体化	特惠关税区 自由贸易区 关税同盟 共同市场 经济联盟 完全一体化	单一商品上的经济一体化 自由贸易区 关税同盟 全面的经济联盟 完全的政治一体化	自由贸易区 关税同盟 共同市场 全面的经济联盟

资料来源：作者根据相关资料整理。

受到普遍认同的是巴拉萨于 1961 年提出的包括自由贸易区、关税同盟、共同市场、经济联盟和完全经济一体化的分类。区域一体化程度处于不同的阶段就对应着不同的发展目标（见表 4-2）。

表 4-2　区域一体化程度及其目标、特点

一体化程度	发展目标	特点/代表区域
自由贸易区	取消成员国之间的贸易壁垒，实现区域内贸易自由化	贸易壁垒只在成员国之间取消，成员国对外仍然扣留自己原先的、与其他成员国不同的贸易壁垒/1994 年成立的北美自由贸易区
关税同盟	取消成员国之间的贸易壁垒，并且统一对外关税	成员国让渡了自己对外关税的制定权，关税的征收与管理变得更加容易，但商品入关的原产地检查更加严格/1991 年成立的南方共同市场
共同市场	在实现了关税同盟目标的基础上，进一步实现商品、服务和生产要素的区域内自由流动，从而使内部市场达到统一	成员国与非成员国之间的待遇差别增大；意味着成员国之间要实行统一的技术标准和间接税制度，成员国干预经济的更多权利与职能逐步向超国家的一体化组织转移/1992 年的欧共体
经济联盟	在实现关税、贸易和市场一体化的基础上，进一步实现经济、财政、货币的一体化	要建立一整套超国家的立法、司法、行政和监督的联盟机构，成员国除了让渡建立共同市场所需的权力，还需让渡制定和运用宏观经济政策/1921 年起比利时和卢森堡就结成了经济联盟，2002 年的欧盟
完全经济一体化	实现了经济、金融、财政等政策方面的完全统一，成员国之间完全取消商品、资本、劳务、服务等自由流动的人为障碍，实现了一定程度的政治一体化	形成了一套放大至区域尺度的“国民经济体制”，区域内超国家的管理机构享有相当充分的国家主权，拥有为区域内各成员国认可的经济、政治、社会等领域的立法、行政及司法权/目前尚无这样的一体化组织

资料来源：作者根据相关资料整理。

二、区域成员国经济发展水平差异

经济发展水平决定着一个国家在这一时期宏观经济政策和税收政策的目标，同时也是一个国家税收来源的基础。因此，处于不同经济发展阶段的国家，其宏观经济政策、对公共服务的需求、对福利水平的偏好、税收政策必然不会相同。通常来说，经济发展水平较低的国家，来自流通领域的间接税的比重较高，而来自个人和公司所得的直接税的比重很低；并且，以税收为主的财

政收入占 GDP 的比重较低。与之相反，经济发展水平较高的国家，直接税比重较高而间接税比重较低，并且以税收收入为主的财政收入占 GDP 的比重较高。介于两者之间的发展中国家，间接税和直接税比重大致相当，以税收为主的财政收入占 GDP 的 20% 左右。一个区域内的各成员国经济发展水平相近，则各国对公共服务的需求、对福利水平的偏好以及相应的税收政策、税收征管水平就不会相差太大，进行区域内国际税收协调就会较容易一些。反之，如果一个区域内成员国间经济发展水平差异较大，则国际税收协调的难度也较大。

在分析一个区域内的国际税收协调运作条件时，应考虑以下几个反映各成员国经济发展水平的差异的指标：

（1）各国 GDP 总量的差异：包括各国 GDP 总量的极差和标准差。

（2）各国人均 GDP 的差异：包括各国人均 GDP 总量的极差和标准差。

（3）各国经济增长率的差异：包括各国经济增长率的极差和标准差。

（4）各国 GDP 三次产业的构成比差异：各国第一产业、第二产业、第三产业收入占本国 GDP 的比重的差异。一个国家的 GDP 三次产业的构成比这项指标最直接地反映了这个国家的经济是处于哪一个产业化阶段，或者是哪两个产业并重的阶段。

三、区域成员国之间的经济依存度

区域成员国之间的经济依存度是指各成员国之间商品、服务、资本、劳务相互流动的频繁程度。区域内成员间的经济依存度越高，共同的利害关系越紧密，相互间税收政策的影响也越大。世界上较为成功的区域经济一体化组织成员国内都具有较高的经济依存度，而区域成员之间是否具有较高的经济依存度也是决定区域内国际税收协调的重要指标。这种经济的相互依存度主要体现在两个方面：一是贸易的相互依存度；二是直接投资的相互依存度。几乎所有区域组织的建立和国际税收协调都始于关税的协调，而正是由于区域内成员国之间的贸易依存度达到了一定程度，成员国之间才会产生并达成削减关税和非关税壁垒的共同意愿。另外，随着区域内成员国之间的贸易往来增多，成员国之间就有可以通过设置较低的商品税率来吸引其他成员国的消费者到本国跨境购物，从而引发商品税的国际竞争冲突，由此产生国际税收协调的需求。因此，一个区域内贸易的依存度越高，就越具有税收协调的必要性，协调也就会为区

域带来越多的效应。同样，区域成员之间直接投资的相互依存产生了资本税利益的交织，也就产生了资本税协调的需求。

影响国际税收协调的、反映区域成员国之间经济依存度的指标主要包括：

1. 区域内部贸易比重

区域内部贸易比重包括区域内出口额占区域总出口额的比重、区域内进口额占区域总进口额的比重产业内贸易指数。这个指标直接体现了区域内部进出口贸易额占整个区域进出口贸易总额的比例，比重越大，说明区域成员国之间的国际贸易依存度越高，经济联系越紧密。

2. 区域内产业内贸易指数

这一指数是衡量一体化组织产业内贸易程度的指数，是指同产业中成员国家互有不同质商品的贸易往来，同一类同时存在进口和出口的商品数额，表明在该产业有着互补性的贸易需求，是衡量一体化组织经济结构情况的主要指标，可用公式表示为：$T = 1 - |X - M| / (X + M)$，式中 X 和 M 分别表示某一特定产业或某一类商品的出口额和进口额，并且对 $X-M$ 取绝对值。$T<0$ 无产业内贸易；$0<T<1$ 存在产业内贸易；$T>1$ 完全产业内贸易。产业内贸易指数越大，说明产业内贸易越频繁，一体化程度越高。区域成员国间产业内贸易水平的高低，不仅反映了成员国经济、文化的相似性，而且也决定了贸易的利益和福利水平。另外，区域内贸易的增长主要是以产业内贸易为主。因此，较高的产业内贸易指数代表较紧密的贸易关联度和依存度。通常经济发展水平相似的国家之间产业内贸易值较高，例如，发达国家之间的产业内贸易大大高于发达国家与发展中国家之间的产业内贸易。

3. 贸易互补性与竞争性

区域内较高的贸易互补性必然带来区域内较高的贸易关联度，而区域内成员国间贸易竞争性较强则会使区域内部贸易比重降低。可以用两个指标来反映贸易互补性与竞争性：

(1) 显性比较优势指数（RCA），是指一国某产品的出口占该国总出口的份额与世界该产品出口占世界总出口份额的比值。其计算公式为：

$$RCA_{xi}^{k} = (X_i^k / X_i) / (X_w^k / X_w)$$

其中，X_i^k 为 i 国 k 产品的出口额；X_i 为 i 国的出口总额；X_w^k 为世界市场 k 产品的出口额；X_w 为世界所有产品的出口总额。当 RCA_{xi}^{k} 大于 1 时，说明 i 国

的 k 产品具有较强的比较优势；当小于 1 时，说明 i 国的 k 产品属于比较劣势的产品。

（2）贸易互补性指数（TCL），是用来衡量两国之间贸易的互补性的指标。综合互补性指数的计算公式如下：

$$TCL_{ij} = \sum TCL_{ij}^{k} \times (X_{w}^{k}/X_{w}) = \sum RCA_{xi}^{k} \times (M_{j}^{k}/M_{j})$$

其中，X_{w}^{k} 为世界市场 k 产品的总出口额；X_{w} 为世界所有产品出口总额；M_{j}^{k} 为 j 国 k 产品的进口额；M_{j} 为 j 国的进口总额。当 TCL_{ij} 大于 1 时，两国的贸易互补性强，且 TCL_{ij} 值越大，互补性越强；当 TCL_{ij} 小于或等于 1 时，两国的贸易互补性弱，且 TCL_{ij} 值越小，互补性越弱。

4. 区域内直接投资的比重

区域内直接投资的比重是指成员国之间相互直接投资在其全部外国直接投资中所占的比重，这个指标反映了一个区域对本区域内直接投资的依赖程度。比重越高，说明成员国之间的直接投资依存度越高，本区域的直接投资主要来源于区域内部，成员国之间的直接投资规模较大，相互间税收利益联系较为紧密。比重越低，则说明该区域的直接投资主要依赖区域外部的国家，区域内成员国之间的直接投资规模较少，直接投资的相互依存度较低，相互间税收利益联系就不会特别紧密。

四、区域成员国的税制差异

区域成员各国税制差异较大，说明生产要素的跨国流动存在的税收阻碍因素可能比较多，纳税人从中逃避税收的空间也比较大，也就意味着税收协调的任务很重，也很迫切；另外，税制差异大，税收协调的难度就大，协调需要经历较长的过程才能达到一定的效果、产生一定的效应。区域内国际税收协调主要涉及关税、间接税、直接税的税种、税率和税基，因此，在分析协调的可行性时，主要应考虑成员国税制在以下几方面的差异：

1. 税制结构差异

一般来说，税制结构可划分为所得税系（又称直接税系，包括个人所得税、公司所得税、社会保障税）、商品税系（又称间接税系）和财产税系。可以用各税系占税收收入的比重来衡量一国的税制结构，而这些比重的差异也就

体现了各国税制结构的差异。容易引起税收竞争等税收冲突的主要是直接税和间接税结构的差异，因此，主要考察各成员国所得税和商品税占本国税收收入比重的差异。

2. 宏观税负水平差异

反映一国税负高低的一个直接可比的指标就是宏观税负水平，通常以税收占国内生产总值的比例（T/GDP）来表示。一般说来，经济发展水平高的国家宏观税负水平相应较高；另外由于宏观税负是实际税收占 GDP 的比重，因此受税收征管水平的制约，在税收征管水平较低、逃避税较严重的情况下，低宏观税负并不意味着法定税负轻。

3. 关税的差异

区域内进行关税协调的目的就是要减少和消除关税壁垒带来的贸易成本。根据关税同盟理论，建立自由贸易区前各成员国间的关税壁垒越高、税率差异越大，那么通过关税协调减少和消除关税所获得的贸易创造效应也越大，协调的可行性也就越大。

4. 间接税和直接税的税种和税率的差异

各国所得税的差异会带来税收竞争，税率高的国家将难以吸引外资流入，因此各国均有降低所得税率以吸引国际资本的动机。而间接税税种和税率差异则会对区域内商品流动带来影响：国际商品税在很大程度上具有关税的效果，政府可以在不同的课税原则下对出口品和进口品采取不同的选择性（歧视性）税收政策，从而改善贸易条件，达到鼓励出口、限制进口的目的。一旦区域内所有的成员国都采取这种非合作的税收政策时，区域内关税减让的效应就会被商品税差异的效应替代。因此，一体化程度越高的区域其间接税和直接税越趋向一致。

5. 征税原则的差异

各成员国间采用不同的征税原则，会造成直接税和间接税的重复征税。因此，成员国间征税原则的差异越大，就越需要进行协调，而协调的难度也越大。

造成商品税重复征税的征税原则差异主要是，有的国家采取“消费地原则”而有的国家采取“原产地原则”。尽管目前国际社会普遍遵循如下原则：出口国对商品出口前负担的税款给予退税，由进口国对进口的商品征收增值税，这在一定程度上解决了对商品的重复征税问题，但对服务和无形资产无法进行出口退税，还是由于征税原则的不同而产生了重复征税。而且由于各国出口退税政策的差异，使商品的重复征税也不能完全避免。

造成所得和财产重复征税的征税原则差异主要有：一是居民管辖权与地域管辖权之间的冲突；二是居民管辖权和公民管辖权之间的冲突，即一个纳税人既是一国公民又被认定为另一国的居民，就导致了双重征税；三是居民管辖权与居民管辖权之间的冲突，由于各国对居民的判定标准不同，一个纳税人有可能同时被两个以上的国家同时判定为它们的居民；四是地域管辖权和地域管辖权之间的冲突，这主要是由于不同的国家对于所得来源地或财产所在地的判定标准不同。例如，对劳务所得的判定，有的国家以劳务行为的发生地作为劳务所得的来源地，而有的国家则以劳务所得的支付地作为劳务所得的来源地。

五、其他因素

除了以上直接影响区域内国际税收协调的因素之外，还有几个因素会影响到国际税收协调的可行性和效果：

1. 区域成员合作意愿的强烈程度

区域成员如果对区域的经济合作以及税收协调具有较强烈的意愿，协调所能达到的程度就会比较高。反之，如果合作意愿不强，则很难形成共同的合力来促成税收协调。

2. 成员国在地理上的相邻程度

如果区域成员各国地域相邻，则更加容易形成便利的交通网络，进而形成经济、贸易方面唇齿相依的关系，也就更具有国际税收协调的需求。

3. 政体、宗教、文化的差异

区域内成员国政治体制的多样性会加大国际税收协调的成本，减少协调的余地；较大的宗教和文化差异会使成员国间认同感缺失，增大经济合作难度，也就增大了国际税收协调的难度。

以上影响区域国际税收协调程度和效应的主要因素，如图 4-1 所示。

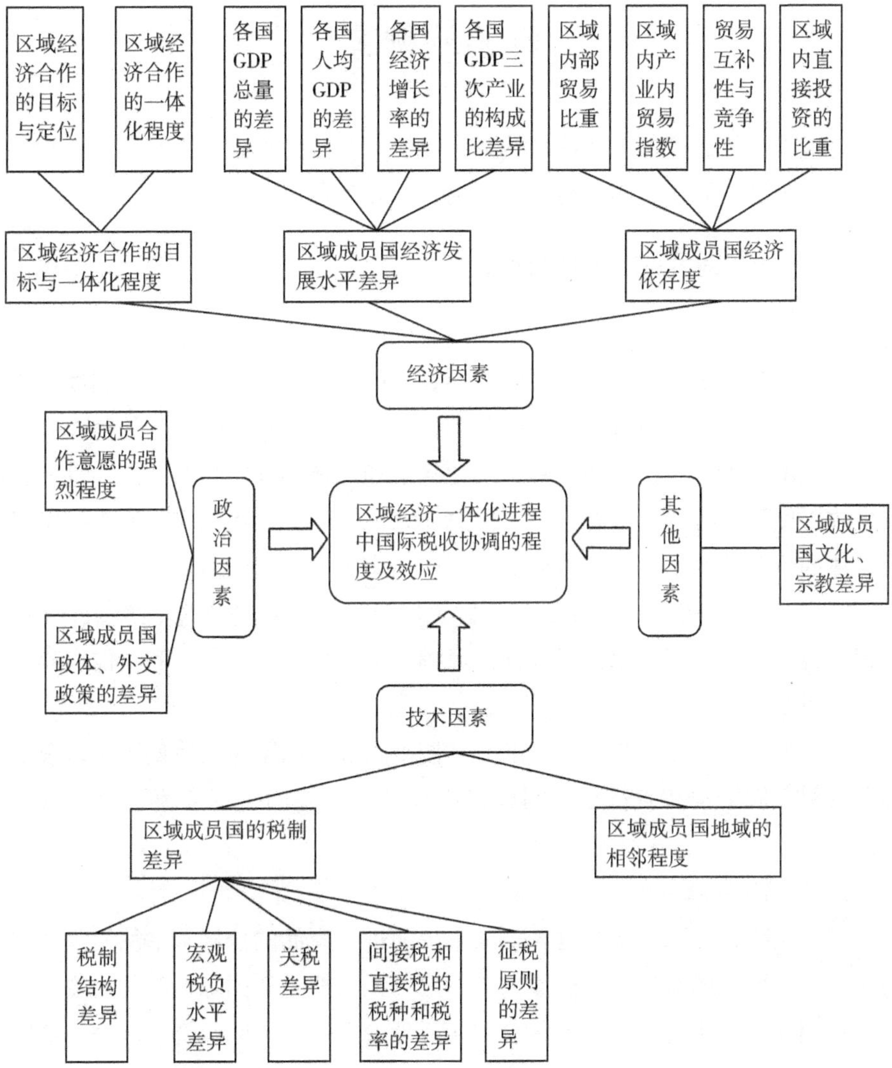

图 4-1　影响区域国际税收协调程度及效应的主要因素

第二节　区域经济一体化进程中国际税收协调的测度

笔者在分析欧盟等一些区域国际税收协调实践的基础上，对区域税收协调程度进行测度，测度的指标可以归纳为以下几项：

一、税收制度的趋同化程度

国际税收协调的核心内容就是税收制度的协调，因此区域成员国税收制度的趋同程度是评价该区域国际税收协调程度的最重要的指标。税收制度是指一国颁布的税收法令、法规、条例的总和。由于一个国家税收制度的确立和形成是该国经济发展水平、政治、社会文化背景和习惯偏好影响的结果，世界各国的税收制度形态各异、五花八门。但总体来说，经济发达国家一般实行所得税为主体的税制体系，而经济落后的发展中国家一般实行以商品税为主体的商品税制度。20 世纪 80 年代以来，发达国家经历了一系列税收改革之后，出现了所得税税率大幅下降、增值税开征的风潮，因而呈现出所得税和增值税双主体的复合税制趋势。

各国的税收制度由各个税种的具体制度组成，国际税收协调主要涉及的税种是关税、间接税和直接税。因此，税收制度的趋同化程度要从以下三方面考虑。

1. 关税的减让程度

开征关税的目的是通过这种税收来提高进口商品的价格水平从而削弱国外与国内同类商品的竞争力，进而保护国内产业。但是从国际效率的角度，各国应通过相互协调来逐步降低关税税率。从理论上看，国际经济、区域经济的不断融合要求各国最终彻底取消进出口关税，关税的减让程度是国际税收协调的第一步，国际税收协调将随着程度的不断加深而淡出对关税的协调，取而代之的是对增值税、消费税以及所得税的协调。但任何一个经济合作区域在开展国际税收协调之初都只能进行关税的减让与约束，随着协调程度的加深，逐步实现零关税。一个区域性经济合作组织内部关税协调的程度可以从以下几方面来判别：

第一，区域内关税减让的程度和对非成员国关税的统一程度。这主要取决于在区域内部是否达成了关税减让的协定和时间表，以及关税减让的幅度。成员国内部关税减让的幅度越大、成员国之间的关税越低，则协调程度越高。区域内关税减让的时间表越短，在时间表内关税减让的幅度越大，说明该区域的关税协调程度越高。同时，还要看在区域的关税协定中是否达成了对非成员国进出口商品和劳务的统一税率，以避免非成员国在进出口上偏向于区域内的低税国而引起关税收入分配上的不公平。

第二，出口退税的彻底程度。实行出口退税政策的目的是使一国出口货物以不含税的价格进入国际市场，一方面可以提高本国产品在国际市场中的竞争力，另一方面更符合国际贸易的发展需要。因为出口退税是与进口征税相对应的。进口征税是一国行使其税收管辖权的一种体现，而出口退税则是对这种征税权的一种放弃。这样做，不仅可以避免货物跨国交易的双重征税问题，而且能使进口国市场上来自不同国家、地区的货物税负统一。因此，区域内成员国是否执行彻底的出口退税政策是这个区域关税协调绩效的指标之一。显然，出口退税率为零税率是最彻底的出口退税政策。

第三，关税征收原则是否统一。统一征税原则旨在避免重复征税，在区域内统一关税征收原则也是为了达到这一目的。经过长期的税收实践，世界范围内形成了两种课税原则：产地课税和消费地课税。在一个经济合作区域内能否统一实行一个关税征收原则，意味着该区域是否能够避免重复征税问题。如果区域内统一实行消费地课税原则，那么成员国是否能彻底实施出口退税政策又成为消费地课税原则实施的焦点。如果区域内统一实行产地课税原则，那么区域内是否有一套严密的产地认定标准又成为产地课税原则能否公平实施的关键。

2. 间接税的趋同程度

在对外统一关税后，间接税，即国内流转税的协调是巩固关税协调成果的一项重要配套措施。因为，如果对关税协调之后，不对国内间接税加以协调和限制，有的国家会通过提高已减免关税的各种商品的国内流转税的方式变相地达到保护本国市场的目的。所以，一个经济合作区域在关税同盟建立后，就需要立刻展开对间接税主要是增值税和消费税的协调。

世界经济一体化区域的国际税收协调实践说明，经济水平发展相近、税制基础相似的经济一体化国家之间更容易达成较高的间接税趋同程度。反之，经济水平和税制基础差距较大的经济一体化国家之间能够达成的间接税趋同程度较低。间接税的协调从税种上看主要包括增值税和消费税两个税种，从协调的内容看，包括这两个税种的税制、税基、税率和征税原则。较低层次的增值税和消费税协调主要是税收征管方面的合作，再进一步为税率和税基方面的协调，较高层次的协调则要致力于消除阻碍商品跨国流动的边界控制（border control）和边界调整（border tax adjustment），还需要进行增值税、消费税征收原则的协调。

因此，间接税的趋同程度从增值税和消费税税制、税基、税率和征税原则的趋同程度来评价。首先看一个区域内是否统一实行了增值税和消费税。从欧盟的经验来看，税制协调首先是从统一实行增值税开始的。增值税税制有很多优越性，如易于实施出口退税等，因此如果区域成员国能够统一实行增值税将十分有利于区域经济一体化发展。消费税作为增值税的辅助税种，统一实行增值税，也就需要统一实行消费税。其次是区域内间接税征收范围、纳税人、计税基数和扣税范围统一的程度。所谓统一税基，就是要统一间接税的课税范围和税目。只有税基一致，协调税率才有意义。相比之下，消费税的征税范围比较窄，因此区域内统一消费税税基比统一增值税税基要容易得多。在间接税税率的协调中，一个区域内要限定统一税率是很不现实的，但为了减少间接税税率差异对商品流动的障碍，可以参照欧盟的做法，即在充分协商的基础上制定增值税和消费税税率的上限和下限。最后看区域内增值税征税原则是否统一。不过从目前各经济一体化区域的实践来看，要改变和协调增值税的征税原则可能性不大。从现有资料看来，目前只有欧盟成员国范围内，以条约和指令形式进行了增值税和消费税的强制协调。其他一些国家引进增值税或者协调消费税，大多是主权国家通过税制改革主动进行的，而不是在某一区域层面上协调。

3. *直接税的协调程度*

直接税包括个人所得税和企业所得税。欧盟的经验表明，个人所得税的协调力度不宜过大，不宜在区域税收协调中过分强调一致，因为对大多数人来说，并没有把各国的税制差异作为其选择居住地的重要原因。因此，在直接税

的协调程度中，我们主要考察企业所得税的协调程度。而企业所得税的协调程度主要取决于企业所得重复征税和税收竞争的协调，具体考察以下两个方面：

第一，区域成员国是否实行一致的内外资企业所得税政策，即是否统一了内资企业和外资企业所得税。为了吸引外资流入，世界各国通常对外资企业所得税实行低于本国企业所得税的税率。因而区域内各国实行一致的内外资企业所得税是区域直接税协调的一项重要内容。

第二，区域成员国的企业所得税管辖权是否统一。各国对企业所得税的争夺，从其产生的那天起就表现为对税收管辖权的确定。税收管辖权包括公民税收管辖权、居民税收管辖权和来源地税收管辖权。由于各国在管辖权确立上的差别就产生了国际重复征税，为了避免企业所得被重复征税，就需要统一各国的税收管辖权。实行来源地税收管辖权是一种较好的选择，因为实行居民或公民税收管辖权，会增大各国政府监管跨国企业的成本，而且征收强制力较弱。

二、税收征管的合作程度

国际税收协调的实施效果在很大程度上取决于国际税收征管合作的程度。国际税收征管合作是指在成员国间建立一种税收行政合作，目的是使成员国能够对区域内交易者进行有效的监督，以保证税收利益分配的合理性。国际税收征管合作主要是针对国际避逃税、有害税收竞争而进行，合作的程度主要反映为以下三个指标：

1. 税收情报交换制度的健全程度

税收情报交换是指国家之间就税收的跨国征收以及为防止避税及偷逃税进行的相关信息情报方面的相互协助与行政合作①。同时，税收情报交换也是征税国确定境外纳税人财产和所得的重要途径。区域合作中的税收情报交换指区域对成员国的税收情报交换予以规范，各成员国据此开展的税收情报交换。区域内健全的税收情报交换制度应当包括：

第一，多层面的税收情报交换。一是区域层面通过情报交换立法、指令、公约的形式，对全体成员国之间的税收情报交换予以规范；二是区域成员国之间通过签订税收双边协定的形式进行税收情报交换；三是区域成员国与非成员

① 崔晓静．欧盟税收协调法律制度研究［M］．北京：人民出版社，2011：222.

国之间签订双边协定进行税收情报交换，以及区域作为整体与其他国家或国际组织之间通过协议或公约的形式进行税收情报交换。

第二，多形式的税收情报交换。一是请求交换，即在一些个案中，成员国主管当局有权请求另一成员国主管当局提供有关信息。二是自动交换，即成员国之间就某些类型的所得或在某些情形下达成协议，系统地为另一国家传送有关情报。三是同时交换，即对于涉及两个或两个以上成员国共同利益的税收信息，成员国在任何情况下都进行信息的互相同时交换。四是自发交换，即当一成员国预测到本国的税收征收将影响到另一成员国的财政税收时，将相关的税收信息自发地提供给另一成员国。五是授权代表访问，即在一些税收个案中，请求国的税收官员可以访问被请求国的税收主管部门进行相关税收情报收集与核实。

2. 反国际避税制度的健全程度

区域内反国际避税制度的健全程度包括两方面：

第一，各成员国在反避税方面的立法、制度及措施的完善程度，包括成员国政府是否以立法的形式限制与其他国家有税收联系的非居民纳税人利用本国税收优惠和本国与其他国家签订的税收协定中的有关条款进行避税，成员国明确纳税人申报义务是否系统化和规范化，是否具有较高的税务审计水平，是否具有健全的相关取证、调查、处罚制度。

第二，区域内是否达成了在反避税方面的合作制度，是否颁布了区域内反国际避税的合作公约或签署了相关的协定。

从反避税的具体内容来看，一个区域内健全的反避税合作应该涉及这样几方面：

第一，转让定价的协调机制。转让定价是跨国企业最显著的避税方式。所谓转让定价，是指跨国公司内部机构之间或关联企业之间相互提供产品、劳务或财产而进行的内部交易作价，逃避有关东道国的价格控制或外汇管制等。完善的转让定价协调机制即区域内是否建立了关于转让定价的协调途径包括同期税务检查、同期税务审计、对应调整、相互协商程序等。

第二，区域内对于避税港的界定是否明确和统一。

第三，区域内对于复杂多变的避税形式是否能够及时作出应对的规定和防范措施。

3. 防范有害税收竞争措施的健全程度

当一国的税收政策给其他国家的经济福利带来严重的负面影响时，其通常会被认定为从事有害税收竞争或恶性税收竞争。OECD 在 1998 年、2000 年和 2001 年相继出台了三份关于有害税收竞争的报告，这三份报告提出了有害税收的判定标准和消除有害税收竞争的措施 。OECD 提出的判别有害税收竞争的四个关键因素是：没有或仅有名义上的税收；制度的“围栏”效应；税制运作缺乏透明度；不能与其他国家进行有效的信息交换。

反映防范有害税收竞争措施的健全程度的指标可以有以下几个：

第一，区域成员国税收优惠政策设计的合理性。什么样的税收优惠政策是合理的？很难有一个测量标准，但是可以从优惠政策实施效果是否实现了两方面的平衡来看：一是本国是否达到了预期目标，二是这些税收优惠政策的实施是否遭到了其他国家的报复。既能达到本国目的又没有引发别国报复性竞争措施的税收优惠政策应当是合理的。

第二，区域是否采取措施对与存在有害税收竞争措施的国家或地区（包括不合作避税港）有关联的交易从严征税；或限制相关支出的税前扣除，或对相关收益征收特别税，或在征管上实施严格的信息申报要求。

第三，区域是否实施和细化“受控外国公司”征税制度，对于与在不合作避税港成立的企业进行的交易和从有害税收行为中获益的交易，拒绝任何处罚例外。

第四，区域是否达成共识，不与存在有害税收竞争措施的国家或地区（包括不合作避税港）签署避免双重征税协定或中止已签署的协定。

三、区域性收税协调机制的健全程度

区域性税收协调机制是区域税收协调得以顺利进行的保障，也是区域税收协调程度和绩效的体现。税收协调程度最高的区域——欧盟正是由于建立了一系列的区域性税收协调机制才使其得以实现了税收协调的各种目标。因此，区域内税收协调机制的完善和健全程度是评价该区域税收协调绩效的一项重要标准。这一标准可以通过以下几项指标来衡量：

1. 税收协定数量和协定内容的完善程度

国际税收协定，又称国际税收条约，是指两个或两个以上主权国家为了协调与其有关的国际经济活动中发生的税收分配关系和处理对跨国纳税人的跨国所得或财产征税等方面的问题，通过对等协商和谈判所缔结的一种对缔结国各方具有法律效力的书面税收协议。国际税收协定主要是为避免双重征税或防止国际避逃税而签订的。国际税收协定按调整对象分为综合性的税收协定和单项税收协定。综合性税收协定协调范围要广一些，如国家间签订的关于对所得和财产避免双重征税和防止偷漏税的协定。单项税收协定是以解决特定行业或项目的税收问题为缔约目标。国际税收协定按签订的主体可分为双边和多边两大类。双边协定和多边协定的动因都很直接、具体，其所关注的是若干国家间的具体税收权力与利益协调。虽然双边或多边协定协调的作用领域优先，但各种协定协调为区域性协调提供了广泛的实践基础。因此，一个区域内成员国之间或成员国与区域外成员国签署的双边和多边税收协定的数量多少以及这些税收协定涉及的内容的完善程度是衡量区域税收协调程度的一项指标。目前世界范围内的国际税收协定仍然以双边税收协定为主，区域性多边税收协定不是很多。截止到 2012 年 2 月，我国已经对外签署了 90 多个双边税收协定和 2 个税收安排，基本覆盖了我国主要的投资来源地和对外投资的目的地①。

2. 区域性税收协调制度的约束力

区域内税收协调制度的约束力越强，则税收协调的效率越高、效果越显著。目前世界范围内的区域性税收协调制度按其约束力的强弱可以划分为三个层次：

第一，法律导向的税收协调制度。这是约束力最强的区域性税收协调制度。区域内的税收协调制度以立法形式出台，具有法律约束力。目前达到这一程度的只有欧盟。作为成员国均由法治水平较高社会组成的一体化组织，欧盟拥有世界上最完善的法律制度和规章条例。在欧盟范围内，法规一体化覆盖率已达到 60% 以上。欧盟的几项间接税、直接税协调举措均以具有区域性法律效率的指令、公约形式出台，对成员国具有很强的约束力。

第二，规则导向的税收协调制度。这种形式的协调制度约束力较法律导向的税收协调制度要弱一些。北美自由贸易区就是规则导向的税收协调制度。贸易区内签订的《北美自由贸易协定》以法律形式规范着三国的经贸关系，在

① 新浪财经网：http：//finance. sina. com. cn/roll/20120330/104111721709. shtml.

关税减让、保护投资者利益方面作出了规定，而且还确立了区域内的投资保护及争端解决机制。尽管比起欧盟的立法性税收协调文件来说，《北美自由贸易协定》不是区域内一项正式法规，有关税收协调的内容也要少很多，但它对成员国仍具有较强的约束力。

第三，协商导向的税收协调制度。这是三种区域性税收协调制度中约束力最弱的一种，通常在成员国政治、经济、文化差异较大的区域内，区域向心力不足、难以就更深的经济一体化达成协议，也就难以达成区域内规定各国应采取的税收协调措施规则，只能根据经济面临的具体条件，采取重人际关系、重协商解决，而轻法律规则、轻诉讼程序的税收协调制度。中国—东盟自由贸易区就是一个典型的例子。区域的税收协调制度缺乏坚实的法律基础，而更大程度是建立在友好协商、相互克制、自我约束等道德基础之上。中国—东盟自由贸易区税收协调制度基本上体现在《共同有效特惠关税协定》、《中国—东盟全面经济合作框架协议》中，但两个协议都缺乏一个国际条约应有的独立法律地位，争端机制缺乏针对性、不够完善。

3. 区域性税收协调机构化程度及工作机制的完善程度

区域内开展税收协调的机构化程度及其工作机制的完善程度直接关系到区域内税收协调措施的执行能否落到实处，因此也是反映区域税收协调程度的一项重要指标。目前为止包括欧盟在内的区域均没有为税收协调单独设立专门的机构，税收协调从政策制定和实施均由区域经济一体化的组织机构来完成。因此，区域经济合作的组织机构及其运作机制的完善程度也就代表了这一区域税收协调机构及其机制的完善程度。

从组织机构设置方面来看，设立一个能够处理大量日常工作的强有力的常设机构是衡量一个区域组织是否成熟的标准，也是该区域税收协调程度的一个标准。在区域内建立了超国家的专门机构负责区域税收协调是最高形式的设置，也意味着最高的税收协调程度。区域内的超国家机构应当包括一个立法机构，一个行政机构以及一个独立的司法机构，并且下设许多辅助机构。目前只有欧盟设置了这样超国家的专门机构来开展税收协调。欧盟税收政策的协调是由欧盟执行委员会、欧洲议会和欧洲部长理事会共同承担的。由欧盟执行委员会提出建议，征求各成员国的意见，将最终起草的指令、规则以及决定提交议会及部长理事会，在议会及部长理事会正式通过之后，这些指令、规定和决定才正式生效。欧盟也是世界所有区域中唯一设置了法院和审计法院的区域。欧洲法院具有解释法律和监督法律统一实施的职权，有权审查各成员国法律是否违反欧盟法，对于违反欧盟法的成员国法律可以拒绝适用。因此，欧洲法院在欧盟税收协调中发挥了极其重要的作用。

从工作机制来看，区域内完善的税收协调工作机制包括政策的制定机制、执行机制、争端解决机制。区域内有专门的机构对区域内部的税收政策进行研究，就需要进行协调的税收政策提出建议，就建议征求各成员国的意见，进行意见的协调，最终发布适用于所有成员国的有法律效应的指令、规则，或者督促成员国达成公约或协定。并且要监督各成员国对颁布的指令或达成的协定贯彻与执行，对不严格执行的成员国给予处罚。

四、区域成员国税收征管水平的高低

区域国际税收协调的程度还受区域成员国税收征管水平的影响，因为税收协调涉及成员国之间税收情报交换、同期检查、同步审计，面临着形式多样的国际避税和国际税收竞争，各成员国税收征管的信息化程度、专业化程度都会影响到税收协调措施的实施效果和程度。成员国税收征管水平越高，区域税收协调的水平和绩效也相应越高。而税收征管水平的高低可以通过成员国税收管理成本（征税成本和纳税成本）、税收征管效率（税收征缴或税收漏征率）得以反映。此外，增加税收管理透明度也有助于提高税收征管水平，因此可以单独作为一项指标反映。世界银行还通过纳税人的年均缴税次数和纳税耗用时间来反映纳税的难易程度和税收遵从成本。

第三节　区域经济一体化进程中国际税收协调度的分类及评价

笔者进一步根据以测度指标将区域经济一体化进程中的国际税收协调分为四个类别：初级协调、中级协调、全面协调、集权式协调。这四个类别显示了区域国际税收协调程度由低至高发展的进程，它们在税收程度的趋同化、税收征管的合作程度、区域性税收协调机制的健全程度，以及区域成员国税收征管

水平的高低方面各有其自身的特点和内在的演变规律。下面就不同类别的国际税收协调在以上测度指标下具有什么特点进行一一阐述和评价。

一、初级协调及其特征

这一类别的协调通常发生在区域经济一体化处于自由贸易协定或自由贸易区到关税同盟发展的阶段，区域合作的目标是取消成员国之间的贸易壁垒，实现区域内贸易自由化，形成统一的对外关税。区域成员之间的经济发展水平可能相近也可能相差较大，这取决于区域建立之初的伙伴选择，如欧盟建立之初其成员国经济发展水平就比较相近，而北美自由贸易区的三个成员国经济发展水平就相差很大。处于这一阶段的区域内商品、人员、服务和资本四大要素的流动只是在不断增大的过程中，尚未形成主流，因此区域内贸易比重和直接投资比重可能还小于区域外比重，区域内贸易互补性和竞争性兼具。区域成员在增进贸易往来方面具有共同的合作意愿，但没有形成全方位的、强烈的合作意愿。

初级协调的代表性区域是北美自由贸易区、中国—东盟自由贸易区、南方共同市场。

1. 税收制度的趋同化程度

区域内通过列出时间表，分类别、分步骤进行关税减让，对内统一关税，但未实现对外关税的统一。时间表大多在 10 年以上，部分商品可能在开始减让之初就实现了零关税，平均关税减让幅度达到 30% ~60%，关税减让的范围覆盖 30% ~60% 的商品。区域内未对各国出口退税政策作出彻底、统一的规定，意味着关税减让的部分成果有可能被部分成员国不彻底的出口退税政策侵蚀。关税征收原则也未在区域层面得到统一，意味着区域内存在重复征税现象，从而可能引发税收冲突。关税减让使区域内贸易规模大幅增长，各成员国之间贸易、投资往来迅速活跃起来，但区域内贸易的互补性可能小于竞争性。在区域层面尚未开始间接税协调，但区域成员国之间针对间接税重复征税、国际避逃税等税收冲突会通过双边或多边税收协定的形式进行一些双边或多边协调。区域内间接税税制、税种、税率甚至税收征管水平的差异都比较大，对跨国企业的商品、货物、服务、资本的流动造成了一定的障碍，由于成员国之间间接税率的差异，在相邻很近的成员国间会产生跨境消费以追逐较低的消费税、商品税现象。这些都将使税收利益在成员国之间的不公平分配。区域层面的直接税协调尚未启动，因此区域各成员国之间直接税的差异很大。但区域成员国会针对直接税的重复征税问题以签署避免双重征税协定，进行非区域层面的、双边或多边的协调。由于直接税税制的差异，更重要的是税率的差异，会使跨国投资为了追逐较低的税率而流动，从而造成了很大程度的国际资本税流动的扭曲；另外，各成员国为了吸引更多的资本流入可能竞相实施税收优惠政策而形成激烈的税收竞争。这一时期成员国通常对内外资企业所得税实施不同的所得税税率及其他差异性税收政策，使得各国之间的税收竞争加剧。

2. 税收征管的合作程度

区域层面的税收情报交换制度尚未建立，但区域内 10% ~30% 的成员国与区域内和区域外国家达成了双边税收情报交换协定，交换的方式主要是请求交换。由于税收情报交换制度的不健全，各成员国跨国公司避逃税现象严重。区域层面没有建立起反国际避税制度，只有 20% 左右的成员国针对反国际避税出台了法规或者行政规定，但成员国尚未与区域外的世界著名避税港达成税收情报交换协定。区域内国际避税现象严重，跨国公司以转让定价、资本弱化、区域内外避税港、基地公司与受控外国公司等形式进行国际避逃税，使区域内高税国蒙受很大的财政损失。区域层面没有建立起防范有害税收竞争的相关措施；相反，由于区域合作刚刚起步，竞相实施税收优惠政策，形成了较激烈的税收竞争局面，这在一定程度上有利于区域成员国吸引区域外的投资，但区域内激烈的竞争造成的国际资本流动扭曲、侵蚀各国税基不利于长期可持续地发展。

3. 区域性税收协调机制的健全程度

区域内税收协定网络开始建立：10% ~30% 的成员国与区域内和区域外国家达成了双边税收情报交换协定，交换的方式主要是请求交换，但成员国尚未与区域外的世界著名避税港达成税收情报交换协定。20% ~40% 的区域成员国之间达成了避免双重征税的协定。20% 左右的成员国与区域内外国家达成了自由贸易协定。税收协调机制基本属于协商导向的机制，较为松散、灵活，约束力不强。区域性税收协调缺乏法律基础，更大程度是建立在友好协商、相互克制、自我约束等道德基础之上。成员国除了让渡部分关税制定权外没有让渡其他的税收主权。区域内税收协调的机构化程度较低，缺乏常设的管理机构来处

理大量日常工作，区域层面的监督和争端解决机制也没有建立起来。

4. 区域成员国税收征管水平的高低

成员国均为发达国家的区域，则成员国税收征管水平较高；若成员国均为发展中国家的区域，则税收征管水平较低；若成员国为发达国家与发展中国家混合的区域，则税收征管水平差异较大。

二、中级协调及其特征

中级协调通常发生在区域经济一体化处于从“关税同盟”向“共同市场”发展的阶段，区域合作的目标是进一步实现商品、服务和生产要素的区域内自由流动，从而使内部市场达到统一。区域成员之间经济依存度增强，区域内贸易比重和直接投资比重持平于或高于区域外比重，区域内贸易互补性大于竞争性。区域成员国进行了税制结构的调整，税制有所趋同，但在直接税与间接税的税种和税率方面还存着较大差异。区域成员的合作意愿从贸易合作扩大到劳务、生产要素在区域内的自由流动。这一时期已基本完成关税的协调，因而税收协调的内容重点转为间接税的协调以及各国税收制度、结构和政策取向的调整，同时针对税收竞争等税收冲突逐步展开区域性协调，条件成熟的区域如当时的欧共体，还在间接税协调取得一定成果后开始了直接税的协调。协调的目的是进一步巩固关税协调的成果，引进增值税，协调成员国增值税与消费税征收的办法、原则和税率，以实现区域内商品和服务流动不会因成员国国内增值税、消费费差异过大而受到阻碍，为共同市场的建立和有效运作提供保障。

中级协调的代表性区域是1968～1992年的欧共体。

1. 税收制度的趋同化程度

区域内已建成关税同盟，不仅对内统一了关税，对外也实现了关税统一；区域内60%～99%的商品关税减让幅度达到了60%～100%，60%～99%的商品在区域内实现了零关税。关税征收原则也在区域层面得到统一。区域对各成员国出口退税的彻底程度具有约束性规定和惩罚性举措。较为彻底的关税减让使区域内贸易和投资的规模迅猛增长，区域内贸易和投资的比重可能持平或高于区域外比重，各成员国之间的合作从贸易合作扩大到劳务、生产要素在区域内的合作与流动。随着关税协调的基本完成，区域国际税收协调的重点转为间接税协调。区域通过颁布指令、合作协商签署协议等方式开始了间接税的协调。在本类别的协调中，间接税的协调主要是进行税制和税收原则的协调，通常还未对间接税税率进行协调。税制协调主要是统一区域内基本税制，最根本的做法是区域内普遍规定引进增值税，以及统一实施消费税。接下来就是对增值税的征收原则和消费税的征税范围进行协调，统一实行目的地原则或原产地原则，很可能引入过渡机制，允许部分成员国在过渡期结束后转变为区域统一的征税原则。通过间接税的协调，区域进一步巩固了关税协调的成果，并且区域内商品和服务的流动不会因成员国国内增值税、消费税差异过大而受到阻碍和扭曲，为下一步建立共同市场奠定了基础。统一间接税的税制和征税原则可能遭到部分成员国的反对而难以执行。区域内由于间接税趋同程度较小而容易出现税收摩擦和贸易壁垒。在间接税协调取得一定成果的基础上，区域可能会在这一时期开始进行直接税的协调，首先是成员国对内外资企业所得税实施统一的税收政策，最重要的是所得税税率的统一。其次为消除企业所得税的双重征税采取一些措施，如单边免税、双边抵免等。通过一定程度的直接税协调，成员国之间的税收竞争有所缓解，跨国企业被双重征税的情况有所减少，从而刺激了区域内跨国投资。

2. 税收征管的合作程度

区域层面的税收情报交换制度正在酝酿之中，30% ~60% 的成员国与区域内和区域外国家之间建立了双边税收情报交换制度，交换方式除了请求交换之外还增加了自动交换制度。部分成员国国内还建立起银行与税务局之间的信息交换制度，但成员国之间还没有这方面的合作。由于区域内更多的成员国之间建立了双边税收情报交换制度，区域内避逃税现象进一步得到控制，但仍然是困扰区域的问题。区域性的反避税机制正在酝酿之中，20% ~50% 的成员国出台了反国际避税的法规或者行政指令、规定，但法规和规定仅涉及部分国际避税形式如避税港避税、转让定价避税等。20% ~40% 的成员国与区域外世界避税港达成税收情报交换协定。区域内针对国际避税的合作大量展开，但合作力度不够、透明度较低，税收情报交换的自动化程度和规范化程度较低，因此区域内避逃税现象虽然得到一定的控制，但仍然严重。区域层面仍未能建立起反有害税收竞争的举措和制度，但少量成员国针对反国际避税和税收情报交换开始立法或出台政策规定，在一定程度上遏制了有害税收竞争。但由于成员国不同的税收优惠政策，为跨国纳税人进行逃避税活动提供了可乘之机，国际逃避

税活动更加活跃。

3. 区域性税收协调机制的健全程度

区域内税收协定网络进一步扩大：30% ~60% 的成员国在区域内和区域外国家之间建立了双边税收情报交换制度，交换方式除了请求交换之外还增加了自动交换制度。30% ~60% 的成员国之间建立了税收情报交换制度，20% ~40% 的成员国与区域外世界避税港达成税收情报交换协定。40% 左右的成员国与区域内外国家达成了自由贸易协定。协调机制建设力度加大，约束力增强，从对话协商、双边和多边谈判转入了区域性磋商和谈判，部分税收协调的政策开始以具有较强约束力的立法条款出现，税收协调制度的约束力明显增强。成员国开始主动和被动调整自身税制以适应区域国际税收协调的要求，并将更多的税收主权逐步向超国家的区域性机构让渡。区域内出现了常设机构来处理国际税收协调的日常工作，形成了综合而灵活的多层税收协调机制，确立了税收协调的一般原则，税收协调的争端解决机制进一步完善，税收利益分摊机制、过渡性机制开始建立。区域性的非约束性建议与广泛的行政合作以及双边、多边协议构成了灵活多样的协调工作机制。

4. 区域成员国税收征管水平的高低

各成员国开始注重税收信息化建设，信息化程度普遍有所提高，税收征管透明度增加，征管水平有所提高。

三、全面协调及其特征

全面协调通常是在区域经济一体化程度处于从“共同市场”到“经济联盟”过渡时期，以及“经济联盟”建起来之后的一段稳定时期。区域合作的目标在实现关税、贸易和市场一体化的基础上，进一步实现经济、财政、货币的一体化。区域内贸易比重和直接投资比重大大高于区域外比重。一定程度的财政、货币一体化使区域成员国之间税收政策联系和影响非常紧密，间接税基本趋同，直接税的税种和税率方面还存在很大差异。区域内形成了很强的凝聚力与合作精神。这一时期税收协调创造出的增量与红利显现出来，各成员国意识到长期的税收合作收益大于短期的不合作收益，尤其是在跨国企业发展方面，恪守税收中性才能使各成员国企业在平等的法律和经济环境中竞争，因而开始从被动趋同转为主动趋同。成员国开始自愿采取措施来修改它们各自国家的税收规则，以适应和符合区域税收协调的需要。全面协调的主要内容是进一步深化间接税协调，要求税率和税基逐步趋同；同时逐步开展直接税的区域性协调；对各成员国税收制度、结构的调整更加严厉。

代表性区域是从 1992 年至今的欧盟，还有 1921 年起比利时和卢森堡结成的经济联盟。

1. 税收制度的趋同化程度

区域内实现了全面的关税减免，并一致对外实施统一的关税。但区域内可能存在少量成员国的非关税壁垒，因此区域会进一步致力于彻底消除非关税壁垒。间接税的协调得到进一步深化，增值税的征税原则、消费税的征税范围得到统一，在基本统一了税制和征税原则的基础上，间接税的协调开始针对间接税税率的协调，各成员国间增值税税率差异被控制在 10% 以内，消费税的税率基本统一，这也是间接税协调最为困难的一步。电子商务的增值税开始普遍实施，有关电子商务增值税的协调也逐步展开。直接税的协调是全面协调阶段的重点。区域内实现了成员国内外资企业所得税制的统一，部分实现了所得税的避免双重征税。但各国之间的所得税制差别仍然存在，所得税协调在这一阶段的标志是：区域内统一了企业所得税的税基；统一实施企业和个人所得税的征税原则以全面避免双重征税，即统一实施属人原则或属地原则；实现利息税征税原则的统一。经过所得税这样的协调之后，使成员国在税收方面保持最大限度的主权的同时，将各成员国税制差别引起的经济扭曲降到了最小。尽管企业所得税税率没有在区域层面上统一，但各国间的税收竞争却导致企业所得税税率的明显趋同，成员国间所得税税率差异基本在 10% 以内。但各国的利息税制、税率差别仍然很大，为储蓄者和有价证券投资者创造了避税空间，储蓄税成为税收竞争中最活跃的领域。直接税协调一方面促进着资本、劳动力等市场要素在各国的合理分配与流动，但另一方面直接税的协调必然影响和改变成员国之间的重大利益格局涉及各国的经济结构、产业政策及生产要素的配置问题，因此各国对此都比较谨慎。

2. 税收征管的合作程度

税收情报交换制度进一步健全，80% 以上的成员国之间达成了税收情报交换协定，而且区域层面的税收情报交换制度通过交换立法或指令、公约等形式正式建立起来，对区域成员国税收情报交换予以规范，要求成员国实施请求交

换、自动交换、同时交换税收情报。成员国之间建立起银行与税务当局的税收情报交换制度。区域内避逃税现象受到有效控制，但是成员国假报出口骗取出口退税的骗税行为频繁发生，又成为区域内部市场运作的一大障碍。区域层面建立起具有较强约束力的反国际避税机制，60%以上成员国与区域外避税港也建立了税收情报交换制度，区域内通过税收情报交换制度的正式建立规范了税收情报交换的途径、内容和方式，区域实施统一的避税港认定标准，并使用“正常交易原则”对转让定价问题进行了规制，对衡量资本弱化提出了统一的标准，明确了“受控外国公司”的认定标准。这一系列更加完善和深入的区域性反避税机制使区域内国际避逃税得到了有效控制，区域内税收合作的透明度大大提高，税收情报交换的电子化程度和规范程度也大幅度提高。区域层面上出台了反企业税收有害税收竞争的法案或举措，提出了认定有害税收竞争的标准，颁布了关于抵制有害税收竞争的优惠税制，并逐渐消除现有有害优惠税制。

3. 区域性税收协调机制的健全程度

区域内税收协定网络进一步完善：80%以上的成员国之间达成了税收情报交换协定，60%以上成员国与区域外避税港也建立了税收情报交换制度，60%～80%的成员国与区域内外国家达成了自由贸易协定。区域内建成了约束力较强的税收协调机制，成员国需要向区域内超国家机构让渡制定和运用税收政策的权力。区域内建立起约束力较强的超国家的立法、司法、行政和监督的联盟机构，通过区域性会晤和协商，制定和颁布约束力较强的、具有法律效力的指令、条例等文件来进行协调。这一时期的协调机制呈现出区域性协商机制、超国家的立法、司法、行政和监督机制以及成员国自愿协调机制相结合的综合机制：既有区域颁布指令、公约等规范性协调，也有成员国之间的具体协调；既有成员国的自愿协商安排，也有特定的仲裁约束性协调；既有具体的直接税制度协调，也有依据区域经济政策目标和一体化宗旨而进行的解释性协调。

4. 区域成员国税收征管水平

全面协调所要求的成员国在税收情报交换、反避税等方面的合作促使成员国进一步提高了税收征管的信息化程度和专业水平。区域范围内形成了较完善的税收信息管理平台，各成员国税收征管信息化程度较高，从业人员专业水平也较高。

四、集权式协调及其特征

集权式协调是在区域经济基本实现了完全经济一体化的时期进行的协调。区域已基本实现了经济、金融、财政等政策方面的统一，合作的目标是完全取消商品、资本、劳务、服务等自由流动的人为障碍，实现一定程度的政治一体化。区域内形成了成员国认可的经济、政治、社会等领域的立法、行政及司法权，经济、金融、财政、货币完全一体化，税收政策也完全由区域性超国家机构统一制定和执行，差异仅来自于经区域集权授予的、针对部分成员国经济水平差异而采取的优惠性政策差异。这一时期最显著的特点是区域内实现了一定程度的税收制度一体化，建立起类似财政联邦制度，成员国需要向区域内超国家的权力机构让渡基本税收主权。

目前尚无这样的区域。

1. 税收制度的趋同化程度

区域内关税与非关税壁垒彻底消除，无须再进行关税协调，货物、服务、资本、人员完全实现区域内的自由流动。间接税的税制、税基、征税原则都实现了统一，这一时期间接税的协调目的是最终统一税率。由于间接税税种、税基、征税原则都实现了统一，甚至税率也在80% ~90%的商品范围内得到完全的统一，成员国之间间接税率除个别实施特殊税率政策的国家之外基本上实施一致的税率，这使商品、服务的跨境流动非常自由。所得税和利息税征税原则、税率都基本实现了统一，所得税制由协调向一体化方向发展。区域内进一步通过实施具有法律约束力的所得税政策，使区域内成员国所得税税制、税基、税率完全统一；有形资产的折旧方式也基本统一；在对亏损的处理上，对于向前、向后结转期限也实施统一的规定。因此，区域内资本输出中性得到保障，一个国家的企业在选择其子公司在其他成员国投资时，基本不会受到所得税税收差异的影响。总之，区域成员国在公司税、利息税、利息和特许权使用费上均达成了共同税收制度，对于消除双重征税制有害税收竞争、防止国际逃避税都产生了积极的作用。但跨国公司的避税策略在转让定价等基础上进一步创新，仍然会在一定程度上影响到企业税收收入在各成员国间的公平分配。

2. 税收征管的合作程度

区域对税收情报交换正式立法，对成员国交换税收情报的方式、内容、格

式都作出了严格要求，并且要求各成员国建立电子数据库，储存和交换区域内部交易的消费税、增值税的所有信息，在区域内建成完整的数据库网络对消费品全程跟踪。由于区域内成员国主管当局用电子数据库的形式储存信息并用电子手段交换税收情报，从而有效避免了骗税行为的发生。区域层面从数据透明度、财政透明度、货币和金融政策透明度、银行监管等方面对反国际避税和税收情报交换正式立法，并且完成了税收情报电子数据库在区域内的全覆盖。区域统一对外签署与世界避税港的税收情报交换协定。区域内不仅出台了反有害税收竞争的法案，还设立了专门的机构处理有害税收竞争、税收情报交换、反国际避税的相关事宜。全面覆盖区域内的税收情报网络到这个机构汇总，该机构有权对区域内有害税收竞争、国际避税以及税收情报交换不合作等行为进行调查和惩治。

3. 区域性税收协调机制的健全程度

区域层面建立的关于税收情报交换、反国际避税和反有害税收竞争的立法适用于所有成员国，同时 80% 以上的成员国与区域外达成了税收情报交换协定和自由贸易协定。此时的税收协调机制约束力最强，成员国需要向区域内超国家的权力机构让渡基本的税收主权。实现了一定程度的税收制度一体化，建立起类似财政联邦制度，税收政策完全由区域性超国家机构统一制定和执行。协调工作机制是运用区域内超国家的权力机构及其充分的主权，制定区域性的税收政策；成员国家组成超国家权力机构，在统一税基的基础上对所有成员国征税，所获得的税收收入用于满足整个联盟的需要；同时，每个国家对相同的税基可按不同的税率来征税以实现本国经济和社会目标。协调机制是区域性“联邦”的立法、司法、行政和监督机制。

4. 区域成员国税收征管水平

成员国在配合超国家机构集权式税收协调下，税收征管效率提高、税收征管成本相应下降。

第五章　国际税收协调对区域经济一体化的效应分析

第一节　国际税收协调对区域经济一体化的效应

一、区域经济一体化离不开国际税收协调

区域经济一体化问题从某种意义上来看，实际上是一个税收问题。区域经济一体化与国际税收协调相生相伴，从自由贸易区、关税同盟到共同市场以及经济与货币联盟，无一不与税收有关。税收利益的协调与分配可以说是区域经济合作的根本。区域经济的合作大多始于区域内国际税收协调的合作——关税协调。关税协调通常是区域经济一体化组织成立的最初动因，同时也是国际税收协调的第一个步骤。在完成了关税协调之后，随着区域成员国之间的经济依存度逐渐增强，区域内的贸易比重和直接投资比重逐渐提高，成员国之间的利益交织，以及由此产生的税收摩擦和冲突也逐渐增多。于是，为了进一步实现区域内商品、服务和生产要素的自由流动，区域成员国间就需要进一步展开间接税和直接税方面的协调。同时针对区域内由于成员国经济相互依存度日益加深而出现的国际重复征税、国际逃避税和国际税收竞争问题进行协调与合作。在区域经济一体化下，如果没有税收协调，各国税收政策、制度的差异，以及由此而引起的国际税收冲突与矛盾将成为阻碍商品、服务和生产要素在区域范围内的自由流动的障碍，区域经济合作的进一步深化将无法实现。因此，税收协调是区域经济一体化推进的必然选择。目前世界上最成功的区域经济一体化

组织——欧盟正是从建立之初就致力于有步骤、有机制地进行国际税收协调，才成为目前一体化程度最高的区域。

经济决定税收，税收又反作用于经济。同理，区域经济发展决定区域税收，区域税收反作用于区域经济发展。区域一体化的推进、经济的发展使区域内税收增加、税收活动频繁，而区域成员国在税收政策和管理方面的协调又大大推动了区域经济向一体化的方向迈进。以欧盟为例，其一体化发展涉及经济、法律、组织三个方面的协调，经济政策的协调是其一体化的核心内容，而成员国之间的税收协调又是这一核心的核心。欧盟从建立之初就致力于区域内的国际税收协调：从关税协调到增值税、所得税协调，在反避税、反有害税收竞争、反转让定价方面进行坚持不懈的合作，以及建立欧盟独立预算、颁发税收制度的建议和指令。正是这些税收协调举措推动了欧盟在经济、文化、教育等方面的一体化合作，从而使其一体化程度不断加深，成为目前世界上一体化程度最深、一体化范围最广的区域。其他一些经济一体化区域，如北美自由贸易区、亚太经济合作组织、中国—东盟自由贸易区等，尽管国际税收协调主要还停留在关税协调的层次，但通过关税的协调，对内实行低税率甚至零关税、对外实行统一或差别性关税，大大促进了自由贸易的发展，改进了组织内部的福利水平，使区域内市场一体化程度逐步加深。

二、国际税收协调直接推动区域经济一体化发展

国际税收协调对区域经济一体化的推动效应主要通过以下几方面来实现：

1. 关税协调

消除区域内贸易壁垒，扩大区域内贸易和投资规模，增进区域经济的依存度。通过关税协调，区域内逐步取消相互之间的各种贸易壁垒，从而实现区域内贸易自由化。此时，本来由本国生产的某些商品可能将被来自其他成员国的生产成本更低的商品所替代；各成员国突破了单个国内市场的限制，市场容量迅速扩大；某些成员国内原先的垄断性市场结构被打破而改变为竞争；成员国的企业在竞争压力和机遇下纷纷到其他成员国进行直接投资——这些都将导致区域内贸易和投资规模扩大。尤其是建立了关税同盟之后，各个成员国之间的利益关系更加紧密，由此带来的福利效应会提升区域成员的综合经济实力，使成员国借助于集体力量达到单个国家难以实现的经济利益，例如，在国际贸易

谈判中制定某些商品的国际价格等。2010 年 1 月，中国—东盟自由贸易区建成，双方超过 90% 的产品实行零关税；中国对东盟平均关税从 9.8% 降到 0.1%，东盟六个老成员国对中国的平均关税从 12.8% 降到 0.6%。关税的大幅降低使区域内贸易快速增长：2011 年 1 月至 10 月，中国与东盟双边贸易额已达 2959 亿美元，同比增长 25.7%，中国已成为东盟第一大贸易伙伴，东盟成为中国第三大贸易伙伴。①

2. 间接税协调

减少商品的价格扭曲、避免商品重复征税，消除区域内商品自由流动障碍，增进区域内贸易发展。商品市场一体化是区域经济一体化的最基本内容，区域内的间接税协调在区域经济一体化中占有重要地位。间接税与关税一样，也会成为影响区域内商品的国际流动规模和方向。这是因为，间接税是商品价格的组成部分，区域成员国对各自的国内商品实施不同的税种、税率、征税原则、征税范围，就会使同一商品在区域内不同国家生产或消费产生不同的价格，从而阻碍区域内商品的自由流动。区域内的间接税协调正是通过对区域成员国商品税税种、税率、征税原则和征税范围进行一定程度的统一，来减少区域内商品的价格扭曲，消除区域内商品自由流动障碍，增进区域内贸易发展，进而推动区域经济一体化。同一个区域内实施不同的间接税税种会导致商品价格的扭曲，例如，如果区域内仅有部分国家实行增值税，则这些国家在吸引国外投资和贸易方面就比不实行增值税的国家占有优势——因为增值税对固定资产所征税款全部退还给企业，而且增值税的出口退税使商品以不含税价格进入国际市场。因此，欧盟在完成了关税的基本协调之后，从 1968 年开始就要求成员国先后实行了增值税。商品税有两种征税原则：消费地原则（即一国有权对在本国消费的所有产自本国和外国的商品征税）和原产地原则（即一国有权对产自本国的所有商品征税，不论这些商品是在本国消费还是在外国消费）。如果区域内成员国实施不同的征税原则，就会造成商品税的重复征收，从而不利于商品自由贸易的发展。因此，在区域内推行单一的消费地或者原产地原则将为区域内国际贸易创造更加公平的环境，这需要区域内税收协调来实

① 搜狐新闻网站国内新闻专栏．背景资料：中国—东盟自由贸易区．http：//news.sohu.com/20111118/n326094215.shtml.

现。另外，区域内商品税税率、征税范围的协调也起到增进区域内商品自由流动的作用。消费税是对产生负的外部效应的商品（烟、酒等）在其消费国征收的税种，通常税率较高，对价格影响明显。如果区域成员国之间消费税税率及征税范围差异较大，则会导致对这些商品的消费流向消费税较低或者没有消费税的国家，从而形成区域内商品消费和流动的扭曲。欧盟在1972年就发布指令对各成员国消费税的征税范围进行了统一规定，即只能对烟草、酒精饮料和矿物油品征收消费税，而且对消费税的税率规定了趋同的标准，就是为了避免因消费税差异而造成的区域内商品消费扭曲。

3. 直接税协调

避免个人和投资所得重复征税、约束有害国际税收竞争，促进区域内人员及资本流动。直接税协调对区域经济的效应主要是两方面：避免个人和投资所得重复征税，减缓有害税收竞争带来的扭曲和低效，从而促进区域内人员及资本的流动，推动投资的发展。在不进行区域内直接税协调的状态下，必然会产生两种情况的国际重复征税：一是对个人跨国工作或投资所得的重复征税，二是对公司跨国投资及运营所得的重复征税。两种国际重复征税的结果都是：加重跨国纳税人的负担，影响跨国纳税人对外流动和投资的积极性；同时也造成国际税收利益冲突，因为跨国纳税人受到了重复征税在不堪重负的情况下会选择转移资本或者筹划避税，这样一来国与国之间的冲突难免。当区域内出现国与国之间重复征税问题时，由于一个独立的主权国家基本不会轻易放弃自己的税收管辖权，最好的办法就是通过国际税收协调来避免和解决国际重复征税。

国际税收竞争是各国政府为了吸引国际流动资本、促进本国经济增长而采取降低税率、增加税收优惠等措施。自20世纪80年代以来，在世界范围内出现了激烈的税收竞争：西方发达国家的公司所得税税率从50%降到了30%～35%；经合组织国家的企业所得税率从1996年的38%下降到了2008年的27%；东盟很多国家的公司所得税率也平均下降了40%左右。2007年，新加坡将其公司税降至18%变得与区域的中国香港一样，但中国香港马上又将其公司税降至16.5%。适度的国际税收竞争可以让资本和其他资源在区域范围内合理、有效地配置，促进区域经济增长。但是有害国际税收竞争，即过度的旨在吸引外国直接投资的国际税收竞争会扭曲国际资本流动，削弱税制结构的完整性和公平性[①]。区域内产生有害国际税收竞争不仅会造成生产资本的低效率配置，还会引发成员国间的冲突，不利于区域经济发展。在区域进行国际税收协调，可以防止和纠正各国使用不正常的低税率和税收优惠政策、不进行信息交换等行为，从而防止和消除有害国际税收竞争，使区域经济健康发展。

4. 国际税收征管协调

防止国际逃避税，消除跨国经济往来的障碍和扭曲，使区域经济互利共赢。当税收征管超越了国界变为国际税收征管时，就面临着这样一些问题和挑战：跨国纳税人利用国际税收管理的困难和漏洞来减轻和逃避国际纳税义务而形成的国际逃避税；跨国电子商务使课税对象、交易凭据及客户变得模糊，导致跨国国际电子商务的税收征管难以实施；由于缺乏国际范围或者区域范围的国际税收组织，使国际税收争议的解决难以达成。据估计，目前世界上 50% 的国际贸易都发生在跨国公司的子公司之间，这些跨国公司采取"公司内部贸易"和转让定价正是国际逃避税的重要部分。据我国有关研究统计，2007 年我国 63 万家外企亏损金额达 1200 多亿元，每年通过转让定价逃避的外资所得税高达 300 多亿元[②]。中国电子商务研究中心发布的《2010～2011 年度全球电子商务研究报告》显示，2010 年全球网络购物交易规模高达 5727 亿美元，其中欧洲占 34%，美国占 29%，亚洲占 27%，中国占 1/7[③]。在如此巨大的电子商务市场中，仅有英国、澳大利亚、日本等少数国家对国内电子商务税收进行了相关的规定，而跨国电子商务的税收征管到目前为止还无法实施，由此带来的巨大的国际税收损失是显而易见的。由于国家之间信息不对称、税收征管权的限制，以上这些问题仅靠单个国家的力量根本无法解决，只有在区域范围内展开国际税收征管的协调与合作，即各国通过税收情报交换、相互协商程序、双边预约定价机制、跨国税务稽查与税务审计、双边或多边仲裁等方式才能得以解决。

将国际税收协调对区域经济一体化的推动效应加以归纳，可以直观地在图 5-1 中表示：

---

① 勒东升，龚辉文．经济全球化下的税收竞争与协调［M］北京：中国税务出版社，2008：129.

② 乔丹丹．我国外资企业逃避税的现状分析［J］．黑龙江对外经贸，2009（4）：154-159.

③ 中国电子商务研究中心网站：http：//b2b. toocle. com/zt/qq/。

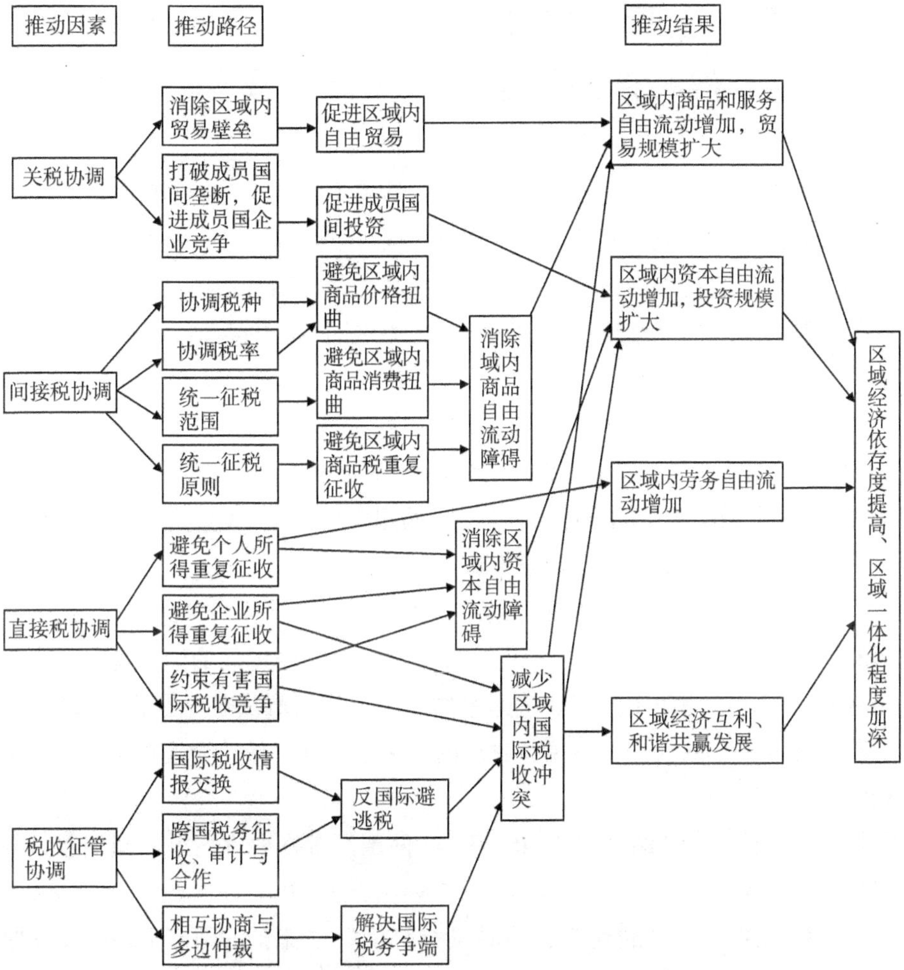

推动因素　推动路径　推动结果

关税协调
消除区域内贸易壁垒
打破成员国间垄断，促进成员国企业竞争
促进区域内自由贸易
促进成员国间投资
区域内商品和服务自由流动增加，贸易规模扩大
区域内资本自由流动增加，投资规模扩大

间接税协调
协调税种
协调税率
统一征税范围
统一征税原则
避免区域内商品价格扭曲
避免区域内商品消费扭曲
避免区域内商品税重复征收
消除域内商品自由流动障碍

直接税协调
避免个人所得重复征收
避免企业所得重复征收
约束有害国际税收竞争
消除区域内资本自由流动障碍
区域内劳务自由流动增加

税收征管协调
国际税收情报交换
跨国税务征收、审计与合作
相互协商与多边仲裁
反国际避逃税
解决国际税务争端
减少区域内国际税收冲突
区域经济互利、和谐共赢发展

区域经济依存度提高、区域一体化程度加深

图 5-1　国际税收协调对区域经济一体化的推动效应

图 5-1 说明，国际税收协调的内容和形式多样，国际税收协调对区域经济一体化的效应及作用路径也多种多样，是一项极其复杂的系统工程。使国际税收协调的福利效应最大化，是国际税收协调的根本目标。

第二节 国际税收协调与国际税收竞争带来的福利效应比较：一个分析模型

下面笔者以资本税为例建立一个两国分析模型，用以分析国际税收竞争和国际税收协调两种不同状态下的纳什均衡，通过比较这两种纳什均衡得出结论：相比国际税收竞争的纳什均衡，国际税收协调的纳什均衡可为成员国带来更多的福利效应。这个结论同样适用于扩展为多国参与的模型。

一、建立模型

现建立一个简单的两国模型：一个是母国（HC），另一个是世界其余国家（RW），在该模型中，国际资本流动是两国（HC 与 RW）之间资本税率之差的函数。该模型满足以下假设条件：

假设一：可利用的总投资量永远固定为 1，HC 可利用的投资量为 a，RW 的可利用投资量为 $1-a$；$1>a>0$。但这并不意味着这两国间的国际税收竞争是一个零和博弈，因为每个国家在博弈中的净收益不仅取决于所获得的投资量，还取决于降低税率的代价——税收收入的损失量，这一代价会使该国从博弈中获得的净收益减少。

假设二：流入 HC 的外资是 HC 与 RW 两国间资本税率之差的减函数，并满足以下两个条件：(a) 当 $t<0$ 时 $f(t)>0$；当 $t>0$ 时 $f(t)<0$；$f'(t)<0$；(b) 当 HC 与 RW 两国的税率相同时没有跨境资本流动，即当 $t=x-y=0$ 时 $f(t)=0$；x 与 y 分别为 HC 和 RW 的税率。在这一假设条件下，两国间的国际税收竞争博弈具有零和博弈的特点，即流入 HC 的资本量总是等于流出 RW 的资本量。

假设三：税收收入是税率的增函数。因此，一国降低税率就意味着降低税收收入，同时也将降低该国的社会福利。税收收入取决于税率和税基。按照拉弗曲线理论，税收收入与税率之间的关系构成一条拉弗曲线，当税率达到该曲线上的某一点时，再提高税率不仅不会使税收收入增加，反而会降低税收收入。因此，该假设中税率的范围是低于引起拉弗效应的税率。

假设四：为吸引外资而降低税率的成本是外资流入税率的减函数。基于该假设可进一步得出：社会福利是为吸引外资而降低的税率的减函数，因为 HC 的资本税率越低，该国的税收收入就越低，其社会福利也就越少。即 HC 降低资本税将导致 HC 的福利损失。

假设五：一国政府追逐国际资本流动的目标是令本国的社会福利最大化。HC 的社会福利是 HC 可利用的全球投资量—— $a+f(t)$ 的增函数，是降税成本—— $c(x)$ 的减函数。同样，RW 的社会福利是 RW 可利用的全球投资量—— $1-a-f(t)$" 的增函数，是降税成本—— $s(x)$ 的减函数。

在国际税收竞争的博弈中，一国的收益不仅取决于所获得的投资量，还取决于降低税率而减少的税收收入损失。因此，参与博弈的各方都需考虑这场博弈的收益和损失哪一个更大：因降低税率而增加的外资流入量，以及因降低税率而损失的税收收入。

由于在国际税收竞争的博弈中，如果博弈双方都采取了降低税率来吸引资本流入，而且双方所降税率幅相同，这样原先双方的税率差异就没有改变，对两国来说，资本流入都不会增加；而双方却都因为降低税率蒙受了税收收入减少的损失。这样，在这场博弈中双方不仅没有获得更多的外资流入，反而使双方的净收益都降低了。这样的博弈很可能引起双方一步步竞相降低税率，形成“向底部竞争”的局面，而这种局面的解决办法只有双方合作进行税收协调。因此，国际税收竞争的博弈不是简单的零和博弈。在这场博弈中，双方因降低税率而蒙受的税收损失可以看作是双方为竞争所投入的成本，如果仅有一方投入这样的成本，从而改变了双方原先的税率差别，即增大的这个税率差，则这一投入方就可获得大量的资本流入而受益。但如果双方都进行了相同的投资，即双方都以相同的幅度降低了税率，因而双方之间的税率差别没有改变，则双方的外资流入量都不会改变，双方都不能够增加外资。

对博弈的一方来说，通过博弈获得的收益就是因资本流入增加而获得的资本税收入的增量与降低税率所导致的税收损失之差。在这个两国模型中，每个国家的可用投资量与它的税收减少量正相关。HC 的收益函数可表示为：$F[a+f(t)]-c(x)$；RW 的收益函数则可表示为：$G[1-a-f(t)]-s(y)$；$t=x-y$；如果 $t=0$ 并且 F(或 G) 是 t 的增（或减速）函数，$f(t)=0$；x 与 y 为税率（或税收减免量），$c(x)$ 与 $s(x)$ 分别为 HC 与 RW 的社会福利成本函数。如果 HC 与 RW 具有相同的资源禀赋和技术水平，则 $F[a+f(t)]$ 与 $G[1-a-f(t)]$ 将为相同的函数；否则，两个函数不相同。

二、国际税收竞争下的纳什均衡

如果用目标函数 U 与 V 来表示 HC 和 RW 因外资流入增加所获得的社会福利增量与因税率降低而导致的社会福利减量之差，则两个函数的表达式分别为：

$\max U = F[a+f(t)] - c(x)$

$1 > a+f(t) > 0$ 或因 $f(t) > 0$，$1 > a+f(t)$；因 $f(t) < 0$ 则 $a+f(t) > 0$；

$\max V = G[1-a-f(t)] - s(y)$

$1 > 1-a-f(t) > 0$ 或因 $-f(t) > 0$，$1-a-f(t) > 0$；因 $f(t) > 0$ 则 $1-a-f(t) > 0$

在没有协调的国际税收竞争博弈中达到纳什均衡时满足以下方程：

$F'f' - c' = 0$，　$G'f' - s' = 0$

f' 是 $f(\cdots)$ 的一阶偏微分。

国际税收竞争的纳什均衡如图 5-2 所示：

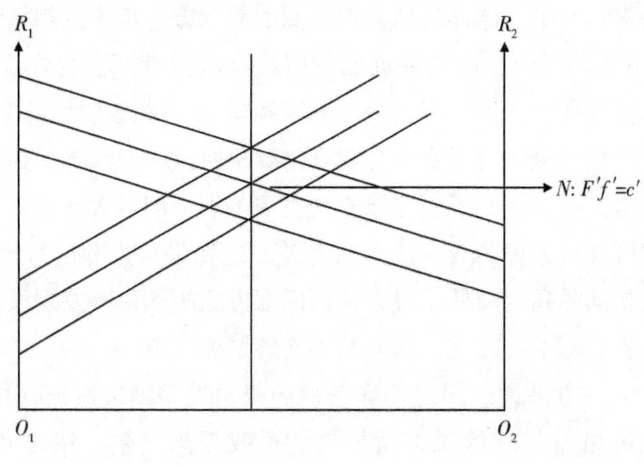

图 5-2

R_1 和 R_2 分别表示国家 1 和国家 2 的税后边际收益。由于边际收益递减，函数线自右上方向左下方下降。位置最高的函数线代表无税状态下的边际收

益。税率越高，税后的边际收益越低。在图 5-2 的纳什均衡点为 N 点，HC 与 RW 在达到纳什均衡时的相应税率分别为 x^* 和 y^*。

三、国际税收协调状态下的纳什均衡

若进行国际税收协调，则可通过协调收益最大化达到帕累托最优：

$$\max F[a+f(t)]-c(x)+G[1-a-f(t)]-s(y)$$

x 与 y 为控制变量，这个极大值问题可能通过以下方程的一阶条件求出：

$$F'f'-c'-G'f'=0,\ -F'f'+G'f'-s'=0$$

比较无税收协调状态下的纳什均衡和有税收协调状态下的纳什均衡，可以发现，两种模型都必须满足这一条件：两个国家的边际投资是相同的。但是有税收协调状态下的纳什均衡还要求满足另一条件：两国为吸引外资所付出的边际代价是相同的。

进行税收协调状态下的纳什均衡点为 M 点（如图 5-3 所示），在这个均衡点上，HC 和 RW 的对应税率分别为 x^{**} 和 y^{**}。在这一均衡中，

$$F'-G'=\frac{c'}{f'}=\frac{s'}{f'},\ F'-G'\geq 0,\ G'-F'=\frac{cs}{f'}=\frac{s'}{f'}$$

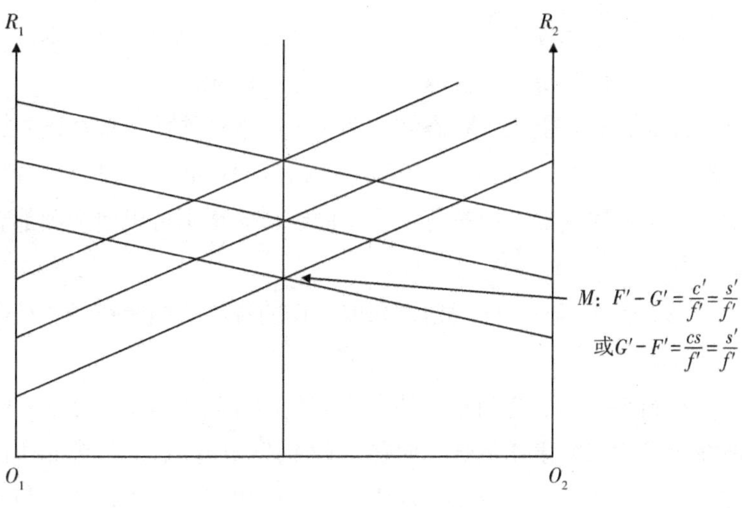

图 5-3

由于资本 F' 与 G' 的边际生产力为负，c 与 s 分别是 x 和 y 的减函数，因此，$F'-G'>F'$，$G'-F'>G'$。这说明，进行了国际税收协调后的纳什均衡使两国获得的收益均大于没有协调的国际税收竞争状态下两国的收益。同时这也意味着进行税收协调后的税率高于不协调的税率，即 $x^{**}>x^{*}$，$y^{**}>y^{*}$。

如果参与国际税收竞争与协调的博弈方是两个国家，则可以运用类似"囚徒困境"的两人博弈模型来表示竞争与协调的效果：tnc 表示无税收协调状态，即竞争、不合作，tc 表示进行税收协调的状态，即协调、合作。这个博弈可以表示为：

		博弈方 2	
		tnc	tc
博弈方 1	tnc	$(c;\ c)$	$(a;\ d)$
	tc	$(d;\ a)$	$(b;\ b)$

以上 a、b、c、d 表示双方通过博弈获得的净收益，并且 $a\geqslant b\geqslant c\geqslant d$，税率的计算基于这样一个假设前提：双方是对称的，并且采取相同的策略。尽管由于博弈的条件和规则不同，国际税收竞争与协调的博弈不同于囚徒的博弈，但两者的博弈原理基本相同，因此，从这一博弈中，也可以看出，双方进行合作，即进行税收协调会使双方的受益相对较大。

因此，从以上竞争状态和协调状态的纳什均衡模型对比中，可以得出这样的结论：在两国进行国际税收竞争与协调的博弈中，没有协调的竞争所达到的纳什均衡是次优的，而进行了协调的纳什均衡则可以使两国都获得帕累托最优的分配。

在两国博弈中，两国通过采取合作的税收协调所获得的社会福利可以用图 5-4 表示：

在图 5-4 中，进行税收协调合作的纳什均衡点形成了 UV 曲线，即在这条曲线上可达到帕累托最优，而在这条曲线以内的点则代表非协调状态下的纳什均衡点。例如，在 a 点上，双方通过税收协调达到了帕累托最优，而在 b 点上双方处于无协调的竞争状态下的纳什均衡，而在这一点上双方却没能达到帕累托最优。

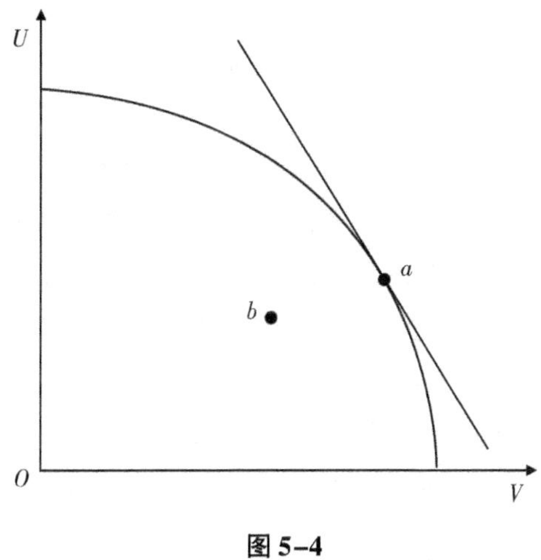

图 5-4

四、扩展到 n 国的模型及启示

以上模型可以扩展为 n 个国家参与的模型：

$f_\iota = f_1, f_2, \cdots, f_n$；

$t_i = x_i - x_j(i、j = 1, 2, \cdots, n; i \neq j)$；

$t = (t_1, t_2, \cdots, t_n)$。

由于有 n 个国家参与竞争与协调的博弈，f_ι 表示流入第 i 个国家的资本函数，t_i 表示 n-1 个国家（也即 RW）与第 n 个国家 HC 之间的税率差，t 则表示由各个国家控制的不同的税率。这个模型也同样基于这个假设：全球可支配的投资总量是固定的，则 n-1 个国家的资本流入量与第 n 国的资本流入量是相互决定的。

非协调状态的纳什均衡可以通过以下方程的一阶条件求出：

$$\max U_i = F[a_i + f_\iota(t)] - c_i(x_i), \ i = 1, 2, \cdots, n$$

$$\sum_{i=1}^{n} f_i = 0, \ \sum_{i=1}^{n} a_i = 1$$

一阶条件是：

$$F_i' f'_\iota - c'_i \leqslant 0, \ i = 1, 2, \cdots, n; \ (F'_i f'_\iota - c'_i) x_i = 0$$

而在进行税收协调状态下则通过以下方程的一阶条件来求解：

$$\max \sum F_i[a_i + f_i(t) - c_i(x_i)]$$

其一阶条件为：

$$\sum (F'_i f'_i - c'_i) \leqslant 0,\ \sum (F'_i f'_i - c'_i) x_i = 0,\ i = 1,\ 2,\ \cdots,\ n$$

比较 n 国参与的国际税收竞争与协调的纳什均衡，结果与两国参与模型相同，即在进行税收协调状态下的纳什均衡将为各国带来帕累托最优。

笔者通过建立两国资本税收竞争与协调的模型，分析得出：在完全不进行国际税收协调下的资本税竞争所达到的纳什均衡是次优的，而通过两国合作进行国际税收协调却能使两国的社会福利都获得改善。因此，在适度的国际税收竞争中保持适度的国际税收协调与合作会使两国达到最优的纳什均衡，在多国参与的情况下亦是如此。这个结论与哈马达模型的结论也是一致的，哈马达模型通过分析得出：国际间经济政策的完全不协调会导致竞争的无效率或者低效率，而两国如果在寻求自身政策利益最大化的同时相互间保持一定的协调则可以使各国达到帕累托最优。全球经济的一体化从区域经济一体化开始，而区域经济一体化的过程必定是成员国之间商品、资本、服务、人才等逐步实现自由流动的过程。在这一过程中，各国都将更加注重利用税收工具来谋求区域经济一体化的利益，通过税收竞争来寻求外资就是其中非常重要的一种途径，因此国际税收竞争的加剧不可避免。与此同时，辩证地看待国际税收竞争与协调，加强区域内的国际税收协调，以实现区域内各成员国在竞争与协调中实现共赢发展是应该引起各国关注的问题。

将以上分析和结论结合区域经济一体化进程中的国际税收协调，可得到以下启示：

第一，保持国际税收的“协调性竞争”或“竞争中合作”是区域成员国的最佳选择。一个区域内适度的国际税收协调给区域带来的福利效应大于无约束的国际税收竞争。区域内完全不受约束的国际税收竞争影响成员国的福利效应，各区域成员国只有在适度的税收竞争中保持适度的协调合作才获得最优的福利效应。在早期的国际税收竞争中，各成员国作为博弈的参与方，如果都采取非合作的博弈策略，结果各方都将无法获得最理想的资源配置，都无法实现各自公共产品价格和引进资源的优化组合，都可能陷入了所谓的“囚徒困境”。只有当各国政府认识到在国际税收竞争领域中进行协调与合作的重要

性，采取合作博弈策略，即确定出各方都能接受的税率水平，防止国际税收竞争扩大为有害税收竞争，各国才能获得最大的福利效应。因此，国际税收竞争是需要一定程度的协调来使各国达到最优的纳什均衡状态的。当然，国际税收协调的效应具有多样性和复杂性的特点，关键是要找到国际税收协调与竞争的最优均衡点，使得各成员国在这个点上达成某种利益权衡、实现某种妥协的体制性安排，保持“协调性竞争”或“竞争中合作”，最终实现区域各成员国在竞争中多赢、共赢的结果。

第二，在国际税收竞争的博弈中，通常不会出现“朝底部竞争”的状况。因为各博弈方从竞争中获得的净收益是税率降低导致的资本流入增加量再扣除由于税率降低而损失的税收收入，而且，随着投资流入的不断增加，边际福利递减，因此有理性的政府都不会展开“朝底部竞争”的。

第三，区域国际税收协调的目的不能定位于税制的完全统一，而是要创造一个既能使各国在最大的自由范围内行使自己的税收主权而又不会干扰区域内国际效率和公平的税收协调制度框架。以税率为例，通过以上模型的分析可以看出，当各国通过国际税收协调达到纳什均衡时，各自的税率很可能是不同的。因此，在一个区域内开展国际税收协调并不能要求各参与国实施统一的税率，而应根据各参与国不同的经济发展水平、不同的公共服务偏好等，对不同的参与国实施不同的税率。当然区域内应该对成员国制定什么样的税率差异标准，允许成员国的税率在什么样的合理范围内进行浮动，则是区域国际税收协调的主导者应该认真考虑的。欧盟对其成员国进行增值税协调也正是如此操作而取得了成功，即设置一个协调税率的上限和下限，允许参与国在这个范围内决定自己的税率，而不是硬性规定各国统一实施相同的税率。

第四，在国际税收竞争与协调的博弈中，如何使参与各方达成国际税收协调需要进一步研究。在区域经济一体化进程中，各成员国必然会选择税收竞争，而要让各成员国在竞争中达成一定程度的协调却是一件不容易的事。问题的关键就是要找到一个能让各方妥协的、税收协调与竞争的最优均衡点。在区域经济合作中，仅仅有共同利益并不能够保证国际税收协调的必然实现，区域内需要通过建立各种形式的国际机制来克服税收协调中存在的各种障碍和问题。国际机制达成的过程是在各成员方利益不断博弈而逐步形成的。正如哈马达模型得出的结论那样，协调的利益分配取决于博弈各方的谈判力量，在长期内，随着博弈各方地位和力量此消彼长，原有的利益分配格局可能会被不断打破，被新的谈判和协调结果取代。另外还需要进一步考虑，区域税收协调是选择通过制定一系列的协调政策让参与各方来遵守，还是成立一个类似 WTO 的超国家机构来进行协调。

第六章　中国参与区域国际税收协调的实证分析

第一节　中国参与区域国际税收协调的现状与特点

一、中国参与区域国际税收协调的现状

受“不结盟”政策影响，中国参与区域经济一体化的进程较晚，因而加入区域国际税收协调也晚。开放后我国对外战略的定位是：“我们坚持独立自主的外交政策……中国绝不依附于任何大国或者国家集团，绝不屈服于任何大国的压力。”但是随着中国外向型经济发展的不断深入，尤其是20世纪80年代中期以后，经济全球化和区域经济一体化趋势明显，欧洲在1992年启动了单一市场，美国也于1989年与加拿大签署了《美加自由贸易协定》，1989年亚太经济合作组织（APEC）在堪培拉成立，其成员国囊括了中国主要的经贸伙伴，中国开始意识到需要调整对外战略。于是，历经一系列的谈判之后，中国于2001年5月23日正式加入《曼谷协定》（《亚太贸易协定》的前身）。在此之前，中国参与国际税收协调主要以签署避免双重征税的双边协定形式展开，在世界范围内签订60多个双边协定。截至2011年3月28日，中国共与世界98个国家和地区（其中有中国香港和澳门地区）签署了避免双重征税协定①。

到2013年1月10日，在WTO及其前身GATT注册登记的区域贸易协定

① 来自国家税务局官方网站：http：//www. chinatax. gov. cn/n8136506/n8136593/n8137537/n8687294。

(RTA) 已达546个(货物贸易和服务贸易分开统计),其中已生效执行的有354个[1]。本世纪以来,中国积极加入区域经济一体化合作,参与区域国际税收协调。根据中国自由贸易区服务网2013年4月公布的数据显示,我国正与五大洲的29个国家和地区建设16个自由贸易区[2]。除了加入《亚太贸易协定》外,中国已经签署了10个自由贸易协定,分别是中国与东盟、新加坡、巴基斯坦、新西兰、智利、秘鲁、哥斯达黎加签署的自由贸易协定,中国内地与香港、澳门地区的更紧密经贸关系安排,以及与台湾地区的海峡两岸经济合作框架协议;除与哥斯达黎加的自由贸易协定外,其他9个自由贸易协定已经开始实施,大部分进展顺利。正在商建的自由贸易区有6个,分别是中国与海湾合作委员会、澳大利亚、挪威、瑞士、冰岛、韩国自由贸易区。同时,中国已经完成了与印度的区域贸易安排联合研究,另外,2013年3月26~28日还在韩国首尔启动了中日韩自由贸易区第一轮谈判,三方讨论了自由贸易区的机制安排、谈判领域及谈判方式等议题。[3]

1. 亚太贸易协定

《亚太贸易协定》的前身为《曼谷协定》。《曼谷协定》签订于1975年,是在联合国亚太经济社会委员会主持下,在发展中国家之间达成的一项优惠贸易安排,其核心内容和目标是通过相互提供优惠关税和逐步拆除非关税壁垒,扩大成员相互间的贸易,促进经济发展与社会繁荣。中国于2001年5月23日正式成为曼谷协定的成员国,并于2002年1月1日开始实施,其成员国包括中国、孟加拉国、印度、老挝、韩国和斯里兰卡。2005年《曼谷协定》更名为《亚太贸易协定》,并在各成员国完成国内法律审批程序后,实施第三轮关税减让结果。

加入亚太贸易协定,是中国首次参与区域性国际税收协调。根据这个协定,从2006年9月1日起,中国对其他成员国1717个税目产品实行关税优惠,平均减让幅度达到27%,其他5国对我国有2000多个产品实行关税优惠幅度达到30%。

---

① 来自WTO官方网站数据:http://www.wto.org/english/tratop_e/region_e/region_e.htm.

② 来自中国自由贸易区服务网:http://fta.mofcom.gov.cn/.

③ 来自中国自由贸易区服务网:http://fta.mofcom.gov.cn/article/ftanews/201303/11854_1.html/.

2. 中国—东盟自由贸易区

中国参与该区域的税收协调情况已在本书第三章第一节作了详尽论述，此处略去。

3. 中国内地与香港关于建立更紧密经贸关系安排

2003年6月29日，中国中央政府与香港特区政府签署《内地与香港关于建立更紧密经贸关系的安排》(Closer Economic Partnership Arrangement, CEPA)，内容主要涵盖货物贸易、服务贸易和贸易便利化三个方面。自此之后，2004年、2005年、2006年、2007年、2008年、2009年、2010年又分别签署了《补充协议》、《补充协议二》、《补充协议三》、《补充协议四》、《补充协议五》、《补充协议六》、《补充协议七》。

按照协议规定，货物贸易方面，2004年1月1日起，273个内地税目涵盖的香港产品，只要符合原产地规则，都可享有零关税优惠。这些产品包括部分电机及纸制品、电子产品、塑料产品、化学制品、首饰、药物、钟表等；最迟于2006年1月1日前，只要符合CEPA的原产地原则，香港厂商都可经申请享有零关税优惠。我国香港特区同意在协议下对所有原产于内地的货品维持零关税，并且不会对该等货品实施限制性贸易法规。

服务贸易方面，协议规定17个服务行业获得放宽准入；至于贸易投资便利化方面，双方同意在7个范围内加强合作，包括贸易投资促进、通关便利化、电子商务、法律透明度、商品检验检疫、中小企业合作、中医产业合作。

4. 中国内地与澳门关于建立更紧密经贸关系安排

为促进中国内地与澳门特区经济共同繁荣与发展，2003年10月29日，中国中央政府与澳门特区政府签署《内地与澳门关于建立更紧密经贸关系的安排》(Closer Economic Partnership Arrangement, CEPA)。自此之后，2004年、2005年、2006年、2007年、2008年又分别签署了《补充协议》、《补充协议二》、《补充协议三》、《补充协议四》、《补充协议五》。2004年1月1日起，澳门273项商品零关税进入内地市场，并在2006年之前所有澳门商品享有零关税待遇；内地对澳门18个服务性行业实行准入；此外，内地与澳门将在七个领域加强合作。

《内地与澳门关于建立更紧密经贸关系的安排》主要框架包括三大方面，一是货物贸易；二是服务贸易；三是贸易投资便利化。在货物贸易方面，根据两地货物贸易和海关监管的实际，内地对澳门地区原产地的货物，分两批实行零关税。①从2004年1月1日开始，将对澳门地区有较大实际利益的273个税务商品，包括部分化工产品、纸制品、纺织服装、首饰制品、医药产品、食品、电子产品等，作为首批降税的产品，实行零关税。②从2006年1月1日起，所有原产澳门的货物均可获内地零关税政策。服务贸易方面，《内地与澳门关于建立更紧密经贸关系的安排》涉及的服务业领域有管理咨询、会议及展览、广告、会计、法律、仓储、医疗及牙医、物流、货物运输代理服务、分销、运输、旅游、建筑、视听、银行、保险、证券、电信18个行业。

贸易投资便利化方面，包括七个领域的合作：①投资促进；②通关便利化；③商品检验检疫、食品安全、质量标准；④电子商务；⑤法律法规透明度；⑥中小企业合作；⑦产业合作。内地与澳门将加强上述七大领域的合作，同时双方还明确在金融和旅游的合作内容，加快对专业人员资格的相互承认的磋商。

5. 中国—智利自由贸易区

2005年11月18日，中国与智利签署了《中智自由贸易协定》（FTA），2006年10月1日，FTA开始正式实施。这是继中国—东盟自由贸易协定后中国所签订的第二个自由贸易协定，也是中国与拉美国家建立的第一个自由贸易区，具有里程碑意义。根据两国的协定，两国税目内97%的产品于10年内将分阶段减为零关税。从2006年10月1日起，智利立即取消对原产于中国的5891种产品的关税；中国也同时取消原产于智利的2806种产品的关税，另外对原产于智利的1947种产品的关税于2007年1月1日起降为零。智利是中国进口铜的主要来源地，中国对智利30%的进口额来自于铜进口；中国是智利在全球的第二大贸易伙伴、第三大出口国和第四大进口国。

2008年4月13日中智两国又签署了《中智自由贸易协定关于服务贸易的补充协定》（即中智自由贸易区服务贸易协定）。根据协定，中国的管理咨询、计算机、采矿、环境等23个部门，以及智利的法律、建筑、工程等37个部门将在各自WTO承诺基础上向对方进一步开放。

6. 中国—新西兰自由贸易区

中国—新西兰自由贸易区谈判是2004年11月胡锦涛主席与新西兰克拉克总理共同宣布启动的。经过3年15轮磋商，双方于2008年4月7日正式签署《中华人民共和国政府和新西兰政府自由贸易协定》，当年10月1日正式生效。

这也是中国与发达国家签署的第一个自由贸易协定，涵盖了货物贸易、服

务贸易、投资等诸多领域。根据该协定，在货物贸易方面，新方承诺在2016年1月1日前取消全部自华进口产品关税，其中63.8%的产品从《中华人民共和国政府和新西兰政府自由贸易协定》生效时起即实现“零关税”；中方承诺将在2019年1月1日前取消97.2%自新西兰进口产品关税，其中24.3%的产品从《中华人民共和国政府和新西兰政府自由贸易协定》生效时起即实现“零关税”。对于没有立即实现“零关税”的产品，将在承诺的时间内逐步降低关税，直至调整为“零关税”。

为使我国出口到新西兰的产品能够享受《中华人民共和国政府和新西兰政府自由贸易协定》项下关税优惠待遇，我国授权签发原产地证书的签证机构已于2008年10月1日起开始签发中国—新西兰自由贸易区优惠原产地证明书。

7. 中国—新加坡自由贸易区

2008年10月23日，我国和新加坡签署了《中华人民共和国政府和新加坡共和国政府自由贸易协定》和《中华人民共和国政府和新加坡共和国政府关于双边劳务合作的谅解备忘录》。

中国—新加坡自由贸易区谈判于2006年8月启动，《中华人民共和国政府和新加坡共和国政府自由贸易协定》包括了货物贸易、服务贸易、人员流动、海关程序等诸多领域。根据《中华人民共和国政府和新加坡共和国政府自由贸易协定》新方承诺在2009年1月1日取消全部自华进口产品关税；中方承诺在2010年1月1日前对97.1%的自新进口产品实现零关税。双方还在医疗、教育、会计等服务贸易领域做出了高于WTO的承诺。《中华人民共和国政府和新加坡共和国政府自由贸易协定》的执行使两国进一步加快了贸易自由化进程，拓展了双边自由贸易关系与经贸合作的深度与广度。

8. 中国—巴基斯坦自由贸易区

2003年11月中巴两国就签署优惠贸易安排；2004年10月启动自由贸易区联合研究；2005年4月签署自由贸易协定早期收获协议；2006年11月签署自由贸易协定。2009年2月21日，两国政府签署了《中国—巴基斯坦自由贸易区服务贸易协定》。这一协定是两国至今为止对外开放程度最高、内容最为全面的自由贸易区服务贸易协定。

根据协定，我国将在6个主要服务部门的28个分部门对巴基斯坦服务提供者进一步开放，具体包括研发、环保、旅游、采矿、体育、交通、医院、翻译、房地产、管理咨询、计算机、印刷出版、市场调研、建筑物清洁、人员提供和安排服务等。同时，巴方将在11个主要服务部门的102个分部门对中国服务提供者进一步开放，包括建筑、金融、环境、医疗、电信、旅游、研发、娱乐文化、计算机教育和体育等众多服务部门，其中分销、教育、环境、运输、娱乐文化和体育6个主要服务部门在内的56个分部门为新开放部门。另外，巴方将根据具体情况，在人员流动方面提供更加宽松和便利的条件，在外资股比方面给予中国更加优惠的待遇。

9. 中国—秘鲁自由贸易区

中秘自由贸易协定谈判于2007年9月启动。2009年4月28日两国政府在人民大会堂签署了《中国—秘鲁自由贸易协定》。中秘自由贸易协定是我国与拉美国家签署的第一个“一揽子”自由贸易协定，是两国关系发展史上新的里程碑。

在货物贸易方面，中秘双方将对各自90%以上的产品分阶段实施零关税；在服务贸易方面，双方将在各自对世贸组织承诺的基础上，进一步开放服务部门；在投资方面，双方将相互给予对方投资者及其投资以准入后最惠国待遇、国民待遇和公平公正待遇，鼓励双边投资并为其提供便利等。与此同时，双方还在知识产权、原产地规则、贸易救济、技术性贸易壁垒、海关程序、卫生和植物卫生措施等众多领域达成广泛共识。目前，中国是秘鲁第二大贸易伙伴，秘鲁是中国在拉美第七大贸易伙伴。

10. 中国—哥斯达黎加自由贸易区

2007年10月，哥总统阿里亚斯访华期间，两国签署了《中哥关于开展双边自由贸易协定联合可行性研究的谅解备忘录》。2008年1月至7月，中哥自由贸易区可行性研究联合工作组共举行三次会议，并就研究报告全部内容达成一致，顺利结束了联合研究。报告指出，中哥两国经济互补性较强，贸易和投资增长潜力大。中哥两国一旦建成自由贸易区，将深化双方经贸关系，实现互利共赢。中国是哥斯达黎加第二大贸易伙伴，哥斯达黎加是中国在中美洲的第二大贸易伙伴。2010年4月8日，两国政府在北京正式签署了《中华人民共和国政府和哥斯达黎加共和国政府自由贸易协定》。该协定于2011年8月1日起正式生效，成为中国达成并实施的第10个自由贸易协定。

中哥自由贸易协定覆盖领域全面、开放水平较高。在货物贸易领域，中哥双方将对各自90%以上的产品分阶段实施零关税，共同迈进“零关税时代”。

中方的纺织原料及制品、轻工、机械、电器设备、蔬菜、水果、汽车、化工、生毛皮及皮革等产品和哥方的咖啡、牛肉、猪肉、菠萝汁、冷冻橙汁、果酱、鱼粉、矿产品、生皮等产品将从降税安排中获益。在服务贸易领域，在各自对世界贸易组织承诺的基础上，哥方将在电信服务、商业服务、建筑、房地产、分销、教育、环境、计算机和旅游服务等45个部门或分部门进一步对中方开放，中方则在计算机服务、房地产、市场调研、翻译和口译、体育等7个部门或分部门对哥方进一步开放。

二、中国参与区域国际税收协调的特点

中国参与区域税收协调有以下四个特点：

1. 起步晚，总体协调水平较低，还处于以关税协调为主的初级阶段

中国自2001年加入亚太自由贸易协定开始参与区域国际税收协调，而在此之前，在WTO和其前身GATT注册生效的区域自由贸易协定已达89个[①]。迄今为止，中国参与的区域经济一体化合作均为自由贸易区或贸易协定，与欧盟等历经数十年、一体化水平较高的区域相比，中国的自由贸易区属于较为初级的经济一体化起步阶段。自由贸易区的核心都是贸易优惠安排，因此，中国所参与的区域性国际税收协调也只是关税协调，还处于区域税收协调的初级协调阶段。

2. 协调内容范围广泛，符合尽快融入区域经济一体化需求，但税收协调的难度增强

在传统的区域经济一体化下，国际税收协调的重点主要是以消除商品贸易方面的关税和非关税壁垒，保障缔约国之间商品自由流动，而中国目前参与的区域自由贸易协定内容已超出这一范围，大多以货物贸易自由化和服务贸易自由化为中心，逐步协商扩大服务贸易市场的准入。例如，中国与秘鲁签署的自由贸易协定，不仅包括在货物贸易方面关税的减让、服务贸易的准入，还包括在投资方面的一些便利条件，另外还涉及双方在知识产权、贸易救济、原产地规则、海关程度、技术性贸易壁垒等众多领域的合作。中国与其他各国签署的

① 根据WTO官方网站统计计算出2001年以前生效的区域自由贸易协定数目．http：//www. wto. org/english/tratop_ e/region_ e/region_ e. htm.

自由贸易协定也大多与此类似。这种以贸易为先导的宽领域、纵深化、全面推进的一体化模式，一方面是中国目前全面适应经济开放、尽快融入区域经济一体化的要求；但另一方面加大了自由贸易区内税收协调的难度。

3. 税收协调的合作伙伴多元化，兼顾了贸易效益和资源效益，但税收协调形式复杂，难度较大

传统区域国际税收协调合作伙伴通常建立在地理位置相邻的国家之间，这样会产生较好的经济效益。而中国参与区域经济一体化的总体布局是依托周边，拓展亚洲，兼顾全球，因此在税收协调合作伙伴的选择上呈现出多元化的特点。一是在亚洲的双边和多边区域贸易合作伙伴最多，包括东盟、海湾合作委员会、新加坡，以及意向中的印度等 13 个国家和地区。与亚洲的自由贸易区建设将给中国带来巨大的经济利益和商机，参与亚洲的区域经济合作与税收协调是中国的优先选择。二是税收协调的合作伙伴既有发展中国家如东盟各国，又有发达国家如新西兰、澳大利亚等。三是合作伙伴既有单一的国家（地区），又有区域性组织。相对于与单一国家的双边合作，与区域性组织合作的难度较大，税收协调进展缓慢。因为区域性合作组织由多个国家参与，要在多个国家之间达成税收协调的谈判难度相应要大。四是区域税收协调的目的既考虑到贸易、投资往来的扩大，还考虑到资源、能源战略因素。中国选择亚洲国家（地区）作为区域经济合作伙伴，主要出于扩大贸易和投资的效应。而与智利、秘鲁、海湾合作委员会的区域合作，更多是由于资源、能源战略的考虑。如智利被称为“铜的王国”，其铜储量、产量和出口量均排在世界第一位，其钼和锂也居世界第二位。2004 年中国已成为世界上最大的铜消费国，因此与智利签署自由贸易协定会给中国经济长期持续发展带来巨大利益。

区域合作伙伴的多元化选择符合中国经济可持续发展的需要，但也意味着中国在参与这些区域的合作中，面临着较为复杂的税收协调环境，税收协调难以进一步推进，从而区域经济一体化的程度也难以进一步加深。有的区域可能由于文化、历史背景复杂和经济水平差距较大而在税收协调方面难以推进，如中国—东盟自由贸易区；有的区域可能由于更多属于资源性合作而区域经济一体化程度进一步加深的空间较小，如中国—秘鲁和中国—智利自由贸易区。

4. 税收协调机制有所创新，灵活度高，弹性较强

我国 2003 年 6 月和 10 月分别签订的中国内地与香港和澳门更紧密经贸关

系的安排（CEPA），是由一国两制下的中央政府分别与其两个独立关税区签订的自由贸易协定，是主权国家内部加强制度性、区域性经济合作的重要尝试，其主导下的税收协调机制也是前所未有的。这种协调机制对国际社会地区性贸易安排和税收协调机制产生了有益的启迪作用。而且在两个协定签署之后，在接下来的几年内，中国中央政府又与时俱进地根据政治经济发展的形势不断地与两个地区签署补充协定。其中与香港签署了七个补充协定，与澳门签署了五个补充协定。以与香港的补充协定为例，这些补充协定分层次、分阶段地对香港实施进一步开放的措施。这些措施直接涉及关税协调的是分两批将几百个税目的香港原产地货物进入内地市场实行零关税，另外一些措施从服务业、贸易投资便利化及专业资格互认三个领域减少了香港资本、货物、人员等要素进入内地的障碍，加速了相互间的更便利流动。这种以补充协定形式层层推进的协调是中国边谈判、边建设，边建设、边学习的一种新机制。这种机制不仅灵活度高、弹性较强，还可以逐步积累参与区域经济合作和税收协调的经验，以努力适应区域经济一体化带给我们的新要求。

中国与东盟的自由贸易区的税收协调也体现了这一特点。考虑到区域成员国部分国家民族主义情绪比较强烈，进行区域一体化协调较难，就作出一些妥协条款和特别例外条款。例如，在《中国—东盟全面经济合作框架协议货物贸易协议》中，将减税产品区分为“常规贸易产品”、“敏感性产品”和“高敏感性产品”三类，三类产品分不同的时间表和幅度来实现关税减让。

第二节　中国参与区域国际税收协调的前景分析

一、中国参与区域国际税收协调的基础及条件

（一）中国参与区域国际税收协调的主要有利条件

1. 开放度优势

区域国际税收协调的核心就是要消除成员国间商品、服务以及生产要素自由流动的障碍，实现区域内各国福利最大化和税收利益分配的公平化。参与的成员国经济开放度越高，对区域经济的融合度越高，则推进区域内国际税收协

调的要求就更为迫切，协调的难度也相应越小。

中国在经过了30多年的改革开改之后，开放度显著提高。2001年中国进出贸易总额居世界第6位，2009年居世界第3位（见表6-1），2011年跃居世界第2位，其中货物出口额居世界第1位，货物进口额居世界第2位。货物进出口总额达到36421亿美元，比2002年增长4.9倍，年均增长21.7%。其中，出口额18986亿美元，增长4.8倍，年均增长21.6%；进口额17435亿美元，增长4.9倍，年均增长21.8%。我国2011年对外承包工程业务完成营业额1034亿美元，比2002年增长6.2倍。①

表6-1 2001年和2009年世界进出口总额前10位的国家比较

位次	2001年			2009年		
	国家和地区	贸易总额（亿美元）	占世界比重（%）	国家和地区	贸易总额（亿美元）	占世界比重（%）
	世界总计	126660	100	世界总计	316008	100
1	美国	19083	15.1	美国	34652	10.9
2	德国	10578	8.4	德国	25321	8.0
3	日本	7526	5.9	中国	24933	7.9
4	法国	6520	5.2	日本	14043	4.4
5	英国	6057	4.8	法国	12950	4.1
6	中国	5097	4.0	英国	12248	3.9
7	加拿大	4872	3.9	荷兰	11201	3.5
8	意大利	4807	3.8	意大利	10297	3.3
9	荷兰	4395	3.5	韩国	8189	2.6
10	中国香港	3931	3.1	中国香港	8132	2.6

资料来源：根据世界贸易组织数据库（WTO Database）数据计算整理.

中国的贸易开放度也在不断增加。贸易开放度又称贸易依存度，是衡量一个国家对外开放程度最重要的一项指标，它是指在一定时期内一国货物和服务

① 以上数据来自凤凰网资讯：http://news.ifeng.com/mainland/detail_2012_08/06/16578012_0.shtml.

进出口的自由化程度，其最简单的计算方法是用一国一定时期内的进出口总额与国内生产总值（GDP）的比重，它代表着一国市场对国际市场的开放程度和依存程度。自1991年以来中国的贸易依存度一直在30%以上，至2007年达到64.39%。尽管2008年和2009年有所下降，但仍然维持在59.4%和46.2%的水平。

中国吸引外国直接投资和对外直接投资也在快速增长。近年来我国通过进一步提高外国直接投资的便利化程度，优化吸收外资产业结构等措施，使我国利用外国直接投资稳步增长。2003年，我国吸引外资和对外投资仅为535.05亿美元和28.55亿美元，2011年我国实际使用外资1160.11亿美元、对外直接投资600.7亿美元，分别比2003年增长了2.16倍和21倍（见表6-2）。[①] 2011年我国外国直接投资的主要来源地是亚洲，欧美对华投资有所下降。亚洲十国/地区（中国香港、澳门、台湾地区和日本、菲律宾、泰国、马来西亚、新加坡、印度尼西亚、韩国）实际投入外资金额1005.17亿美元，同比增长13.99%。美国实际投入外资金额29.95亿美元，同比下降26.07%。欧盟27国实际投入外资金额63.48亿美元，同比下降3.65%。2012年我国实际使用外资1117.2亿美元，尽管同比有所下降，但我国已成为连续20年使用外资最多的发展中国家[②]。

表6-2　2003~2011年中国进出口贸易

年份	吸引外资（亿美元）	增长率（%）	对外投资（亿美元）	增长率（%）
2003	535.05	1.44	28.55	5.74
2004	606.30	13.32	54.97	92.54
2005	603.25	-0.50	122.60	123.03
2006	658.21	9.11	161.30	31.57
2007	747.68	13.59	187.20	16.06
2008	923.95	23.58	406.50	116.80

① 以上数据来自中国外资网：http：//www.ficmagazine.com/fmwz/fmwz_ 1172_ 3347.html.

② 中国日报2013年1月17日文章《我国连续20年成为利用外资最多的发展中国家》. http：//www.chinadaily.com.cn/micro-reading/dzh/2013-01-17/content_ 8053436.html.

续表

年份	吸引外资（亿美元）	增长率（%）	对外投资（亿美元）	增长率（%）
2009	950	2.6	480	6.5
2010	1057.4	17.4	688	22
2011	1160.11	9.72	600.7	-12

数据来源：中国国家统计局，中国商务部对外投资与经济合作司.

2000年，我国吸引外资总额排世界第7位，2009年、2010年、2011年、2012年我国利用外资规模连续四年居世界第2位，至此，我国已连续20年保持在发展中国家的首位。2010年全球受国际金融危机影响，吸引外资总额仅为1.12万亿美元，同比增长仅为1%，而中国利用外资仍然同比增长了17.4%，占全球9.4%的份额和发展中国家17.8%的份额。2000年我国对外直接投资仅为9.16亿美元，落后于大部分发达国家；而2009年我国对外直接投资增到480亿美元，排名世界第6位（见表6-3）；2010年我国对外直接投资增至最高，达688亿美元，在全球178个国家（地区）共有1.6万家境外企业，投资覆盖率达到72.7%。①

表6-3　2000年和2009年世界利用外国直接投资和对外直接投资前10位的国家

位次	2000年		2009年		2000年		2009年	
	国家和地区	外国直接投资总额（亿美元）	国家和地区	外国直接投资总额（亿美元）	国家和地区	对外直接投资总额（亿美元）	国家和地区	对外直接投资总额（亿美元）
	世界总计	14014.66	世界总计	11141.89	世界总计	12328.88	世界总计	11009.93
1	美国	3139.97	美国	1298.83	英国	2333.71	美国	2480.74
2	德国	1982.77	中国	950.00	法国	1774.49	法国	1471.61
3	英国	1187.64	法国	596.28	美国	1426.26	日本	746.99
4	加拿大	667.95	中国香港	484.49	中国香港	593.74	德国	627.05
5	中国香港	619.38	英国	456.76	德国	565.57	中国香港	522.69

① 以上数据来自中国外资网：http：//www.ficmagazine.com/fmwz/fmwz_ 1172_ 3347.html.

续表

位次	2000 年		2009 年		2000 年		2009 年	
	国家和地区	外国直接投资总额（亿美元）	国家和地区	外国直接投资总额（亿美元）	国家和地区	对外直接投资总额（亿美元）	国家和地区	对外直接投资总额（亿美元）
6	法国	432.52	俄罗斯	387.22	加拿大	446.78	中国	480.00
7	中国	407.15	德国	356.06	日本	315.57	俄罗斯	460.57
8	巴西	327.79	印度	346.13	意大利	123.16	意大利	439.18
9	墨西哥	180.98	意大利	305.38	新加坡	59.15	加拿大	388.32
10	澳大利亚	156.12	巴西	259.49	韩国	49.99	英国	184.63

资料来源：根据联合国贸发会议 FDI 数据库（UNCTAD FDI Database）数据整理得出.

贸易开放度的增加和利用外国直接投资、对外直接投资的增长，意味着中国融入世界经济的程度日益增强，并且在参与国际贸易和投资自由化方面已经积累了一定经验，具备了进一步参与区域经济一体化和区域税收协调的基础。同时也表明，中国经济的发展离不开世界，中国需要进一步投入世界经济一体化、区域经济一体化，需要积极参与国际税收协调、区域税收协调。

2. 大国实力优势

中国是一个开放中的大国，在参与区域税收协调过程中，可以体现出两方面的大国实力优势。

第一是大国的多元化优势。这种多元状态是多元的地区结构、经济结构及技术结构并存的状态，使中国不论参与发达经济体，还是与发展中经济体建立自由贸易区，都可以动用不同类型的资源，找出相应的比较优势，参与到目标各异、需求不同的税收协调中。中国地域辽阔，地区差异较大，各地的禀赋资源、人力资源、技术条件以及社会经济条件均不尽相同。中国正处在经济转型时期，经济发展水平不均衡，客观上构成了经济的多元结构。一方面是地区的多元结构，全国大致可以分为东、中、西三个部分，经济发展水平呈现梯度状态。另一方面是城乡经济的多元结构，即同一地区的城市与农村也存在差异。此外，“多元”结构也表现为技术的多元结构，区域经济的差异与技术差异都有着密切的联系。所以地区的、经济的、技术的多元化，使中国具有一种资源多元化的优势，这无疑可以增加中国参与区域经济合作、提高区域税收协调措施的灵活性，也构成了中国进一步参与区域税收协调的大国特有的实力优势。

第二是大国的市场优势。市场优势主要包括市场容量以及相应的市场潜力，一个国家的经济总量、人口总量越大则标志着市场容量和市场潜力越大，相应的市场优势也就越大。从理论上讲，参与区域国际税收协调的国家，都希望通过税收协调消除彼此间的贸易、投资壁垒，减少商品、资本的流通成本，谋求在更大的市场容量和潜力中获取更大的税收利益分配。因此，市场优势越大的国家，在开展区域贸易安排、参与区域税收协调方面具有的吸引力越大。那些拥有巨大市场容量和潜力，并且其贸易结构与区域其他成员互补的国家，更加受到区域内其他成员国的青睐。

从中国主要指标居世界的位次来看，我国人口总量居世界第 1 位，具有巨大的市场潜力；我国国内生产总值从 1978 年排名第 10 位到 2009 年跃居世界第 3 位说明经济总量巨大；我国人均国民收入一直处于较低水平，购买力相对较弱一些；我国进出口贸易总额 1978 年位于第 29 名，至 2009 年居世界第 2 位，外商直接投资也于 2009 年居第 2 位，外汇储备自 2007 年以来一直排名第 1（见表6-4），这些都意味着我国与世界经济交往数额巨大，我国是一个市场容量在世界排名前列的国家。2010 年我国 GDP 达 5.75 万亿美元，已超过日本位居世界第 2 位；2011 年我国的 GDP 初步核算数为 73011 亿美元，同比实际增长 9.2%，也居世界第 2 位①。

表 6-4　1978～2009 年中国主要指标居世界的位次

指标	1978 年	1980 年	1990 年	2000 年	2007 年	2006 年	2009 年
国土面积	4	4	4	4	4	4	4
人口	1	1	1	1	1	1	1
国内生产总值	10	11	11	6	4	3	3
人均国民收入	175 （188）	177 （173）	178 （200）	141 （207）	132 （209）	127 （210）	124 （213）
进出口贸易总额	29	26	15	8	3	3	2

① 数据来源于中国商务部数据库中心网站：http：//data. mofcom. gov. cn/channel/zhsj/zhsj. shtml.

续表

指标	1978 年	1980 年	1990 年	2000 年	2007 年	2006 年	2009 年
出口额	30	28	14	7	2	2	1
进口额	27	22	17	9	3	3	2
外商直接投资	—	60	12	9	6	3	2
外汇储备	38	37	7	2	1	1	1

注：括号中的数字为参加排序的国家和地区数.

资料来源:FAO Database, UNCTAD Database, WTO Database, World Bank WDI Database, IMF Database, UNDP Human Development Report 2010.

3. 税收制度优势

改革开放以来，尤其是加入世界贸易组织以来，中国在促进贸易和投资方面不断调整税收制度，从关税减免、实施完善有效和易于操作的原产地规则、简化海关程序、统一内外商投资税制等方面取得了显著成绩，形成了有利于贸易和投资的一些税收制度优势。同时，我国近十多年来开展的税收制度改革，已初步建立了适应市场经济发展要求的税制体系，提高了税制的公平、合理程度。这些都成为我国参加区域国际税收协调的重要优势。

（1）根据“入世”承诺降低关税，从 2001 年“入世”时 15.3% 的关税降至 2010 年的 9.8%，减让幅度达 35.95%。中国对所有产品都实行约束关税，近年来对进口关税中税率进行了较大幅度的调整，关税水平不断下降。根据中国加入世界贸易组织的承诺，中国关税最终约束税率的平均水平为 10.0%，目前，中国已经提前兑现了这一承诺。

（2）完善了原产地规则。原产地规则是区域国际贸易税收协调的一个重要组成部分，自由贸易协定下的优惠待遇只给予符合其相关原产地规则的货物。原产地规则通常要求进口货物在另一缔约方境内完全获得或者经过充分加工或处理。中国近年来通过立法规定以及与多个国家、地区签署的自由贸易协定的实践，逐步完善原产地规则，形成了一个公平合理、易于操作的原产地规则体系。2005 年 1 月 1 日，我国正式颁布实施《中华人民共和国进出口货物原产地条例》，实施非优惠原产地规则，货物完全从一国或地区获得的，以该国或地区为原产地。货物的生产包括两个以上国家或地区的，以最后完成实质性改变的国家或地区为原产地。实质性改变的确定应以税则归类改变为基本标准，在税则归类改变不能反映实质性改变时，应以从价百分比、制造或加工工序等作为补充标准。我国签署的自由贸易协定大都在这个《中华人民共和国进出口货物原产地条例》的框架下，辅以区域价值成分标准、制造或加工程序、标准等实施原则一致的原产地规则。2010 年中国优惠原产地规则如表 6-5 所示。

表 6-5　2010 年中国优惠原产地规则

编号	条约/成员方	规　则
1	亚太贸易协定	货物必须在一成员方完全获得或生产，或货物生产过程中非原产成分不超过该货物离岸价格（FOB）的 55%。原产国是指进行最后一道加工工序的国家。此外，货物需满足直接运输规则
2	东盟	货物必须在东盟国家完全获得或生产，或货物生产过程中任一东盟国家原产部分不得少于总价值的 40%，或货物生产过程中非原产部分或成分不多于该货物离岸价格的 60%。原产国是指进行最后一道加工工序的国家。此外，货物需符合直接运输规则
3	最不发达国家	货物必须在原产国完全获得或生产，或货物生产过程中非原产成分最多达到该货物离岸价格的 60%。此外，货物需符合直接运输规则
4	中国香港	货物必须完全在中国香港生产，或货物中中国香港增值成分不少于货物价值的 30%。此外，最后的加工工序必须在中国香港境内完成。货物必须直接运至中国大陆
5	中国澳门	货物必须完全在中国澳门生产，或货物中中国澳门增值成分不少于货物价值的 30%，或导致四位数海关税则编码的改变。此外，最后的加工工序必须在中国澳门境内完成。货物还需符合直接运输规则
6	智利	货物必须在智利完全获得或生产，或货物生产过程中非原产部分或成分少于该货物离岸价格的 60%。原产国是指进行最后一道加工工序的国家。此外，货物需符合直接运输规则
7	巴基斯坦	货物必须在巴基斯坦完全获得或生产，或货物生产过程中非原产部分或成分少于该货物离岸价格的 60%。原产国是指进行最后一道加工工序的国家。此外，货物需符合直接运输规则

续表

编号	条约/成员方	规　则
8	新西兰	货物必须在新西兰完全获得或生产，或者在新西兰生产的货物所使用的非原产材料符合税则归类改变要求（有些产品还必须符合区域价值成分或加工工序要求）。此外，货物需符合直接运输规则
9	新加坡	货物必须在新加坡完全获得或生产，或者区域价值成分不低于产品价值的 40%。此外，货物需符合直接运输规则
10	秘鲁	货物必须在秘鲁完全获得或生产，或者在秘鲁生产的货物所使用的非原产材料符合税则归类改变要求（有些产品还必须符合区域价值成分或加工工序要求）。此外，货物需符合直接运输规则

资料来源：根据中国自由贸易区服务网信息整理：http：//fta. mofcom. gov. cn/.

（3）简化了海关程序。海关程序的简单、透明、易操作程度在区域国际税收协调中十分重要。自 2004 年起贸易便利化议题就成为 WTO 多边谈判的组成部分，而海关程序又是贸易便利化的一项重要指标。中国近年在海关程序简化方面也取得了很大进展，这为参与区域关税协调提供了便利。中国于 1988 年加入《关于简化和协调海关业务制度的国际公约》（以下简称《京都公约》），2000 年 6 月签署了《修正议定书》。中国海关通关、查验以及征税程序均符合《京都公约》及中国接受的附约。为执行修改后的《京都公约》，中国海关推行简化海关程序的政策。中国于 2005 年在 11 个海关推行试点计划以缩短货物通关时间，提高效率。中国的海关程序改革取得了显著的成效并得到了世界海关组织的肯定。中国十分重视国际海关实践，在世界海关组织和亚太经济合作组织等国际组织中发挥积极作用。中国全面履行了与海关相关的 WTO 协定，以及亚太经济合作组织海关程序分委会制订的联合行动计划。

（4）实现了内外资企业税收制度的统一。中国近年来不断调整税收制度，开始从多角度、多方位运用税收制度来鼓励外国投资，提高税收优惠措施的合理性。改革开放以来，我国一直实行着一些单独对外商投资企业、外国企业及外籍个人征收的税种。随着我国改革开放的不断深入和社会主义市场经济体制的逐步完善，特别是在我国加入 WTO 以后，这种内外有别的税制结构与市场经济要求的公平、一致的税收环境已很不适应。2007 年我国统一了内外资企业所得税，降低了税率，放宽了费用扣除标准，这有利于内外资企业的公平竞争。2009 年起，我国废止了《城市房地产税暂行条例》，从而彻底结束了我国对内外资分设税种的历史。2010 年 12 月 1 日起，中国对内企业和外商投资企业实施了统一的税制，同时继续实行各种形式的外商投资促进政策和措施。例如，投资于中国西部地区优先产业的外商投资项目可以享受多项税收优惠政策；参与投资农业、林业、畜牧业和渔业、重要公共基础设施、环境保护，以及存在技术转让的外商投资企业，其经营收入的企业所得税可以得到减免。这些针对外商投资的税收制度不仅保证了公平税负，促进公平竞争，创造良好的市场和投资环境，而且还为我国参与区域税收协调创造了便利条件。

（5）完成了增值税转型。中国经过近年来不断的税制改革，税制的公平、合理程度进一步提高，为我国参与区域国际税收协调奠定了基础。消费型增值税以其易于实施出口退税、避免商品重复征税等特点成为参与区域税收协调的一个有利条件。目前世界上 140 多个实行增值税的国家中，绝大多数国家实行消费型增值税。我国自 2009 年 1 月 1 日起将生产型增值税转为消费型增值税，全国所有增值税一般纳税人新购进设备所含的进项税额可以计算抵扣；购进的应征消费税的小汽车、摩托车和游艇不得抵扣进项税；取消进口设备增值税免税政策和外商投资企业采购国产设备增值税退税政策；小规模纳税人征收率降低为 3%；将矿产品增值税税率从 13% 恢复到 17%。在增值税转型的同时，我国还完善了营业税相关政策，修订后的《中华人民共和国营业税暂行条例实施细则》自 2009 年 1 月 1 日起施行。既体现了税法对不同纳税人同一行为税收负担公平的原则，也进一步凸显了税法根据国家产业发展导向，适时给予一些行业税收优惠的税收调节作用。

4. 促进公平竞争的机制优势

区域国际税收协调的本质就是要在区域创造一种有利于各成员国商品、服务、生产要素公平竞争的环境，因此，区域成员国自身的制度和机制是否有利于公平竞争就直接关系到其参与区域国际税收协调成本的高低。一个竞争机制不完善的国家参与区域国际税收协调，需要作出的自身机制和制度调整势必要多，所付出的协调成本也相应较高。

我国近年来在反垄断、反不正当竞争、知识产权保护等方面不断立法，在增强透明度建设方面不断完善相关的制度和工作机制，成为参与区域国际税收协调的有利条件。

《中华人民共和国反不正当竞争法》（以下简称《反不正当竞争法》）和《中华人民共和国反垄断法》（以下简称《反垄断法》）是中国在竞争政策方面制定的两部最主要的法律。《反不正当竞争法》于1993年9月2日颁布，同年12月1日正式生效。该法旨在鼓励和保护公平竞争，维护经营和消费者的合法权益。《反垄断法》于2007年8月30日颁布，并于2008年8月1日生效。该法不仅适用于中国境内经济活动中的垄断行为，还适用于中国境外的、但是对境内市场竞争产生排除和限制影响的垄断行为。2009年11月21日，商务部颁布了《经营者集中申报办法》和《经营者集中审查办法》，成为经营者反垄断法律体系的重要组成部分。2009年5月26日，国家工商行政管理总局（SAIC）颁布了《工商行政管理机关查处垄断协议、滥用市场支配地位案件程序的规定》和《工商行政管理机关制止滥用行政权力排除、限制竞争行为的规定》。我国还就竞争政策参与了国际合作。中国积极参与到亚太经合组织（APEC）、经济合作与发展组织（OECD）、联合国贸发会议（UNCTAD）和世界贸易组织（WTO）等与竞争政策相关的活动中。此外，中国与欧共体、日本、韩国和美国的竞争机构相互交流与合作。1996年和1999年，国家工商行政管理总局分别与俄罗斯和哈萨克斯坦签署了《反不正当竞争和反垄断领域的合作与交流协议》。2004年，商务部与欧共体签署了《竞争双边对话协议》。

目前，我国与竞争有关的政策主要由以下机构执行：商务部，主要负责进行经营者集中方面的反垄断审查；国家发改委，主要负责调查和处罚定价垄断行为；工商管理总局，主要负责垄断协议、滥用市场支配地位、滥用行政权力以消除或限制竞争的反垄断执行（不包括定价垄断行为），并执行《反不正当竞争法》。此外，根据《反垄断法》2008年8月，中国国务院还设立了反垄断委员会，该委员会负责组织、协调和指导反垄断工作，其职责包括研究和制定有关竞争政策，组织调查和评估市场总体竞争状况，发布评估报告，制定和发布反垄断指南，协调反垄断行政执法工作等。

知识产权保护已经成为促进国际贸易发展的一个关键因素，WTO就此专门作出了《与贸易相关的知识产权协定》要求成员国签署并遵守。我国签署了“入世”协定后，积极通过完善法律法规和行政措施来加强知识产权保护，并取得了显著效果。自20世纪80年代以来，中国颁布和修改了几十部关于知识产权保护的法律法规，其中包括中华人民共和国的《商标法》（1982年、2001年修订），《专利法》（2008年12月27日修订），《著作权法》（2010年2月26日修订），《计算机软件保护条例》（1991年、2002年修订），《植物新品种保护条例》（1997年），《海关知识产权保护规定》（1995年、2003年、2010年修订），《知识产权刑事司法解释》（2004年）等。在国务院的批准下，从2010年10月到2011年6月，中国发起了一项特别的活动，反对侵犯知识产权以及打击生产和销售假冒伪劣产品。中国从1992年起在最高人民法院和各级人民法院建立了不同层次的知识产权审判室或审判庭。到目前为止，中国31个省级人民法院都已经建立了知识产权法庭。国务院2008年发布了《国家知识产权战略纲要》，从国家层面将规划中国知识产权发展提升到重要高度。该纲要提出，到2020年之前，把中国建立成为一个创造、运用、保护和管理知识产权的高水平国家。

我国是世界贸易组织、世界知识产权组织的成员，还积极加入了以下国际知识产权公约：《保护文学艺术作品伯尔尼公约》（1992年）、《国际承认用于专利程序的微生物保存布达佩斯条约》（1995年）、《建立世界知识产权组织公约》（1980年）、《保护录音制品制作者防止未经授权复制其制品公约》（1993年）、《国际植物新品种保护公约》（1999年）、《建立工业品外观设计国际分类洛迦诺协定》（1996年）、《商标国际注册马德里协定》（1989年）、《关于供商标注册用的商品和服务的国际分类的尼斯协定》（1994年）、《保护工业产权巴黎公约》（1985年）、《专利合作条约》（1994年）、《商标国际注册马德里协定有关议定书》（1995年）、《国际专利分类斯特拉斯堡协定》（1997年）、《关于集成电路的知识产权条约》（1989年）、《世界版权公约》（1992年）、《与贸易有关的知识产权协定》（2001年）、《世界知识产权组织版权条约》（2007年）、《世界知识产权组织表演和录音制品条约》（2007年）。

另外，中国政府始终高度重视加强透明度建设，确保与对外贸易和投资有关的法律法规信息能够及时公布。利用现代电子技术，中国在1999年启动了“政府上网”工程。借助互联网，政府和公众之间已经建立了快捷有效的交流和反馈机制，这对提高透明度具有重要意义。2000年7月1日生效的《中国

立法法》规定，及时公开新的法律和行政法规必须作为立法程序的一部分。2004 年 7 月 1 日，《行政许可法》生效，对行政许可程序作出了详细的规定。为了使政务更加公开透明，中国政府采取了有效措施，建立或完善了一系列行政管理程序，包括行政决策制度、协商制度、公开听证制度和行政监督制度等。这些措施和努力不仅有利于透明度原则的实施，同时也促进了政府行政管理制度的合理化。在加入 WTO 之后中国政府采取了有效措施，以进一步加强透明度建设。商务部成立了名为“中国 WTO 通报咨询中心”的专门机构，负责 WTO 事务的咨询和通报。该机构的职责包括履行 WTO 规定的通报义务；对其他 WTO 成员提出的与中国贸易政策和 WTO 国际贸易事务相关的问题作出答复。商务部办公厅还负责《中国对外经济贸易合作公报》的编辑和分发。公报收集和发布的信息涉及法律、规定、与货物贸易、服务贸易和有关的其他措施和法律草案，以及外汇管制等 80 多个问题。

（二）仍有一些不容忽视的劣势

中国经济实力不断增强，在参与区域国际税收协调中具有开放度优势、大国实力优势、税制优势、促进公平竞争的机制优势，但仍有一些不容忽视的劣势，具体表现为以下几点。

1. 缺乏战略性规划和管理，使我国参与区域国际税收协调的目标不明晰、布局不够合理

谈判和签署自由贸易协定（FTA）是一国参与区域经济经一体化的第一步，在 FTA 下开展关税协调也是一国参与区域国际税收协调的第一步。FTA 具有谈判难度小、内容丰富以及合作方式灵活等特征，因此参与 FTA 框架下的关税协调已成为服务国家安全和贸易战略的工具。我国参与区域经济一体化合作的时间较短，在区域国际税收协调方面还处于实践的初级阶段，目前还缺乏一整套主旨明确、安排有序、措施具体的自由贸易区战略规划来指导区域国际税收协调。

世界上参与区域国际税收协调较成功的国家都对参与区域经济合作进行战略规划和管理，在区域合作的战略框架下来开展税收协调，它们的经验值得我们借鉴。例如美国，尽管它参与区域经济一体化进程只有 20 多年的时间，但它对参与 FTA 进行了战略规划和管理。美国开展自由贸易区的战略目标很明确，就是要通过一系列的贸易议题和谈判计划，创造一个有利于美国商品和企

业的竞争自由化环境，给自由贸易注入新的政治、经济动力，为美国实现全球和地区的经济、政治以及国家安全利益服务，同时巩固美国在全球的大国地位。因此，美国每签署一个 FTA，每开展一项区域税收协调都不是孤立的，而是在一个严密的战略规划之下来进行。它在全球的自由贸易区战略是设立“面”，再寻求突破“点”，无论在美洲，还是在中东以至于东亚，美国都先设立一个将本区域内几乎所有国家都囊括进来的大框架，再在这个框架下寻求突破点，选择该地区条件成熟的国家各个击破，期待最后能够实现包括整个区域的自由贸易区的目标。美国的自由贸易区战略一个很重要的特点就是，不但谋求所在区域内的自由贸易区的组建，还在全世界各个区域都开启相关自由贸易区，谋求在各个区域的领导权，从而达到强化其在世界贸易体系及规则制定中的领导权。例如，它首先选择建立美洲自由贸易区，其战略目的是要抵抗欧共体对美国经济霸主地位的冲击；美国积极参与亚太地区的区域一体化进程，多次对亚洲区域一体化进行直接干预，其战略用意是防止与之抗衡的亚洲区域一体化组织出现，维护其全球大国地位。随着各个大国尤其是美国自由贸易区战略的出台，日本也于 2002 年 10 月由外务省出台了《日本的 FTA 战略》，使自由贸易区的谈判、执行更明确，也使其开展区域国际税收协调的操作目标更明确，效果更好。

我国虽然已经在多个 FTA 下实施了国际税收协调，但是一直未出台一套适应世界经济发展形势和国家自身发展需要的战略规划作指导，不利于我们有序、有效地开展区域国际税收协调。我国目前参与国际税收协调的布局虽然考虑到了经济发展和能源需要，但由于缺乏战略规则，我国在与新兴大国合作、积极推动多边区域合作方面意识不强。我国的崛起一直伴随着西方“大国威胁论”，因此美、日等各国都通过区域合作加强与其他新兴大国结盟来阻碍中国掌控亚洲区域的主导权。在这样的情况下，我国应该从大局规划，加紧与其他新兴大国开展税收协调、建立 FTA，以谋求友好氛围、共同发展。另外，我国目前参与的区域税收协调大多是双边性协调。参与多边区域经济合作、开展多边税收协调具有全球性的广泛影响，所以，作为一个越来越重要的贸易大国，中国必须参与多边的国际税收协调，在履行有关义务的同时，参与为未来的经济贸易制定规则的进程。我国还应该立足亚洲，通过积极开展亚洲区域的税收协调争取在亚洲区域一体化中更多的主动权。总之，我国需要借鉴成功大

国的经验，制定在全球范围内开展区域经济合作的战略，明确我国对自由贸易区的立场、谈判和签署自由贸易协定的基本原则，谈判对象选择的依据和具体要求以及实施自由贸易区战略的重点，在区域合作战略框架下参与区域税收协调。

2. 出口退税政策存在缺陷，使我国税制的国际竞争力受到限制，在参与区域国际税收协调中处于不利地位

一国税制能否在区域经济合作与竞争中体现出与他国相比较而言的竞争优势，能否促进本国的贸易和经济增长，意味着该国的税制具有国际竞争力，也意味着该国在参与区域国际税收协调中具有很重要的竞争优势。一国税制的国际竞争力取决于多项指标，包括税制的公平、合理程度、限制进口和鼓励出口的税收政策、税收优惠政策的合理性等，其中鼓励出口的税收政策直接关系到本国出口贸易的竞争性，因此是体现税收制度国际竞争力的一项关键指标。出口退税政策又是出口的税收制度的核心内容。出口退税是一国政府对出口商品或服务退还其已征收的增值税或营业税，使商品以不含税价格参加国际市场竞争。目前出口退税制度是 WTO 认可的一项基本贸易税收制度，已被国际社会广泛地采用。实行零税率的彻底退税，最有利于保护本国产品的竞争力，也最能体现公平的自由贸易原则。许多国家都把出口退税作为一种中性的贸易税收制度，基本都是“应退尽退”。

但我国的出口退税政策存在缺陷，使我国的出口商品和服务不能实现零税率，即“征多少，退多少”和“彻底退税”。我国 1994 年和 2009 年施行的《增值税暂行条例》都规定“纳税人出口货物，税率为零；但是，国务院另有规定的除外”。这就是说，我国出口退税从制度上规定是应实行彻底退税的，只有当发生特殊情况时，依据国务院的临时规定才可将出口退税率作为调控出口的手段。然而我国的实际情况是：特例成了常态，零税率成了例外。我国政府给出口退税政策赋予了较多的职能和期望，使出口退税政策长期以来成为政府调控出口和产业结构的政策工具，基于不同时期的国际贸易形势、财政负担能力和产业调控政策等形势需要而频繁调整（见图 6-1、表 6-6）。

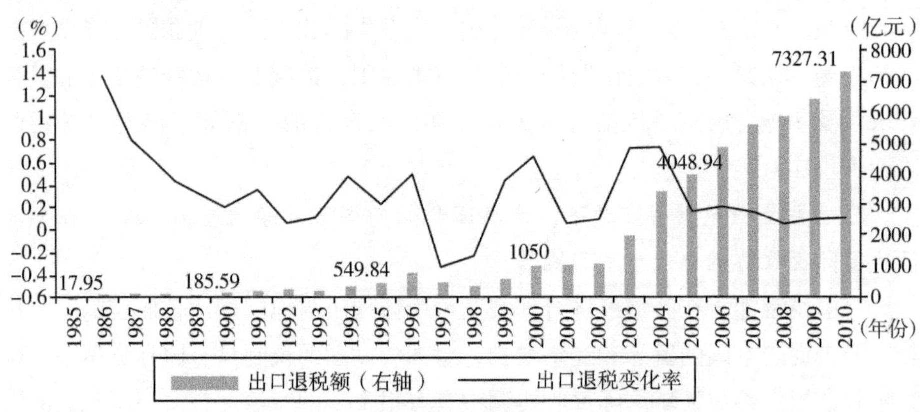

图 6-1　中国 1985～2010 年出口退税走势

资料来源：商务部网站．http：//data. mofcom. gov. cn/channel/zhsj/zhsj. shtml.

表 6-6　我国近年主要出口退税政策调整情况

年份	政策背景	出口退税政策及调整情况	政策方向
1994	新税制改革	实行出口“零税率”	
1995、1996	出口猛增导致退税剧增，财政负担压力较大	高低税率为 3%、6% 和 9%，平均退税率降低为 8.3%	↓
1998、1999	1997 年亚洲金融危机影响下，出口艰难	把一些大类出口商品的退税率提高到 5%、13%、15%和 17%，综合退税率上升为 15.51%	↑
2004	退税率提高导致财政负担太重，欠税	改革退税负担机制，大范围下调退税率，形成 5 档税率：17%、13%、11%、8%、5%	↓
2007	巨额顺差导致太多贸易摩擦，解决贸易失衡是当年重点工作	最大范围调低退税率，并结合产业结构调整，取消“两高一资”类产品退税，大幅下调劳动密集型产品退税率	↓
2008 年 8 月	国际金融危机影响出口和就业	将部分纺织品、服装的出口退税率由 11% 提高到 13%，将部分竹制品的出口退税率提高到 11%	部分↑
2008 年 11 月	国际金融危机影响出口和就业	调高部分劳动密集型和高技术含量、高附加值商品的出口退税率，如部分服装、玩具的出口退税率提高到 14%	部分↑

续表

年份	政策背景	出口退税政策及调整情况	政策方向
2008 年 12 月	国际金融危机影响出口和就业	进一步提高部分劳动密集型产品、机电产品和其他受影响较大产品的出口退税率。如部分劳动密集型商品的退税率由 11% 提高到 13%	部分↑
2009 年 1 月	国际金融危机影响出口和就业	提高部分技术含量和附加值高的机电产品出口退税率	部分↑
2009 年 2 月	国际金融危机影响出口和就业	纺织品、服装出口退各率由 14% 提高到 15%	部分↑
2009 年 4 月	国际金融危机影响出口和就业	将 CRT 彩电等商品的出口退税率提高到 17%，将纺织品、服装的出口退税率提高到 16%，将金属家具等商品的出退税率提到 13% 等	部分↑
2009 年 6 月	国际金融危机影响出口和就业	电视用发送设备、缝纫机等商品出口退税率提高到 17%，罐头、果汁、桑丝等行业深加工产品，部分光学元件仪器仪表，部分日常用品的出口退税率提高到 15%	部分↑
2010 年 6 月	金融危机影响逐步消退，各出口企业行情复苏	取消包括部分钢材、有色金属建材等在内的六大类、406 个税号的产品出口退税	↓

资料来源：根据国家税务局、商务部相关政策整理。

从表 6-6 可以看出，我国在 1994 年实施增值税初期，出口退税最彻底。在后来至今的时期间，出口退税从“应退尽退”的中性退税原则转变为“差别退税”的非中性原则。尤其在 2008 年、2009 年应对国际金融危机期间，我国 10 个月内 7 次调整出口退税政策，在 2010 年又径直取消了六大类产品的退税。我国出口退税政策的频繁调整和大幅度波动，削弱了我国贸易税制的国际竞争力，也有违 WTO 的透明度原则。这样的出口退税政策使我国一直都没有实现“零税率”退税，不仅给我国企业带来了经营上的政策风险，而且还授人以柄，招致其他国家反补贴等贸易摩擦，不利于我国参与国际税收协调。据统计，截至2010年4月，我国共遭遇返补贴调查39起，西方国家改变了“非市场经济国家”不适用反补贴的惯例，问题直指我国各项出口扶持政策。换言之，我国现行出口退税政策蕴含着较大的贸易摩擦风险，使我国在进一步参与区域国际税收协调中处于不利地位。

3. 国际税收协调能力不高，限制了我国参与区域国际税收协调的广度和深度

我国加入世界贸易组织、参与区域经济合作仅10年，从学习国际规则到适应规则，再到利用规则，是一个艰辛的探索过程。在这一过程中，我国经历了大量的涉税贸易摩擦，每年因国际避税导致的巨额税收损失，反映出我国国际税收协调能力方面还有待提高。当然近年来我国开始初步探索建立相关制度和工作机制，来应对国际避税、防范贸易税收竞争，但我国在国际税收协调的制度建设和水平方面仍然需要加强和提高。主要体现在以下几个方面：

（1）反避税机制有待完善。2009年1月9日，中国国家税务总局发布了《特别纳税调整实施办法（试行）》，首次明确地引入了转让定价同期资料的准备要求。同年，有关部门相继出台了《国家税务总局关于境外注册中资控股企业依据实际管理机构标准认定为居民企业有关问题的通知》、《国家税务总局关于简化判定中国居民股东控制外国企业所在国实际税负的通知》、《国家税务总局关于强化跨境关联交易监控和调查的通知》、《国家税务总局关于如何理解和认定税收协定中“受益所有人”的通知》、《国家税务总局关于加强非居民企业股权转让所得企业所得税管理的通知》。2010年我国对外公布了首份《中国预约定价安排年度报告（2009）》，得到国际税收界的广泛关注和好评。至此，我国的反避税的管理规定和工作机制初步建立。

但是中国税务机关对于转让定价及其他国际避税的管理尚处于起步阶段，各地区的发展进度参差不齐。一是反避税还没有正式立法，各种有关反避税的制度均以行政规定、通知的形式出台，法律依据不足。我国目前没有专门的针对避税地的税制对策，也没有相关的规定，对避税地规定一定的条件，限制避税地的范围。二是对反避税规律探索不够，还未能有针对性地形成具体的反避税操作指南。三是专职人员不足，专业水平有待提高。目前中国税务机关中，仅部分东部省市具备成熟的转让定价业务管理能力，2010年全国反避税专职人员仅为228人。四是反避税调查发展比较迅速，但是立案数和结案数仍然比较低，调查时间持续过长。2010年全国反避税调查立案178起，结案178起，

弥补亏损 9.99 亿元。[①] 五是我国目前的反避税主要集中在让定价范围内，对其他反避税项目检查力度仍比较低。虽然引入了资本弱化、受控外国公司等管理准则，但是由于概念较新，相关法规尚未出台，从而追查力度较低。

（2）税收情报交换机制有待完善。目前我国税收情报交换的法律框架与合理的工作机制已基本建立。我国与 90 多个国家（地区）签订的税收协定（或安排）中都包括了税收情报交换的条款；税收情报交换在国内税法主要依据中华人民共和国的《税收征管法》、《企业所得税法》、《个人所得税法》、《保守国家秘密法》；税收交换规程受 2005 年生效的《税收情报交换工作规程》指导。但目前的税收情报交换机制仍有较大的发展空间：

首先，有关税收情报交换的法律依据存在缺失。我国税法缺乏对税务机关征税依据的事实或信息在形式或来源等方面的要求，导致各级税务机关掌握的即使经过核实的情报信息也难以直接用作征税的基础。虽然《税收情报交换工作规程》规定情报可以作为税务机关执法的依据，但其仅属一般行政规定，缺乏《税收征管法》或实体税法的支持。

其次，税收情报收集的自动化程度和格式规范化程度较低。目前，我国税务机关提供自动和自发情报基本靠手工完成，有关的数据和信息需要从申报、管理等不同的来源显示目录中手工挑选并录入情报表格中，难以满足情报数量日益增长和国际上对情报格式统一规范化的要求。

最后，税收情报交换协定网络需扩大和完善。我国从 2010 年才开始与世界各避税港及相关国家签署专门的税收情报交换协定。至今，我国仅与巴哈马、英属维尔京、马恩岛、根西、泽西、百慕大和阿根廷签署了七个税收情报交换协定。

（3）妥善应对涉税贸易摩擦的能力需要加强。根据 WTO 官方网站截至 2012 年 8 月 8 日的统计，我国“入世”后被诉到 WTO 的贸易争端案件共 27 起，美国投诉最多（占 14 起），其中 12 起都与税收直接相关，这些与税收相关的案件中涉及对我国增值税、关税、贸易补贴、贸易救济的投诉，投诉方有美国、加拿大、欧盟、日本和墨西哥，并且 2/3 的争端发生在近三年内[②]。从

① 数据来自国家税务局网站新闻《2010 年我国反避税情况报告》. http://www.cntransferpricing.com/chinadetail.aspx?id=b86c2f88-659a-4ee0-be34-8484a689b848.

② 信息来自 WTO 官方网站统计. http://www.wto.org/english/tratop_e/dispu_e/dispu_by_country_e.htm#respondent.

结果来看，既有我国妥协、默认违规而和解的，也有磋商解决的，还有败诉的。说明我国作为 WTO 比较年轻的成员国，在防范与应对涉税贸易争端方面的经验不足、能力较弱。随着后金融危机时代全球贸易保护主义的升温，也随着中国成为贸易大国，税收政策会对他国的贸易利益产生威胁、会引起贸易伙伴的关注，针对我国的涉税贸易摩擦可能会有增无减。如何妥善应对就成为我国需要面对的一个重要现实问题。

（4）防范贸易税收竞争的能力需要加强。随着新一轮国际贸易保护主义抬头，国际税收竞争的加剧，我国出口产品近年来频繁地遭到诸多贸易伙伴国征收反倾销税、反补贴税等特别关税。2007 年共有 20 个国家（地区）对我国发起反倾销、反补贴、保障措施和特保调查（以下简称为“两反两保”调查）；2009 年共有 22 个国家对我国发起“两反两保”抽查 116 起，涉案金额 126 亿美元。在 2012 年 3 月举行的“2012 中国外贸形势报告会”上我国商务部副部长钟山表示，2012 年头 3 个月，我国就遭受了 8 起贸易摩擦，涉案金额 22.8 亿美元，同比增长了 80%；我国已连续 17 年成为遭遇贸易摩擦最多的国家。另据 WTO 统计，近几年全球反补贴案件数量总体在减少，而我国恰好呈上升趋势。2009 年我国的 GDP 占全球 8%，出口占全球 9.6%，而遭受的反倾销约占全球 40%，反补贴约占全球 75%。

其他国家频繁采取征收反倾销、反补贴税的形式来限制我国产品进口，其本质是贸易税收竞争的一种特殊形式。根据全球贸易预警组织日前公布的数据显示，中国是全球受贸易保护措施伤害最重的国家。统计显示，2010 年中国出口产品遭遇了 100 项贸易保护措施，而自 2008 年以来累计高达 600 项。总的来看，外国对华反倾销诉讼及征收反倾销税的案件要远远高于我国运用反倾销贸易保护措施，而事实上，并不意味着其他国家对我国的出口就没有贸易保护，没有倾销或补贴，只是由于我国应对国际税收竞争的经验缺乏，更多的是被动挨打，而较少主动出击进行反抗。在今后的贸易摩擦中考验的已不单纯是平息贸易争端的能力，更主要的将是考验制定政策、创建制度和应对国际争端的协调能力。在 WTO 网站数据库显示我国“入世”后被诉到 WTO 的贸易争端案件共 27 起，我国作为申诉方的争端案件仅 7 起，仅有最近的一起与税收相关，2012 年 5 月中国投诉美国对从中国进口的部分产品征收保护性关税，除此之外，中国还没有质疑、投诉过其他国家的贸易税制问题。说明在防范其

他国家的贸易税收竞争方面，我国现行税制还缺乏应对机制。

二、中国参与区域国际税收协调的机遇和挑战

（一）机遇

参与区域国际税收协调将为我国带来以下机遇：

1. 贸易和投资的增长

近年来中国对外贸易和吸引外国直接投资迅速发展，主要原因就在于中国积极地实施了贸易自由化，开展了单边、双边和多边的国际税协调，这些协调包括了国际组织（主要是WTO）主导的协调、区域经济一体化下的协调（如中国—东盟自由贸易区、中国—新加坡自由贸易区）以及双边税收协定协调（如中国与美国、日本等国签署的避免双重征税的双边国际税收协定）。尤其是中国为了复关和加入WTO，大幅削减关税和非关税壁垒，然后在WTO的主导下主动积极地展开与贸易相关的税收协调：一方面是运用WTO的规则为自己服务，争取贸易利益的最大化；另一方面是主动顺应国际税收发展趋势，不断改革优化本国税制，使之更符合WTO要求的国际惯例，尽可能地防范涉税的贸易摩擦。目前，中国积极参与的区域经济一体化下的国际税收协调也正在和将要给中国带来巨大的贸易投资收益：

（1）贸易流量增加带来的贸易收益。中国—东盟自由贸易区内以关税减让为主的关税协调使中国的贸易迅猛发展。在过去5年中，中国与东盟的双边贸易额增长了126%，其中，中国对东盟国家的出口增长了138%；中国从东盟国家的进口增长了115%；[①] 在过去的20年中，中国与东盟双方贸易额扩大了45倍，从1991年的79.6亿美元，跃升到2011年的3629亿美元，年均增长率20%以上，目前中国成为东盟第一大贸易伙伴，东盟成为中国第三大贸易伙伴[②]。2012年，我国与东盟双边贸易总值为4000.9亿美元，占我国外贸总值的10.3%；我国对东盟出口2042.7亿美元，增长20.1%，东盟已成为我国对前10大贸易伙伴当中出口增速最快的一个。中国与东盟于2007年1月签署了中国—东盟自贸区《服务贸易协议》。根据协议规定开展了服务贸易方面

①② 中国自由贸易区服务网站2012年7月12日新闻．http：//fta.mofcom.gov.cn/article/ftazixun/201207/10541_ 1.html.

的税收协调以来，双边服务贸易总额从2007年的179亿美元增长至2010年的268亿美元。再以中国—新加坡自由贸易区的协调为例，据中方统计，2011年，中新双边贸易额达到634.8亿美元，同比增长11.2%；2001～2010年，双边服务贸易额增长近9倍，2011年达到171.2亿美元①。根据商务部2010年8月9日发布的《中国—瑞士自由贸易协定联合可行性研究报告》，采用静态GTAP模型模拟分析显示，预计经过第一轮关税减让、贸易区建成后，中瑞双边贸易额可增加约50%，达到近160亿美元；双边贸易额将增长49.18%，达到157.96亿美元；中国向瑞士出口将达11.5亿美元，增长28%，自瑞士进口则将达40.6亿美元，增加63%；中瑞自由贸易协定也将有利于增加中国向世界其他地区的出口；由于中国自世界其他地区进口将减少23.43亿美元，中国进口净增加额为17.17亿美元。中国自瑞士进口的增加，主要是自由贸易协定生效后，瑞士将占据其主要竞争对手，如美国、欧盟和日本等原有的部分市场份额。同时，中国自瑞士进口价格低廉的中间品将降低中国国内的生产成本，使中国向世界其他地区的出口增加4.2亿美元。瑞士向中国的出口将增加40.6亿美元，而向世界其他地区的出口将减少22.8亿美元，出口净增加17.8亿美元。

对于中国来说，参与区域国际税收协调，贸易流量的增长就意味着：①推动出口，以此拉动需求；②增加进口，不仅满足国内生产与消费需求，还有助于缓解贸易失衡；③优化进出口地区结构，更好地实现出口地区多元化的目标。

（2）贸易条件改善带来的贸易收益。20世纪50年代普雷维什和辛格提出了著名的"普雷维什—辛格命题"，即发展中国家在与发达国家进行不等价交换中，贸易条件不断恶化，与发达国家的收入差距也将不断拉大。因此，发展中国家需要联合起来，通过关税的协调、内部市场一体化，在一定程度上促使非成员国出口商品价格提高和从非成员国进口商品价格下降，从而改善发展中国家在国际经济贸易利益分配格局中的不平等地位。目前大量的实证分析已表明，对于发展中国家而言，参与区域税收协调、区域一体化确实有利于改善一国的贸易条件。我国近年来在国际贸易中的贸易条件却呈现恶化的趋势，有研

① 中国自由贸易区服务网站2012年5月31日新闻．http：//fta.mofcom.gov.cn/article/ftazixun/201206/10164_1.html.

究显示，1987～2006年中国的整体贸易条件下降22%，制成品贸易条件的下降是导致中国整体贸易条件下降的主要原因，同期制成品贸易条件下降了25%①。对于贸易条件不断恶化的中国而言，区域经济一体化无疑可以为其改善贸易条件提供机遇。

(3) 区域内关税的统一和对区域外设限使中国与来自区域内、外的外国直接投资增长。一是区域内通过关税的减让和统一及其他相配套的投资促进政策，使区域内商品和资本流动更加畅通，由此会带来中国与区域内成员国之间双向外国直接投资的增长。中国—东盟自由贸易区目前已由双边贸易为主转向双向投资快速发展，截至2012年5月底，中国与东盟国家相互投资总额已突破900亿美元②。中国与新加坡自由贸易区的税收协调也带来了双边直接投资的快速增长，截至2012年4月，新加坡在华直接投资设立企业近2万家，累计实际投资超过554亿美元；中国在新直接投资设立企业超过400家，累计直接投资74亿美元③。1997年以来，内地接收香港直接投资一直占据内地外商投资榜首，但其占内地接收外商直接投资的比重却逐年下降，从1998年的41%一度回落到2005年的30%。2005年起，《内地与香港关于建立更紧密的经贸关系的安排》协调的作用开始显现，香港对内地的直接投资迅速攀升，到2010年，投资总额达到606亿美元，占比达到57%，为历史最高点。同时，中国内地对香港的投资也迅速增加，2004年内地对香港直接投资26亿美元，2008年上升到386亿美元，增加了近14倍。2012年1～6月，我国外资实际使用资金为591亿美元，其中港商在内地的实际投资额为339亿美元，占整体57.3%，而内地对香港的直接投资额为235亿美元，占总体66.4%④。二是区域性的国际税收协调也会导致区域外国家向区域内成员国的直接投资增长。区域关税协调中实施的原产地规则因其对产品的生产成分设限而成为区域经济一

① 黄满盈，除暴安，良晓虹．中国贸易条件变化和波动情况的经验分析［J］．当代经济科学，2008(5)：50-54.

② 中国自由贸易区服务网站2012年7月12日新闻．http：//fta. mofcom. gov. cn/article/ftazixun/201207/10541_ 1. html.

③ 中国自由贸易区服务网站2012年5月31日新闻．http：//fta. mofcom. gov. cn/article/ftazixun/201206/10164_ 1. html.

④ 中金在线．http：//hkstock. cnfol. com/120717/132，2113，12790733，00. shtml.

体化的一个黑箱，它迫使区外生产商必须以直接投资进入一体化内部市场才能享受原产地规则，从而享受区域内的优惠关税。自2008年至2010年间，东盟外国直接投资最大的来源地欧盟对其直接投资从2008年的70亿美元增至2010年的170亿美元，美国对东盟的直接投资也从2008年的35亿美元增到2010年的85亿美元，日本从41亿美元增至83亿美元①。

2. 经济增长收益

经济增长理论表明，经济增长主要来自两个方面：一是资本、劳动力、土地等要素投入量的增加对经济增长的拉动作用；二是由于制度变革、技术进步等因素提高了要素使用效率、带来了更高的要素生产率，从而使得相同的要素投入能够得到更大的产出。区域国际税收协调带来的经济增长属于后者，即通过税收协调程度的提高能够改善参与国宏观经济、税收政策质量，提高本国要素使用效率，最终带来经济增长。因此，积极参与区域国际税收协调，不仅给中国带来贸易和投资的增长，而且还影响中国的要素使用效率，从而为中国经济更好更快增长创造条件。以中国商务部对中国与瑞士建立自由贸易区的经济影响分析为例，经过贸易区的关税协调后，中瑞两国国内总产出（GDP）将分别增长0.01%和0.23%。由于进口品价格下降和资源重新配置，两国福利均出现了整体增长。在同样的价格水平下，中瑞两国消费同样数量的商品将分别节省2.14亿美元和2.9亿美元。因此，中瑞FTA将提高中瑞两国的全社会福利。模拟结果显示，中瑞FTA对中瑞双方产业发展具有促进作用。与基础情景相比，中国多数产业产出出现增长。农业及食品加工部门的产出将增加0.04%，纺织服装部门的产出将增加0.12%，化工部门的产出将增加0.01%，电子部门的产出将增加0.06%，其他工矿业部门将增加0.002%。而瑞士机械部门的产出将增加1.9%，其他部门也将受益，例如纺织服装部门的产出将增加1.07%。②

3. 本国税收制度获得完善的收益

积极参与区域国际税收协调，将会使本国在参与的过程中去思考和实践：在世界范围内的国际税收协调在呈现什么样的态势？本国的税制度和税收征管

① 数据来自东盟官方网站统计．http：//www.asean.org/stat/Table27.xls.

② 数据来自商务部网站．《中国—秘鲁自由贸易协定联合可行性研究报告》和《中国—瑞士自由贸易协定联合可行性研究报告》．

要作出什么改变才能顺应区域经济一体化和世界经济贸易发展的需要？为了应对区域合作、与世界各国经济合作中的贸易摩擦，本国的税收制度需要作什么样的调整？因此，参与区域国际税收协调的过程就是一个不断完善本国税制、不断提高本国税收制度的国际协调能力的过程。近几年来随着中国参与越来越多的区域国际税收协调实践，在实践中不断发现需要从完善相关立法、应对国际税收竞争、国际避税、贸易摩擦等方面使本国的税制逐步与国际接轨，并且已经在这些方面采取相关举措：从 2009 年 1 月 1 日起实施消费型增值税，从 2009 年全面统一了内资企业和外资企业的税制；建立了反国际避税、税收情报交换方面的税收制度，还加入了很多改善税收制度方面的国际公约，如《关于简化和协调海关业务制度的国际公约》等；2010 年 12 月 20 日我国正式加入国际联合反避税信息中心（JITSIC），并已向该组织伦敦办公室派驻代表，全面参与各项工作；2012 年 5 月 23 日在西班牙马德里召开的全球税收透明度和情报交换全球论坛上，中国顺利通过了论坛对我国税收透明度和情报交换的审议；为适应新形势对国际税收管理工作提出的挑战，加强我国的国际税收管理工作；2012 年 4 月 27 日，国家税务总局首次针对加强和改进我国的国际税收管理出台了《关于加强国际税收管理体系建设的意见》。该意见提出了加强国际税收管理体系建设的目标是“国家税收主权得到维护”、“国际税收管理质量和效率明显提升”、“服务跨境纳税人的水平不断提高”、“增强在世界税收领域的影响力”。意见从明确国际税收管理工作任务、完善反避税工作机制、完善非居民税收管理机制、完善“走出去”税收服务与管理机制、完善国际税收征管协作机制、加强保障机制几方面对我国今后的国际税收体系建设提出了要求。[①] 这些都意味着我国税收制度在不断与国际接轨，也意味着我国税收制度的国际协调能力在逐步提高。相信今后随着参与区域国际税收协调的范围不断扩大、深度不断增加，会促使我国的税收国际协调能力也不断提升。

4. 国家安全收益

一些政治学家研究发现，自由贸易协定，尤其是一体化深度较高的贸易协定，已成为一种避免区域内部冲突或者对区域内进行团结的手段，从而有助于

① 中国转让定价网．http：//cntransferpricing. com/chinadetail. aspx？ id = fdac86ce - df32 - 4360 - bceb - 85a7ff513178.

区域内国家之间政治关系的改善。世界上一些主要区域合作的实例都表明，各种形式的贸易协定都与安全因素有关。1951 年成立的欧洲煤钢共同体和 1957 年成立的欧共体都是为了减少欧洲尤其法德之间的战争威胁。东盟的成立也有类似目的，是为了缓和印度尼西亚和马来西亚之间的紧张关系①。区域合作通过不断的税收协调，使区域内商品、资本、生产要素流动的障碍逐步减少，区域内贸易和投资增加，从而有助于区域成员国之间增加互信，提高区域内的国际安全。Schiff 和 Winters 认为国际贸易增加通过四个方面促进国际安全：一是贸易的增加使国家间经济依赖增强，战争的成本变得很高；二是贸易的增加促进国家之间人民、政府的联系，从而增进互信；三是稳固的贸易将会增加来自伙伴国的战略性原材料供给的安全性，减少了禁运和战争的可能性；四是贸易增加带来的信任增加，继而带来防务支出的减少，这将会带来和平红利②。因此，积极参与区域国际税收协调，会从以下几方面增进中国的国家安全：

（1）保障能源安全，为中国经济的平稳运行提供条件。在当今世界，对资源、能源、市场的争夺已经逐渐从国家间、国家与某些地区之间发展到国家与区域合作组织之间、区域合作组织之间。在所有能源构成中，石油是最具有广泛用途和最稀缺的物资，石油安全是能源安全的核心。与石油输出国建立区域经济合作关系，开展区域内的税收协调，可以挖掘和稳定本国的石油进口来源，保障本国的石油安全。美国通过区域税收协调、区域合作在全球范围内实施石油安全战略的布局清晰可见。首先通过北美自由贸易协定，锁定加拿大和墨西哥两个最主要的石油供应国，其次是争取促成美洲自由贸易区，稳定石油供给的总后方——中南美洲的石油供应，最后是自 2006 年起开启美国中东自由贸易区，争取全球储量最大的石油供应区。中国是世界上除美国之外的第二大石油消费国，而中国的石油供给大约 50% 以上依赖进口。中国石化工业联合会 8 月 3 日发布报告称，2012 年中国中东石油进口量或将超过日本。2012 年上半年，中国石油对外依存度达到 59.4%，较 2011 年又上升 2.1 个百分点。2012 年我国主要的原油进口国如表 6-7 所示：

---

① De Rose, D. A. Regional Trading Arrangement Among Developing Countries: The ASEAN Example, Research Report 103, International Food Policy Research Institute. Washington, D. C. September 1995.

② Schiff, M. and Winters, A. Regional Integration as Diplomacy, the World Bank Economic Review. 1998 (4).

表 6-7　2010 年我国主要的原油进口来源国

国家	沙特	安哥拉	伊朗	阿曼	俄罗斯	苏丹	伊拉克	哈萨克斯坦
进口比例（%）	18.6	16.5	8.9	6.6	6.4	5.3	4.7	4.2

资料来源：国家海关总署网站.

海湾合作委员会是全世界石油储量最大的区域一体化组织，其中沙特石油储量占世界石油总储量的22%，排名世界第一；科威特储量占8.5%，排世界第四；阿联酋占8.1%，排第五。2003 年，中国从海湾合作委员会六个成员国进口原油 2700 万吨，占进口原油总量的30%。2010 年，根据海关总署统计，中国前五大原油进口来源国中，海湾合作委员会成员就有两个。其中沙特排在第1 位，占中国原油总进口量的18.6%，阿曼排在第4 位，占总进口量的6.6%。通过与海湾合作委员会开展区域国际税收协调、建成自由贸易区，可以使中国以更低的成本、更稳定的渠道获得经济继续高速发展所必需的能源供给，对于稳定中国石油进口、增进中国石油安全将起到至关重要的作用。

(2) 增强与周边国家的睦邻友好关系，获得安全利益。周边国家的安全与稳定是中国国家安全最重要的内容之一。通过与周边国家签署区域性税收协定，开展以关税为主、辅之以国际避税、避免双重征税的国际税收协调，能够对各种相互矛盾、冲突的力量起到牵制作用，同时也在税收协调的过程中与周边国家进一步加强对话、理解与互信，从而为中国经济长期稳定发展创造一个良好的外部环境。通过税收方面的合作，还可以强化与周边国家在环保、反恐、疾病控制等关系到商品、资本、生产要素自由流动安全的领域的合作。

(二) 挑战

但在参与区域国际税收协调过程中，我国仍然面临一些挑战：

1. “中国威胁论”和“中国责任论”对我国参与区域国际税收协调的挑战

改革开放以来，中国经济和社会发生的巨大变化引起了国际社会的广泛关注，尤其是20 世纪 90 年代中期以来，有关“中国崛起”的著述频频问世。“中国威胁论”随之而起，近年来“中国责任论”又逐渐兴起。目前在中国面对的国际舆论环境中，占主导地位的是中国“威胁”论，中国责任论次之。

新时期的“中国威胁论”出现在冷战后，其背景是苏联威胁消失以后，中国经济、军事逐渐强大，“中国威胁论”开始在美国、日本、菲律宾等国泛滥起来。中国“威胁”论最早源于美国费城外交政策研究所亚洲项目主任芒罗首发表的一篇文章——《正在觉醒的巨龙：亚洲真正的威胁来自中国》。此后，每隔一段时期，“中国‘威胁’论”都会出现。近年来中国威胁论的内容日益扩大，更加深入到人们的日常生活，如中国计算机黑客威胁论、食品安全威胁论、环境威胁论，等等。中国“威胁”论从军事、经济、文化、生态等方面反映了国外部分学者、政界对中国强大的不合理的恐惧心理。

近年来，随着2008年北京奥运会的成功，随着在世界金融和经济危机中中国的地位相对突出，随着G2（两国集团）和Chimerica（中美国）等说法在西方媒体出现，随着上海世博会的成功举办，“中国责任论”开始兴起。“中国应成为国际社会中负责任的利益相关者”被写入了美国2006年《国家安全战略报告》，“希望中国成为全球伙伴，能够并愿意承担与其能力相称的国际责任”正式成为美国官方的对华新定位。此外，2006年9月27日发表的反映美国各界精英主流意见并可能对美国国家安全战略产生深远影响的《普林斯顿项目报告》声称，“美国的目标不应当是阻止或者遏制中国，而应当帮助它在目前的国际秩序范围内实现其合理的抱负，成为亚洲和国际政治生活中的一个负责任的利益相关者”。美国所带动的“负责任”的“利益相关者”成为国际社会谈论中国时的一个时髦用语。美国各界继续推波助澜，世界其他国家和地区纷纷跟进。美国的“中国责任论”的含义可以概括为一句话，中国正在崛起，但还不是个充分负责的国家，中国应该承担与其实力相称的责任，从而成为国际社会负责任的一员。美国对中国的责任期待内容很多。具体说，政治上加速推进政治改革，实现政治自由化和民主化；经济上开放市场，增加内需，改变中美贸易逆差关系；军事上增加军事透明度；外交上帮助解决地区安全问题及热点问题；等等。从本质来看，美国的“中国责任论”就是要以美国模式来塑造中国，并要求中国与美国合作来共同维护美国领导的国际体系。尽管这表现出美国的天定命运的傲慢，但是，与“中国威胁论”相比，中国责任论表现出美国的合作意愿和姿态。这既是一种机遇也是一种挑战，把握得好则可以乘势加强中国责任大国的形象从而促进中国的和平发展，把握不好则可能或损失自身的形象实力或超出自身能力的责任范围从而不利于中国的和平发展。①

"中国威胁论"和"中国责任论"给中国参与区域经济合作、开展国际税收协调带来了以下挑战：

（1）美国认为其霸权秩序受到挑战，对中国的遏制加剧。"中国威胁论"让美国认为以其为中心的霸权秩序正在受到中国的挑战，因而对中国加紧了"关注"，中国在做什么、中国与其他国家之间正在出现什么样的发展变化，以及这些发展变化对美国的利益产生了或可能产生什么影响，这些都是美国时刻密切关注的问题。2004～2005年，中国倡导以"10+3"为基础建设东亚峰会机制受阻就是典型的例子。2004年中国和东盟主张东亚峰会机制以"10+3"为基础建设，不必增加新的区外成员国家。就在这一框架刚刚敲定时，2004年12月，美国国务院政策计划负责人米歇尔就发表演说认为"美国在东亚拥有权益"，但亚洲正在"构筑一个试图将美国排除在外进行对话的机构以及新的合作"。因为在美国看来，东亚峰会如果仅包括13个成员国，就增大了东亚地区合作的地区封闭性，就会沦为一个以中国为主导的区域合作。因此，东亚峰会遭到了美国的强烈反对和回击，而周边国家也在美国的鼓吹下担心中国掌握东亚合作的主导权，也乐于争取美国支持共同向中国施压，最终东亚峰会机制以接纳美国的亲密盟友澳、新、印三国收场。

美国与亚洲各国的经济联系极为密切，其自身也在通过双边自由贸易协定不断向亚洲渗透，中国的不少区域合作伙伴例如韩国、日本、新加坡、澳大利亚、印度等都深受美国影响，中国开展区域合作的任何举动一旦挑战了美国的霸权或冲击到周边国家的核心利益，就会受到美国及其挑动的周边国家的共同遏制。缺少美国的支持，可能会使中国即将参与和已经参与的区域国际税收协调进程和成果大打折扣。

（2）中国的合作伙伴对中国担忧，影响到区域国际税收协调的进程。目前成为中国区域合作伙伴的亚洲国家，尤其是东盟国家由于在历史领土及意识形态上与中国存在着利益冲突，"中国威胁论"在以美国为首的几个西方大国

① 金灿荣．从"中国威胁论"到"中国责任论"．观点中国网．http：//opinion. china. com. cn/opinion_25_ 1625. html.

推波助澜下在亚洲进一步扩散，使中国的合作伙伴对中国产生担忧甚至敌意，从而成为影响中国开展区域税收协调中不和谐的声音。这种担忧主要体现在这样几个方面：①中国经济的发展将加剧亚洲发展中国家之间对国际市场和国际资金的争夺，再加上中国实施的对外国直接投资的优惠政策，将直接影响到东南亚和南亚国家对外国直接投资的吸引。②中国通过利用其低廉的劳动成本和高科技的引进，不仅使自身吸引外资的能力日益提高，也必然会造成中国贸易顺差的不断扩大，从而抢夺了其他国家的就业机会，损害了他们的工业基础。东盟也一度认为自己在和中国的贸易中处于逆差状态，并耿耿于怀。③中国的崛起将使中国所代表的意识形态渗透和影响到其他国家的意识形态。美国哈佛大学教授亨廷顿那篇《文明的冲突与世界秩序的重建》，断言儒教文明与伊斯兰教文明的结合将是西方文明的天敌，并且在新加坡、马来西亚等多个东盟国家进行演讲，宣扬中国将崛起成为新的强权，亚洲将只能在“均势但冲突不断”与“和平但接受中国新强权的领导”之间作出选择。这一论调引起了东盟国家对中国意识形态方面的普遍担忧。④中国经济的发展将使其有足够的实力发展军事力量，从而对周边及西方世界构成军事威胁。东盟一些国家成员一直担心中国的军事现代化会威胁到他们的国家安全。早在 1995 年，菲律宾前总统拉莫斯就对外宣称，“中国是东亚地区头号威胁”。从 2010 年起东南亚多国与中国在南海的争端升高，更促使这些国家合作对抗军力不断增长的中国。日本、韩国以及东盟各国对中国纷纷采取更加防范的态度，并主动转向美国，寻求保护。美国也顺势加强了与这些亚洲盟友的军事互动与同盟关系。⑤人口众多的中国在继续发展过程中需要消耗各种各样的资源，这将同其他国家发生抢占国际资源的冲突和对环境造成污染。东盟国家既欢迎外资，又担心来自中国的直接投资只对自己的资源感兴趣，会造成对自身资源的过度开发，不利于东盟经济的可持续发展。

这些担忧在今后很长一段时间内都将一直存在，并且会反映到这些合作伙伴的税收政策和其他贸易投资便利化措施的实施当中，例如，为了保护本国的产业减缓关税减让的进度，为了抗衡中国对外资的吸引而加大实施自身吸引外资的税收优惠政策等。

2. 中国参与的多边区域税收协调中主导权面临两难选择

从区域国际税收协调的运行来看，税收协调程度较高的区域之所以获得成功，如欧盟、北美自由贸易区，很重要的一个原因是区域内都有一个或几个实力强大的国家作为区域性组织的核心，掌握区域经济合作与国际税收协调的主导权。其职能在于有效地承担区域组织内外部的重大职责，协调成员国之间税收利益分配和稳定区域内部的一体化成果。美国毫无疑问在北美区域税收协调中担当了核心力量的角色，而"法德轴心"则是牵引欧盟税收协调的火车头。但目前中国参与的多边区域税收协调——中国—东盟自由贸易区内尚缺乏一个有能力，并且不会引起区域内外反对的成员国担任核心力量。没有核心力量的区域税收协调是难以深化的。核心力量的缺乏降低了区域成员国的凝聚力，不仅使一个区域的税收协调缺乏长远的、全局性的安排，也使区域难以应对协调过程中出现的困难和危机。在 1997 年亚洲金融危机中，东盟各国出于自身利益的考虑，各自竞相贬值本国货币而全然不顾整体利益，直接导致了危机在相邻国家中的迅速蔓延，加剧了危机的破坏程度，使东盟各国损失惨重，东盟各国因缺乏核心力量及共同应对危机的机制弊端暴露无遗。

尽管早在商谈建立中国—东盟自由贸易区之时，中国就明确表态充分考虑东盟的利益，完全同意保留东盟的核心地位；在随后的自由贸易区启动与建设过程中，中国也多次在公开场合重申，支持东盟在东亚经济一体化中的主导地位，希望东盟继续发挥主导作用。但由于东盟各国均属于经济小国，任何一国的经济实力都无法与中国相抗衡，中国—东盟自由贸易区主导权的归属始终还是一个困扰东盟各国的问题。随着中国实力的进一步增强，这一问题在被不断放大，变得敏感而棘手。

中国目前还不适合担当这样的核心力量。一方面是在多边协调中合作伙伴对中国的疑虑重重，中国一旦显露出要主导区域税收协调，必然会遭到东盟各国联合反对。另一方面美国尽管赋予中国"责任大国"其实反映了美国的利益需求。美国的利益在于通过转移责任降低其霸权成本，从而更长久地维持其霸权周期。而且，美国对其霸权地位以及中国实力的增长非常敏感，当它看到中国在亚洲真的树立起主导权、有可能威胁其在全球的霸权时，它就会发动一切力量进行遏制。再从中国自身情况来看，中国作为一个体系大国来说还非常虚弱，还不具备足够的经济实力通过某种程度的让渡自身利益承担起东南亚地区稳定与发展的主要责任。[①] 中国GDP世界第二、外汇储备世界第一很大程度上只是个数字游戏，而不能真正反映中国与其他强国的实力对比。以外汇储备为例，西方国家普遍实施"藏汇于民、藏汇于物"，而中国实施强制性结汇的金融制度，企业在海外赚的大部分外汇得卖给中国银行，国家定期公布外汇储备金额。中国强壮自身实力的国内责任大于分担区域合作运行成本的国际责任。如果陶醉于美国送给中国的"责任大国"的荣誉光环，过早过多地承担中国目前实力所不济的责任，势必影响中国的长远发展。

3. 进一步推进多边区域税收协调面临的难度

目前中国在已参与的和正在谈判的多边区域税收协调中都面临着各种阻碍，使中国推进多边区域税收协调进展不很顺利。中国目前参与的最重要的区域税收协调是中国—东盟自由贸易区的协调，但要进一步推进该区域的国际税收协调却存在很多难点，这在第四章中已经作了分析。

再来看中国目前正在谈判的一个多边协调——中国与海湾合作委员会的自由贸易区的国际税收协调。中东是中国最大的石油进口来源地，与海湾合作委员会开展国际税收协调对于保障中国的能源安全意义重大。中国与海湾合作委员会的自由贸易区谈判于2004年7月启动，迄今为止已经举行4轮自由贸易区谈判，仅在货物贸易谈判的原产地规则、技术性贸易壁垒、卫生和植物卫生措施、经济技术合作和自由贸易协定案文等议题广泛交换了意见，服务贸易谈判尚未正式开始。与海湾合作委员会的税收协调进程缓慢受到了这样一些因素的干扰：

（1）其他大国在中东地区的角逐对中—海经贸关系形成替代。卡塔尔国家银行（QNB）近日发布的报告显示，海湾合作委员会（海湾合作委员会）成员国沙特、阿联酋、卡塔尔、科威特、阿曼、巴林六国2011年的综合贸易收支总额达到约5200亿美元，位列世界第1位。[②] 不论是传统的发达国家，还是新兴发展中国家，都试图与海湾合作委员会建立自由贸易区，从而吸引海湾合作委员会基金的投融资以及加强同海湾合作委员会国家的经贸合作。在最

---

① 金灿荣．从"中国威胁论"到"中国责任论"．观点中国网．http：//opinion. china. com. cn/opinion_25_ 1625. html.

② 2012年4月28日中国日报财经频道网站新闻．http：//www. chinadaily. com. cn/hqcj/gjcj/2012-04-06/content_ 5623856. html.

近10年内，海湾合作委员会国家与中国的贸易在总量中所占比例也已经从4%增长到了10%。日本是海湾地区近几十年来最大的贸易伙伴。2010年，海湾合作委员会国家对日本出口占总出口的16%，日本对该地区出口占海湾合作委员会全部进口的6%。韩国也一直是海湾国家主要贸易伙伴之一，进出口额分别占总量的10%和4%。2010年欧盟和美国共占据海湾合作委员会国家贸易总量的1/5。但无论从进口还是出口来说，印度都是海湾合作委员会国家2006~2010年增长最快的贸易伙伴，年增幅分别高达27%和55%。各发达国家与海湾合作委员会加强联系，在政治上对其加深影响；而各发展中国家陆续开启与海湾合作委员会自由贸易区谈判，其产品优势与中国形成竞争，这些都对中—海经贸关系形成替代。

（2）美国的干预。美国在中东地区的利益一方面是能源，还有一方面为了反恐。自从美国2003年5月提出构建中东自由贸易区计划并逐步实施以来，分别与巴拿马、阿曼建成了自由贸易区。中—海自由贸易区以及双边经贸关系的加强完全不符合美国的战略利益。因此美国对中—海合作经常干预，这成为中—海自由贸易区建成的最大阻碍。

4. 面临进入世界区域税收协调的后发劣势

进入20世纪90年代后，世界政治经济发展的一个突出特征就是大国之间的竞争越来越演变为区域经济合作组织之间的竞争①。区域国际税收协调对成员国有多种收益，但其中很多收益是以非成员国的损失为代价的。因此，区域经济一体化组织规模越大，被排除在外的非成员国损失也就越大。

尽管中国作为参与区域国际税收协调的后来者，正在大力推动自由贸易区建设、开展关税协调，但面临着美国、日本等贸易伙伴强势的FTA拓展及税收协调使我国面临着后发劣势，具体表现在以下几个方面：

（1）在布局方面的后发劣势。大国在选择区域税收协调伙伴方面除了扩大贸易的因素之外，越来越考虑能源安全方面的因素。美国较早地意识到通过区域税收协调、区域经济合作来保障国家石油安全，迅速启动了全球范围内与石油大国之间的区域税收协调，目前已基本完成了石油安全的全球战略布局。

① 罗伯特·吉尔平等著．全球政治经济学——解读国际经济秩序［M］．杨宇光等译．上海：上海人民出版社，2006：324.

日本在自由贸易区战略启动之时就充分考虑到将能源安全作为自由贸易区战略的重要目标。而中国在这方面的战略布局尚处于起步阶段。由于起步晚，面临着与美国、日本竞争石油资源的现状。中国在东南亚地区的石油天然气贸易受到来自美国、日本的激烈竞争。而美国已经占据了全球主要石油输出国和地区，中国很难与这些国家达成自由贸易协定；另外没有与美国达成自由贸易协定的石油出口国或地区大多是与美国不友好的国家，中国与这些国家达成自由贸易协定意味着公然与美国对抗，对维系中美友好关系不利。因此中国石油安全的区域税收协调布局面临困境。

（2）制定标准方面的后发劣势。如果中国的贸易伙伴与其他国家开展区域税收协调、组建自由贸易区，他们会根据自身的需要制定相应的标准。不论中国加入该区域的税收协调，还是跟其中的国家开展新的区域税收协调，都要根据已存在的标准进行调整，意味着中国在此标准制定过程中已失去先机。

（3）在市场进入方面的后发劣势。如果贸易伙伴与竞争对手组建自由贸易区、开展关税协调，意味着竞争对手的商品和企业可获得竞争优势，从而抢占贸易伙伴的市场，对我国产生贸易转移和投资转移的损失。至于这种损失的大小则取决于多种因素，成员国的多少和大小，税收协调的类型、区域内关税减让的幅度和进度等。

第三节　案例分析：以中国—东盟自由贸易区国际税收协调为例

中国—东盟自由贸易区是指在中国与东盟 10 国之间构建的自由贸易区。达成贸易区构想的时间是 2002 年 11 月 4 日，中国与东盟 10 国签署了《中华人民共和国与东盟全面经济合作框架协议》。建成贸易区的时间表为：中国与东盟 6 个原成员国（文莱、印度尼西亚、马来西亚、菲律宾、新加坡和泰国）于 2010 年建立自由贸易区，与东盟 4 个新成员国（柬埔寨、老挝、缅甸、越南）于 2015 年建成自由贸易区。

过去近 10 年中贸易区在经济合作方面采取的主要措施是：逐步取消所有

货物贸易的关税与非关税壁垒；逐步实现涵盖众多部门的服务贸易自由化；建立开放和竞争的投资机制，促进区域内的投资；对东盟新成员提供特殊和差别待遇；在中国—东盟自由贸易区谈判中，各缔约方提供灵活性，以解决它们各自在货物、服务和投资方面的敏感领域问题；建立适当的机制以有效地执行以上协议。在国际税收协调方面，中国—东盟自由贸易区起步较晚，目前还主要处于关税协调为主的阶段，制定了区域内部分关税减让时间表，最终目标是在2015年区域内所有成员国间大多数正常商品关税降为零，目前各项减让项目正在按期实现中。迄今为止，中国—东盟自由贸易区尚未在区域层面展开间接税和直接税的协调，而是通过成员国间签订一些双边税收协定来对重复征税和逃避税问题进行了协调。

笔者用第四章提出的区域经济一体化进程中国际税收协调的主要影响因素对该区域税收协调的可行性进行如下分析（在以下分析中，设定最高的可行性评级为★★★★★）：

一、经济因素分析

中国—东盟自由贸易区内国际税收协调的经济可行性评级为★★☆，具体分析如下。

（一）区域经济合作的目标与一体化程度

中国—东盟自由贸易区经济合作的目标是：加强和增进各缔约方之间的经济、贸易和投资合作；促进货物和服务贸易，逐步实现货物和服务贸易自由化，并创造透明、自由和便利的投资机制；为缔约方之间开展更紧密的经济合作开辟新领域，制定适当措施；为东盟新成员国更有效地参与经济一体化提供便利，缩小各缔约方发展水平的差距。相比欧盟的合作目标（协调各成员国的经济发展行动，保持经济扩张的稳定和平衡，通过经济一体化最终实现政治一体化），中国东盟自由贸易区的经济合作目标定位要低得多。

与欧盟这样历经数十年、一体化水平较高的区域经济一体化组织相比，中国—东盟自由贸易区还处于较为初级的区域经济一体化起步阶段。总的说来，中国—东盟自由贸易区起步晚，起点低，其目标定位和目前的一体化程度就决定了区域合作的核心内容是贸易优惠安排，而且内容涵盖面也较窄，仅限于“早期收获计划”的商品，因此税收协调也就主要局限于这些商品的关税协调。

（二）区域成员国经济发展水平差异

从 GDP 总量来看，东盟 10 国内 GDP 总量最高的是印度尼西亚，其次是泰国，最低的是老挝，其次是柬埔寨，2011 年印度尼西亚与老挝的 GDP 总量相差 103 倍。再看人均 GDP ，最高的是新加坡（2008 年 38942. 9 美元，2011 年 50129. 9 美元），最低的是缅甸，两者 2008 年相差 108 倍、2011 年相差 57 倍，而欧盟和北美自由贸易区的成员国人均 GDP 最大差距分别是 16 倍和 30 倍。中国—东盟自由贸易区各国的主要经济指标见表 6-8。

表 6-8　中国—东盟自由贸易区内各国主要经济指标

国家	GDP 总量（百万美元）		人均 GDP（美元）		经济增长率（%）	
	2008 年	2011 年	2008 年	2011 年	2008 年	2011 年
文莱	14450. 6	16359. 6	36308. 0	38702. 5	-1. 9	2. 1
柬埔寨	11073. 4	12766. 2	755. 6	879. 1	6. 0	6. 0
印度尼西亚	513032. 3	846821. 3	2245. 0	3563. 0	6. 0	6. 5
老挝	5340. 8	8163. 3	926. 8	1278. 5	8. 4	7. 7
马来西亚	222057. 2	287922. 8	8008. 2	9940. 6	4. 6	5. 2
缅甸	21160. 8	52841. 5	361. 7	875. 1	4. 5	5. 8
菲律宾	166768. 9	224337. 4	1843. 6	2340. 9	3. 6	3. 7
新加坡	188460. 2	259858. 4	38942. 9	50129. 9	1. 4	4. 8
泰　国	272288. 8	345810. 8	4103. 2	5115. 8	2. 5	1. 7
越南	90515. 1	123266. 9	1050. 5	1403. 3	6. 3	5. 9
东盟十国	1505648. 1	2178148. 1	2580. 3	3601. 4	4. 4	4. 9
中国	4300000. 0	7298097. 0	5542. 0	5432. 0	9. 0	9. 3

资料来源：International Monetary Fund World Economic Outlook（IMF WEO）Database 与东盟官方网站 http：//www. asean. org/component/zoo/item/macroeconomic-indicators 公布数据 .

再来看区内各国的产业结构，从表 6-9 中可以发现，中国的产业结构与马来西亚、印度尼西亚、泰国比较相似。东盟国家较早就开始调整产业结构，其中新加坡第三产业在 GDP 中所占比重最大，泰国、老挝、越南三国第一产业在 GDP 中所占的比重迅速下降。相比之下，中国的第一、二产业收缩较为

缓慢，截至2011年，第二产业仍占GDP近一半。

表6-9　1990～2011年中国与东盟国家国内生产总值的三次产业构成

单位:%

国家	产业	1990年	1995年	2000年	2005年	2011年
中国	农业	26.9	19.8	14.8	12.5	10.1
	工业	41.3	47.2	45.9	47.5	46.8
	服务业	31.8	33.1	39.3	39.9	43.1
印度尼西亚	农业	19.41	17.14	15.6	13.07	14.7
	工业	39.12	41.80	45.93	46.77	47.2
	服务业	41.47	41.06	38.47	40.16	38.1
泰国	农业	12.50	9.51	9.02	10.18	10.9
	工业	37.22	40.75	41.99	44.09	40.1
	服务业	50.28	49.75	48.99	45.72	49.0
菲律宾	农业	21.90	21.63	15.76	14.35	12.8
	工业	34.47	32.06	32.27	31.91	31.5
	服务业	43.62	46.31	51.97	53.75	55.7
新加坡	农业	0.34	0.16	0.12	0.09	0.0
	工业	32.28	33.46	33.46	32.22	26.6
	服务业	66.26	67.59	66.42	67.69	73.4
马来西亚	农业	15.22	12.95	8.60	8.35	12.0
	工业	42.2	41.4	48.32	49.73	40.7
	服务业	44.19	47.88	46.30	44.03	47.3
文莱	农业	1.0	1.2	1.0	0.9	0.6
	工业	61.6	54.3	63.7	71.6	71.7
	服务业	37.5	44.6	35.3	27.5	27.7
越南	农业	38.74	27.18	24.53	20.97	22.0
	工业	22.67	28.76	36.73	41.02	40.3
	服务业	38.59	44.06	38.73	38.01	37.7
柬埔寨	农业	55.64	47.75	35.95	30.78	36.7
	工业	11.15	14.26	21.85	25.05	23.5
	服务业	33.21	34.18	37.13	38.93	39.8

续表

国家	产业	1990 年	1995 年	2000 年	2005 年	2011 年
老挝	农业	61.23	55.02	52.55	44.82	30.3
	工业	14.51	19.02	22.90	29.47	27.7
	服务业	24.27	25.96	24.55	25.72	42
缅甸	农业	57.26	59.99	57.24	48.35	36.4
	工业	10.54	9.87	9.69	16.21	26
	服务业	32.2	30.14	33.07	35.44	37.6

资料来源：亚洲开发银行官方网站统计：http：//www.adb.org/publications/key-indicators-asia-and-pacific-2012？ref=data/publications.

以上指标综合说明，中国—东盟自由贸易区内成员国之间经济水平差距较大，大致可以划分为四个层次：第一层次：新加坡；第二层次：马来西亚、泰国、中国；第三层次：菲律宾、印度尼西亚；第四层次：越南、老挝、柬埔寨和缅甸。各区域成员国较大的经济发展水平差距，使成员国对市场开放的承受力各不相同，在产业保护性的关税政策上不容易达成一致。另外除了关税之外，若要开展间接税和直接税的协调，各成员国经济发展水平以及产业结构的差距也会使各国的税收政策倚重不同而难以找到协调的平衡点。

（三）区域成员国之间的经济依存度

1. 区域内部贸易比重

从表6-10可以看出，自1990年以来，东盟进出口贸易总额中区域内部的贸易比重有所上升，进出口额分别从1990年的16%和20%上升到2011年的23%和26%左右，说明区域内部贸易依赖性有所增强。欧盟1990年区域内出口和进口的比重分别为64.9%和63.0%；2008年，北美自由贸易区内美、加、墨三国间的贸易总额达10187亿美元，比2006年增加了64%。2011年东盟区域内贸易总额为598.2亿美元，占总贸易额比重25%，区域外贸易总额达1790.3亿美元，占总贸易额比重75%[①]。相比之下东盟自由贸易区区域内

① 数据来自东盟官网网站统计：http：//www.asean.org/images/2013/resources/statistics/external_ trade/table18.xls.

部贸易比重较低，也就意味着区域内贸易依存度较低。

表 6-10 东盟区域内、外进出口贸易比重

单位：10 亿美元/%

年份	进口			出口		
	东盟内贸易额/比重	东盟以外其他地区贸易额/比重	世界贸易额/比重	东盟内贸易额/比重	东盟以外其他地区贸易额/比重	世界贸易额/比重
1990	26/16	136/84	162/100	29/20.1	115/79.9	144/100
2000	89/23.5	291/76.5	381/100	104/24.1	328/75.9	432/100
2011	271/23.6	875/76.4	1146/100	327/26.4	915/73.6	1242/100

资料来源：WTO 官方网站数据：http://stat.wto.org/CountryProfile/WSDBCountryPFHome.aspx?Language=E，东盟官方网站数据：http://www.asean.org/images/2013/resources/statistics/external_trade/table18.xls.

2. 区域内产业贸易指数

有实证研究表明，整体而言，1999~2007 年东盟自由贸易区的产业内贸易与产业间贸易分别增长了 75% 和 18%，这表明，同期区内贸易增长（比例为 94%）中有近 80% 来源于成员国之间产业内贸易的贡献。① 中国与东盟之间的产业内贸易指数呈现出稳步增加的趋势（见表 6-11），说明它们之间的产业内分工不断加强与深化。

表 6-11 中国—东盟自由贸易区产业内贸易指数

年份	1998	1999	2000	2001	2002	2003	2004	2005	2006	2007	均值	斜率
指数	0.56	0.58	0.62	0.66	0.67	0.68	0.66	0.71	0.67	0.64	0.65	0.01

资料来源：余振．东亚区域贸易安排：福利效应与中国的参与战略．北京：科学出版社，2010.

3. 中国—东盟贸易互补性与竞争性

从表 6-12“中国作为出口方、东盟作为进口方的贸易互补指数”可以看

① 陈雯．试析东盟 5 国区域贸易合作的局限性［J］．国际贸易问题，2003（3）：15-19.

出，在1998年至2007年，中国出口与东盟进口整体互补指数均小于1，平均互补性指数为0.92，表明中国出口与东盟进口整体呈弱互补性，更多表现为竞争关系。在分类的商品中，按原料分类的制成品（产品6）、机械和运输设备（产品7）和杂项制品（产品8）呈较强的互补关系，而其他产品的互补关系偏弱，主要表现为竞争关系。再来看东盟出口与中国进口的整体互补指数从1998年的0.95增加至2007年的1.01。在此期间，东盟出口与中国进口的整体互补指数平均为1.02，表明东盟出口与中国进口整体上呈互补关系，并出现了逐步增强的趋势。但是在分类商品中，产品2、4、7呈补互关系，而其他产品的互补关系偏弱，主要表现为竞争关系。

表6-12　中国—东盟贸易显性比较优势指数（RCA）和贸易互补性指数（TCL）

年份＼产品	0	1	2	3	4	5	6	7	8	9	整体
中国—东贸易显性比较优势指数（RCA）											
1998	0.96	0.64	0.91	1.45	4.64	0.45	0.56	1.20	0.88	1.53	
2000	0.95	0.50	0.89	0.96	4.56	0.55	0.60	1.29	0.94	0.59	
2005	0.90	0.50	1.05	1.05	5.22	0.71	0.59	1.25	0.89	0.65	
2007	0.94	0.54	1.11	1.13	6.11	0.72	0.62	1.14	0.88	1.20	
中国作为出口方、东盟作为进口方的贸易互补指数											
1998	0.64	0.34	0.48	0.63	0.17	0.50	0.96	0.84	1.60	0.00	0.86
2000	0.64	0.21	0.53	0.33	0.09	0.50	1.03	1.03	1.05	0.03	0.91
2005	0.40	0.11	0.24	0.24	0.06	0.36	1.09	1.50	1.12	0.04	0.96
2007	0.38	0.08	0.15	0.20	0.04	0.38	1.12	1.46	1.13	0.04	0.93
东盟作为出口方、中国作为进口方的贸易互补指数											
1998	0.40	0.08	2.06	1.25	9.28	0.66	0.82	1.16	0.40	0.29	0.95
2000	0.37	0.09	2.54	0.86	6.33	0.80	0.82	1.27	0.43	0.13	0.99
2005	0.24	0.07	3.48	0.81	7.03	0.78	0.58	1.03	0.69	0.07	1.01
2007	0.69	0.14	2.09	2.57	3.17	0.60	0.62	0.92	0.61	0.13	1.01

注：表中产品代号分别表示以下产品：0—食品和活动物；1—饲料和烟草；2—非食用原料（燃料除外）；3—矿物燃料、润滑油和相关原料；4—动植物油、脂及蜡；5—化学和相关产品；6—按原料分类的制成品；7—机械和运输设备；8—杂项制品；9—未分类的商品。

资料来源：余振．东亚区域贸易安排：福利效应与中国的参与战略．北京：科学出版社，2010.

4. 区域内直接投资的比重

2008 年北美自由贸易区的区域内 FDI 流入占其总 FDI 流入的 23.9%；欧盟在 1998 年区域内 FDI 占其 FDI 总量的比重按流入量计为 52%，按流出量计为 40%。相比之下，东盟区域内各成员的来自区域外的 FDI 流入显著高于区域内，以 2011 年为例，东盟原五个成员国来自区域外的 FDI 占 76.6%，区域内仅占 23.4%，几个新成员国则有高达 81.2% 的 FDI 来自区域外，区域内仅占 18.8%；10 个成员国中有 6 个国家来自区域外的 FDI 占总 FDI 流入比重超过或接近 80%（见表 6-13）。这主要是受自身狭小的内部市场所限，以及东盟对区域外资金、技术、先进管理经验等生产要素的迫切需要。

表 6-13　2008～2011 年东盟各国 FDI 区域内、外流入情况

国家	2008 年（百万美元）		2009 年（百万美元）		2011 年（百万美元）		2011 年区域内、外流入比重（%）		
	区域内流入	区域外流入	区域内流入	区域外流入	区域内流入	区域外流入	区域内流入	区域外流入	总流入比重
文莱	0.9	238.3	3.2	366.5	67.5	1140.8	5.6	94.4	100.0
柬埔寨	240.9	574.3	174.0	365.1	223.8	667.9	25.1	74.9	100.0
印度尼西亚	3398.0	5920.1	1380.1	3496.7	8338.1	10903.5	43.3	56.7	100.0
老挝	47.7	180.1	57.3	261.3	54.0	246.8	17.9	82.1	100.0
马来西亚	1645.5	5602.9	269.7	1650.7	2664.3	9336.6	22.2	77.8	100.0
缅甸	103.5	872.1	67.8	895.5	171.7	278.5	38.1	61.9	100.0
菲律宾	139.9	1404.1	4.9	1967.9	107.0	1369.0	-8.5	108.5	100.0
新加坡	659.5	7929.4	2108.3	13170.7	13213.4	50783.8	20.2	79.4	100.0
泰国	508.4	8031.0	1326.0	3649.6	317.1	7461.0	4.1	95.9	100.0
越南	2705.0	6874.0	428.7	7171.3	1499.4	5930.6	20.2	79.8	100.0
总计	9449.3	37626.3	5270.7	32995.3	26270.6	87840.0	23.0	77	100.0
ASEAN 5	6351.3	28887.6	4539.7	23935.6	24426.0	79853.8	23.4	76.6	100.0
BLCMV	3098.0	8738.7	731.0	9059.7	1844.6	7986.2	18.8	81.2	100.0

注：ASEAN 5 表示东盟原五个成员国（印度尼西亚、马来西亚、菲律宾、新加坡和泰国）；BLCMV 表示后加入的五个成员国（文莱、柬埔寨、老挝、越南、缅甸）。

资料来源：东盟官方网站：http：//www. asean. org/images/2013/resources/statistics/Foreign% 20Direct% 20Investment% 20Statistics_ /Table% 2025. xls.

二、技术因素分析

中国—东盟自由贸易区内国际税收协调的技术可行性评级为★☆，具体分析如下。

（一）区域成员国的税制差异

1. 税制结构的差异较大，可分为三个层次

东盟国家大都以税收为主要的财政收入来源，税制结构基本相似，大多数国家都以所得税和流转税为主体的税制结构。区域各国而且也遵循了这样一个税制结构规律：经济发展水平较高的国家，其直接税在税收收入中的比例就较高。东盟各国按税制结构的差异大致可以分为三个层次：工业化国家、新兴工业化国家和后发展国家。间接税比例最高的是柬埔寨（2003 年为 87.3%，其中关税占税收收入的 33.5%，增值税占 32.7%），其次是老挝（71.4%）和中国（65.56%）。直接税比例最高的是文莱（96.7%），其次是新加坡（66%）。与东盟各国相比，中国的直接税比例较低，间接税比例较高，税制结构层次与越南、老挝等几个后发展国家相当（见表6-14）。税制结构主要服务于各国的宏观经济政策，各成员国间较大的税制差异将意味着在区域内较难形成统一的间接税、直接税协调政策。

表 6-14　中国与东盟国家直接税与间接税的比例

国家	直接税比例/年份	间接税比例/年份	税制层次
中国	34.44/2007	65.56/2007	与后发展国家接近
文莱	96.7/2004	3.3/2004	工业化国家：这两个国家都以直接税为主，都有开征增值税，但财政收入丰厚
新加坡	66/2005	34/2005	
马来西亚	65.6/2004	34.4/2004	新兴工业化国家：这几个国家从 20 世纪 80 年代末以来出口导向型经济发展迅速，所得税所占比重较高
印度尼西亚	55.29/2001	44.71/2001	
泰国	55.27/2004	44.73/2004	
菲律宾	45.73/2001	54.27/2001	后发展国家：菲律宾、越南、老挝、柬埔寨和缅甸，由于经济发展起步晚，以及实施吸引外资税收优惠政策，所得税收入普遍较低
越南	34.6/2005	65.4/2005	
缅甸	34.52/2000	65.48/2000	
老挝	28.6/2001	71.4/2001	
柬埔寨	12.7/2003	87.3/2003	

资料来源：凌荣安，古炳玮．中国与东盟各国税制改革及趋势比较．宏观经济研究，2009（6）：75.

宏观税负水平较为接近。尽管中国与东盟各国在资源禀赋、经济发展水平等方面差异较大，但总体上多属发展中国家，宏观税负水平都不高、较为接近。东盟各国税收占 GDP 的比重平均约为 15%，其中最高的是新加坡 20.7%，最低的是老挝 12.5%，我国根据《中国统计年鉴》统计数据，2003～2007 年各年度税收收入占 GDP 的比重分别为 17.07%、17.66%、15.72%、16.62%和18.14%，与东盟各国大体相当。

2. 间接税和直接税的税种、税率和征税原则的差异较大

（1）税种的差异。中国和东盟各国都是复合税制，除文莱以外的国家基本建立了以增值税和消费税为中心的间接税、以个人和公司所得税为主的直接税两者相结合的现代税制。但各国税种设置差异较大，一些国家设置了特定税种。即使是同一税种，其性质、税率、征收范围和减免细则也不一样。东盟多数国家的税种在 10 个左右，文莱、柬埔寨最少（3～4 个），最多的印度尼西亚也只有 17 个税种。相对而言，中国的税种最多、结构最为复杂。总体上，中国与大部分东盟国家仍然属于低收入国家，采取以间接税为主的税制结构，流转税收入在税收收入中比重较大。在开征增值税的国家中，增值税都是第一大税种，只有文莱未开征商品税或销售税。东盟各国有 8 个国家开征了公司所得税，6 个国家开征了个人所得税，柬埔寨则开征了工资税。从所得税税种来看，中国、新加坡、马来西亚、文莱、泰国的公司所得税实行单一税率，个人所得税方面，中国、缅甸实行分类所得税，其他国家是综合所得税制，越南、老挝、缅甸等国家对国内居民和非居民适用不同的税率。中国与东盟国家主要税种见表 6-15。

表 6-15　中国与东盟国家主要税种

国家	主要税种
中国	增值税、消费税、营业税、企业所得税、个人所得税、资源税、城镇土地使用税、土地增值税、房产税、城市维护建设税、车辆购置税、车船税、印花税、关税
文莱	公司所得税、关税、执照税
新加坡	公司所得税、个人所得税、关税和消费税、资产税、博彩税、商品和劳务税
马来西亚	关税、公司所得税、个人所得税、销售税、特别服务消费税
印度尼西亚	公司所得税、个人所得税、增值税、奢侈品销售税

续表

国家	主要税种
泰国	增值税、公司所得税、个人所得税、石油及天然气所得税、特别商业税
菲律宾	公司所得税、个人所得税、增值税、遗产和赠与税
越南	增值税、公司所得税、关税、特别销售税
缅甸	商业税、公司所得税、个人所得税
老挝	营业税、消费税、收益税、关税、所得税
柬埔寨	关税、增值税、受益税、消费税、工资税、营业税

资料来源：凌荣安，古炳玮．中国与东盟各国税制改革及趋势比较．宏观经济研究，2009（6）：75.

（2）间接税的差异。在间接税上，中国和东盟的多数国家都建立了以增值税和消费税为主的流转税体系，因此，以下主要对增值税和消费税进行比较。

第一，增值税。20 世纪 80 年代以来，中国和东盟各国（文莱除外）都纷纷引入了增值税或相当于增值税的税种，但各国又存在较大差异。首先是税基的确定方式不同。印度尼西亚实行的是生产型增值税，其他各国推行的则是消费型增值税。在课税范围上，中国的增值税是以在中国境内销售货物和提供加工、修理修配劳务以及进口货物为征税范围，课税范围较窄；而东盟大部分国家都将增值税扩大到货物销售和劳务服务经营方面。

第二，消费税。消费税也是中国和东盟国家普遍开征的一个税种，它往往以某些消费品和奢侈品作为课税对象，且总体税率都比较高，但各国消费税也存在较大差异。首先是征税范围上的不同。例如，中国消费税的征税范围包括烟、酒及酒精、化妆品、贵重首饰及珠宝玉石等 14 类商品；马来西亚消费税的征税范围也主要是对烟草、酒及酒精、汽车、货车、摩托车等国内生产的商品和进口的商品征税；老挝消费税的征税范围主要有汽油、酒、汽水及其他饮料、成品烟、雪茄烟、香水及化妆品等。其次是税率上的差异。总体上，中国与东盟各国消费税的税率都较高，但各有高下：马来西亚消费税的最高边际税率达 100%，印度尼西亚是 75%，中国为 56%。

（3）所得税的差异。适应世界所得税发展的趋势，中国和东盟各国普遍

开征了所得税，并且出现了企业所得税税率明显下降和各国所得税在税制结构中地位的明显上升和趋同之势。但就具体税制而言，中国和东盟的差异也很大。

第一，企业所得税的税率差异不大，但税收优惠政策差异较大。中国和东盟各国企业所得税税率较为接近，在企业所得税扣除项目和具体标准上的差异较大，另外就是各国采取了差别较大的税收优惠政策：一方面是逐步降低公司所得税税率，从20世纪90年代以来，东盟各国的公司所得税税率平均下降了40%左右；另一方面是充分采取税收优惠政策来吸引外资。东盟各国出于对国际资本和先进技术的迫切需要，均采取了力度较大的税收优惠政策。如新加坡对具有新技术开发性质的产业给予5~10年的免税期，出口产品的生产可在3~15年内享受高达所获利润90%的免税待遇。由于各国所处的经济发展阶段不同，且产业结构也不一样，因此各国税收优惠政策的目标有一定差异。比如，新加坡公司所得税主要是为了促进新兴高科技产业、交通运输业等体现政府的产业政策；越南的税收优惠政策一是为了吸引外资，增加本国资金供应；二是引导资源向欠发达地区流动，促进地区间均衡发展。

总之，中国东盟自由贸易区各国普遍采用税收政策吸引外资（见表6-16），使国际税收协调的任务日益紧迫。中国的外商直接投资量已经14年名列发展中国家之首，东盟各国也纷纷加大了税收优惠政策的力度，吸引外资的势头十分强劲，相互间形成了税收竞争的态势。在建立自由贸易区的进程中，各国都感到了在税收优惠政策方面进行国际协调的必要。

表6-16　中国与东盟各国吸引外资主要税收优惠政策

国家	公司所得税税率（%）	主要税收优惠政策
中国	25	两免三减半，五免五减半，生产性外商投资企业按15%的税率征收企业所得税
文莱	30	5年免税期，投资税收抵免
新加坡	20	新技术产业有5~10年的免税期，研究和开发支出允许双倍扣除
马来西亚	28	5~10年免税期，投资税收抵免，费用扣除
印度尼西亚	28	减税优惠，费用扣除，优惠税率10%~15%

续表

国家	公司所得税税率（%）	主要税收优惠政策
泰国	30	3～8 年免税期，进口机器免进口税，中小企业享受 20%～25% 的税收优惠
菲律宾	35	6～8 年免税期，费用扣除
越南	28	最长 4 年免税期，随后 9 年减半征税，优惠税率 10%～20%，减免土地税费，折旧提高 1 倍
缅甸	30	5～8 年免税期，再投资减免税，费用扣除，加速折旧
老挝	35	减免关税，优惠税率 20%
柬埔寨	20	最长 8 年免税期，优惠税率 9%

资料来源：凌荣安，古炳玮．中国与东盟各国税制改革及趋势比较．宏观经济研究，2009（6）：75.

第二，个人所得税对纳税人的认定标准、纳税范围和税率不同。在对自然人居民身份的认证上，东盟各国主要选择的是国际通行的 183 天的时间标准，而中国对自然人居民身份的确定，采取“时间和住所”双重标准，又在时间标准上实行中国特色的 1 年标准和 5 年标准，相对而言是最复杂的。各国所得税的纳税范围也不一样，例如，中国的个人所得税应税所得包括工资薪金所得、个体工商户的生产经营所得、劳务报酬所得等 11 类；而新加坡则包括为应税雇佣所得和股息、利息等，但对个人资本利得不征税。在税率上，中国的最高边际税率水平最高，为 45%，东盟多数国家在 35% 左右，新加坡和柬埔寨最低，为 20%。

3. 税收征管水平的差异

中国—东盟自由贸易区内税收征管水平也存在着差距。近年来中国税收信息化管理已取得很大成效，形成了以计算机网络为依托、分工明确、管理规范的征管模式。东盟的新加坡和马来西亚等国也越来越多地利用信息技术进行税务登记、纳税申报、税款征收、税务稽查、纳税资料收集和检索等，尤其是新加坡实施了“税务一体化系统”，目前 80% 的申报已实现自动化处理。越南自 2007 年 7 月起采取了一窗式服务，中央及省市一级税务征管已通过征管软件

及网络实现申报的纳税信息化、现代化。但是其他几个东盟国家在税收征管的信息化程度上还处于较低的水平。总之，区域内经济发展水平较高的国家税收征管的效率、技术、水平也高，经济发展水平较低的国家税收征管水平也较低。

（二）区域成员国在地理上的相邻程度

中国—东盟自由贸易区成员国大部分地域相邻，有的甚至山水相连，唇齿相依。相邻的地理联系和交通设施使各国经济、贸易紧密地联结在了一起，也为国际税收协调提供了一定的便利条件。

三、政治因素分析

中国—东盟自由贸易区内国际税收协调的政治可行性评级为★✫，具体分析如下。

1. 政体、宗教、文化的差异

较之北美自由贸易区和欧盟，中国—东盟自由贸易区内成员的政治体制要复杂得多，有人民代表制、议会共和制、总统共和制、立宪君主制、绝对君主制和军政府制等。政治体制的多样性加大了区域内国际税收协调的成本。另外，中国—东盟自由贸易区内佛教、儒教、基督教、伊斯兰教共存，在很大程度上降低了文化认同感，从而会增大国际税收协调的难度。相比之下，北美和欧盟普遍以基督教为主，宗教和文化孕育了强烈的“认同感”，为这两个区域的税收协调奠定了坚实而有力的基础。

2. 区域成员合作意愿的强烈程度

欧盟成员国由于历史以来的渊源和变化，形成了一种强烈的政治合作意愿和“共同体精神”[①]，因此对于区域内国际税收协调也具有强烈的合作意愿，也就大大增加了各国政策的可变性和协调余地。而东盟很多国家都有被殖民的历史，再加上宗教、文化的差异，普遍对各自主权具有强烈的认同感，合作意愿的强烈程度与欧盟是不可比的。中国—东盟自由贸易区的合作意愿和凝聚力不强，注定在一段时间内都只能是一种松散的、非正式的合作关系，不可能像欧盟一样建立超国家的机构来进行国际税收协调。

① 樊莹．国际区域一体化的经济效应［M］．北京：中国经济出版社，2005：198.

四、中国—东盟自由贸易区税收协调的总体判断

中国与东盟自建设自由贸易区以来，在自由贸易区建设框架下积极推进税收协调，经过多方努力，已取得了明显成效，有效地提升了中国—东盟经济一体化水平。但从总体上看，中国—东盟自由贸易区建设中的税收协调还处于初级协调阶段，进一步推动中国—东盟自由贸易区税收协调很有必要，极有潜力，也有难度。当前需要在切实完善和落实零关税协议的基础上，不断创造条件扩大协调领域，提升协调程度。

1. 中国—东盟自由贸易区进一步加强国际税收协调的经济可行性、技术可行性、政治可行性都还较低，但开展国际税收协调仍然很有必要

尽管中国—东盟的经济一体化还处于比较初级的阶段，但是中国与东盟国家的经贸关系迅速发展，各国间的相互依赖性日益增强。据统计，2002 年，中国与东盟贸易总额为 547.7 亿美元，2008 年达到了 2311 亿美元，相当于 2002 年的 4.2 倍。同时，在相互投资方面，2008 年，中国对东盟直接投资达 21.8 亿美元，东盟国家来华实际投资 520 亿美元，占中国吸引外资的 6.08%。2010 年中国与东盟双边贸易总值比上年增长近 58%，东盟超过日本成为中国第三大贸易伙伴。因此，尽管与欧盟相比，中国—东盟自由贸易区内目前的贸易比重、贸易依存度、投资依存度都不算高，但由于该区域地理上的紧密相邻，再加上区域内产业贸易指数较高，贸易结构也具有一定的互补性，从而使其潜在的贸易范围和规模十分巨大。另外，地域的相连，特别是中国—东盟自由贸易区正式建成后，中国与东盟各国商品、服务、技术、人员和资本等生产要素的跨国流动必将不断扩大和加强，加上各国经济开放度的提高，必然导致商品、服务、劳务、资本等生产要素在各国间越来越频繁地流动，也就必然会使各国的税收利益相互交织、相互冲突，使各国的税收政策相互影响、相互作用。

中国与东盟各国税收制度共性与差异性并存，主体税制基本相似，但税种、税基、税率等差异较大。各国税收制度的差异以及由此引发的重复征税、有害税收竞争和国际偷税、避税等税收问题也将日益突出，税收冲突和不协调已逐渐成为中国与东盟各国经贸关系发展的突出障碍。因此，有效解决中国与东盟国家间的税收冲突、推进税收协调，是中国与东盟各国经贸关系进一步发

展的迫切需要。

2. 中国—东盟自由贸易区具备了进一步开展税收协调的一定条件和基础，加强国际税收协调有较大的潜力

（1）东盟自由贸易区自成立以来，在消除成员国之间的关税与非关税壁垒方面采取了积极的举措，提出了关税减让的时间表并且进展顺利。中国—东盟自由贸易区自筹备到成立以来，签署了一些区域内的经济合作协定，大部分成员国之间还针对避免双重征税签署了很多双边的税收合作协定，目前除柬埔寨外，各国或多或少地进行着以税收协定为核心内容的国际间税收协调。这为区域内国际税收协调提供了一定的基础。

（2）中国与东盟各国税收制度存在一些共性：宏观税负相差不大，在15%左右，这表明各成员国政府参与收入分配的程度相类似；税种设置基本相同，区域内目前除了文莱、马来西亚、老挝和缅甸外，各国均引入了增值税，除文莱外，各国均建立了个人和企业所得税税制。另外，在顺应世界税收制度潮流进行税制改革与建设的政策方向上趋同，这使各国的税制结构和税负水平也有趋同的倾向。中国—东盟自由贸易区成员税制的共性和趋同为区域内进行税收协调创造了一定的基础和重要条件。

（3）区域内产业内贸易指数呈现稳步增加的趋势，而且绝大多数产业内贸易的贡献率都高于产业间贸易的贡献率，说明区域内产业内分工、专业化生产的水平在不断提高，跨国生产网络联系日益紧密。另外，区域内各国产业之间的部分产品有较强的贸易互补性：中国出口与东盟进口在制成品、机械和运输设备和杂项制品方面呈较强的互补关系；东盟出口与中国进口的整体上呈互补关系，并出现了逐步增强的趋势。这些都意味着区域内经济和贸易的依赖性在日益增强。

（4）区域内除老挝以外均是WTO成员国，特别是2001年11月以后加入WTO的中国、越南、柬埔寨，正在遵循WTO“无差别待遇”原则，不断改革本国税制，逐步修改内外差别显著的涉外税收优惠政策。

（5）区域内已形成一套经济合作机制。自东盟成立以来，先后设立了首脑会议、外长会议、常务委员会、东盟与对话伙伴国会议、东盟地区论坛等。2004年中国与东盟还签署了《中国—东盟全面经济合作框架协议争端解决机制协议》。这些经济合作机制为区域内开展国际税收协调建议的提出、共识的达成、争端的解决提供了一些条件。

3. 中国—东盟自由贸易区内存在很多制约国际税收协调的因素，进一步开展国际税收协调有一定的难度

（1）区域内成员国间经济发展不平衡，使各国对市场开放的承受力各不相同，对区域一体化的态度也不一致，在宏观经济政策和税收政策方面的着力点也大不相同，阻碍了区域合作深化的步伐，也限制了国际税收协调的空间。

（2）区域内目前贸易、投资相互依存度的相对偏低，产业结构与出口结构的竞争性较大，使相互间在出口方面处于竞争状态，相互经济互联较为松散。这使各国间达成国际税收协调的动力不够强烈，也使政府间达成的合作协议因缺少民间市场行为的有力配合与推动而难以落实。

（3）区域经济合作目标定位不高，一体化程度较低，再加上区域内各国政治体制和宗教文化差异较大，使区域内的合作尚未形成紧密有效的国际税收协调机制。与欧盟、北美自由贸易区内部的“规则导向”及“权力导向”相比，中国—东盟自由贸易区更倾向于重人际关系、重协商解决，而轻法律规则、轻诉讼程序的合作机制，这使区域内主要是一种松散的、非正式的经济合作关系。在区域内难以建立超国家的常设管理机构，也难以形成区域性的、具有法律效力的国际税收协调制度。

（4）区域各国间接税和直接税的税种、税率和征税原则的差异较大，税收优惠政策大不相同，各国的税收征管水平也参差不齐，许多国家的税收制度或制度的某些方面还需要进一步完善，在全区域范围内进行广泛的税收协调还需要一段较长的时间。

五、应当有步骤、分层次地推进中国—东盟自由贸易区的国际税收协调

1. 区域内税收协调应采取阶段性的、逐步递进的举措，协调的进度应与区域成员国的经济发展水平以及区域经济合作的进展相适应

借鉴欧盟的税收协调历程，中国—东盟自由贸易区的税收协调应呈现出以下几个阶段：

（1）近期协调（10～15 年）：也就是目前所处的阶段，在这一阶段主要致力于关税协调，消除贸易障碍；同时围绕成员国间出现的国际重复征税、国

际避逃税等税收冲突进行双边或多边的协调；另外要为下一步展开区域性间接税、直接税协调以及建立区域性协调机制进行铺垫：各国完善现行的税制，成员国之间针对阻碍商品流动的税收因素，签署一些双边的国际税收协定，初步建立区域内的税收协调制度，健全和完善区域性税收协定的内容；可考虑建立一个"区域性税收合作论坛"，建立成员国财政和税务机构高层官员的会晤机制，以促进税收征管技术交流、税收情报交换、打击国际逃避税以及解决区域内税收利益争端等。

(2) 中期协调（15～25 年）：这一阶段已基本完成了关税的协调，主要考虑间接税协调，针对有害国际税收竞争逐步展开区域性的资本税协调；改革现有的欠完善、可操作性和针对性不强的争端解决机制，建立起区域内国际税收协调的争端解决机制；建立起完善的、具有法律效率的区域性国际税收协调制度；逐步健全区域性国际税收协调机制。

(3) 长期协调（25～35 年）：税收协调的重点转向直接税协调，同时进一步提高间接税协调的广度和深度；建立起较完善的区域性国际税收协调机制；完成区域性国际税收协调制度化和机构化，设立正式、独立、常设的国际税收协调组织机构，对区域性国际税收协调承担监督、协调、评审的责任。

2. 间接税的协调要分轻重缓急

区域内间接税协调的首要目的在于减少区域内阻碍商品自由流动的税收扭曲因素，其次就是解决区域内存在的较为严重的逃避税问题、走私问题和跨国境购物问题。因为一些成员国为了特定经济目的在增值税征收环节采取了特殊的税收政策，导致商品不能实现真正意义上的零税率出口；另外一些国家利用出口退税进行间接出口补贴的现象依然存在；由于各成员国在间接税征管方面的合作较为松散，加上一些国家在税收管理上的漏洞，导致东亚国家的逃避税行为较为严重。间接税协调的主要内容是增值税和消费税的协调，重点在增值税。协调的范围涉及税收征管、税率和税基的协调、间接税征收原则的协调以及税收收入的划分，等等。间接税的协调也应呈现出由低到高的阶段性特点：较低层次涉及的主要是税收征管方面的合作，以保证税收信息能得到充分的经常性交换；再次为间接税税基和税率方面的协调，从长远看，可以考虑在充分协商的基础上，制定有关间接税的税率允许变动范围。如果致力于消除阻碍商品跨国流动的边界控制和边界税收调整，还需要进行间接税征收原则的协调。

3. 直接税的协调要循序渐进

当前，世界上各个区域经济一体化组织对直接税的协调也没有较好的解决方案，欧盟也只制定了一些原则性的条款。中国和东盟成员国之间的关税和非关税壁垒消除后，经济一体化的趋势将不可阻挡，商品、资本和劳动力的流动会加快，各成员国之间的所得税收制度的差异对投资和贸易的影响会日益突出。较可行性的解决方案是区域性协调和成员国之间的双边协调相结合，区域性对话、会晤机制与各成员国之间的谈判和协商机制相结合。

（1）在公司所得税协调方面，根据各成员国公司所得税制的具体特点，结合各成员国国内税收制度改革，分阶段逐步进行。第一步是要求各成员国对内资企业和外资企业所得税应统一。第二步是在税率水平上进行协调，可以采用超额累进税率，对中小企业进行优惠。第三步是在费用扣除规定上进行协调。

（2）在个人所得税协调方面，由于各国经济发展水平不一，税收征收管理水平相差较大，可结合各成员国国内税收制度的完善，通过建议各国改革来协调。第一步是统一对居民个人和非居民个人的税收政策。第二步是向综合个人所得税制方向统一。第三步是在税率上对最高边际税率进行协调。

第四节　中国参与区域国际税收协调的思路及政策启示

一、定位协调目标

我国参与区域税收协调的总体目标可以定位为：以税收协调推进区域经济合作，实现睦邻、安邻、富邻。目前我国所参与的区域经济一体化合作都处于自由贸易区建设的低级阶段，有的区域经济合作形式松散、进展缓慢，如APEC；有的区域经济合作推动起来困难重重，如东亚区域合作、中国—海湾合作委员会自由贸易区合作。能否顺利推进与这些区域的经济合作，关系到我国是否能在争夺区域经济合作组织的世界潮流中占据有利地位，我国经济的高速发展是否能获得广阔的腹地，以及我国的国际安全是否能得到保障。区域经济一体化离不开税收协调，税收协调是推动区域经济一体化的关键因素。自由贸易区阶段的成员国需要进行对内取消关税的协调；关税同盟的成员国之间需要取消关税并统一对外关税；到了共同市场阶段，商品市场的一体化需要协调成员国之间的国内商品税，生产要素市场的一体化需要协调成员国之间的所得税制度。因此，在目前我国推进区域经济一体化进展缓慢、面临阻碍因素较多的情况下，需要讲求策略，以国际税收协调为支点推动区域经济合作，尤其是在反国际避税、反有害国际税收竞争、国际税收情报交换等方面与我国合作。而这些方面也正好是目前我国参与区域经济合作中其他发展中国家的需求，在这些方面开展协调、合作，不容易受到区域内和区域外的阻碍，也有利于我国以此为契机，推进这些区域的经济合作，同时谋求我国在这些区域经济合作中的有利地位。

结合中国"以邻为善、以邻为伴"的对外开放战略，可以将中国进一步参与区域国际税收协调的总体目标定位为：以税收协调推进区域经济合作，睦邻、安邻、富邻，营造安全友好、互利共赢的国际经贸环境，为中国经济实现继续高速发展提供广阔的腹地。无论是"睦邻"、"安邻"还是"富邻"，最根本的任务在于通过区域税收协调，实现区域内税收利益的合理分配，通过让利他人、共谋发展，营造一个更利于自身发展的国际环境。具体而言，"睦邻"就是以和为贵，通过协调来解决与周边及相关国家在税收利益、税收关系方面的矛盾和冲突，实现与它们和睦相处，共筑本地区稳定、和谐的国家关系结构。"安邻"就是通过积极倡导和参与区域国际税收协调来增进互信，解决分歧，维护本地区的和平与稳定。"富邻"则是要通过税收协调与区域合作伙伴分享中国经济高速增长的利益与空间，分享中国经济发展带来的红利，让它们感到中国的崛起带来的是机遇而不是威胁。总之，"睦邻、安邻、富邻"环环相扣，是实现共同发展、互利共赢的必由之路，缺一不可。如果说"睦邻"、"安邻"更多地侧重于和平，营造一个有利于发展的国际政治、经济安全环境，那么"富邻"的落脚点则为发展，与区域伙伴分享自己经济增长的利益，使合作伙伴具有更强劲的经济动力。

我们首先要清醒地意识到，加强国际税收协调是区域经济合作的必然选择，在这一过程中，需要成员国一定程度上让渡部分国家税收主权，付出一定的成本和损失，但从区域经济整合的大局和长远的角度看，这样的协调是区域经济合作共赢发展的需要。其次要认识到，尽管目前我国所参与的区域经济合作大多只涉及关税协调，但随着一体化步伐的加快，区域间生产要素的流动日趋频繁，全方位的国际税收协调与合作势在必行，因此，有必要对间接税、直接税的协调作前瞻性考虑。再次，作为发展中的大国，我们在维护大国应有权利的同时，要通过积极倡导和参与国际税收协调，向周边国家传递出睦邻、安邻、富邻的友好意愿，实现区域内税收利益合理分配，通过以邻为善、共谋发展，营造一个更利于自身发展的国际环境。总之，我们要以开放的态度、发展的眼光开展国际税收协调，还要注意树立区域合作中的大国形象。努力构建实现区域合作各成员国互利共赢的长效机制，推动区域合作的可持续发展，进而为我国经济社会发展创造良好的国际环境。

具体的战略目标分解为：促进区域内税收利益相对公平的分配；加强关税协调，保障我国的出口和进口，减少贸易摩擦、改善贸易条件；增进与能源输出国的税收协调，保障重要资源与能源供给；强化跨境税源管理，增强反国际避税、区域内税收情报交换，维护国家税收权益，减少跨境征税的损失；支持我国企业走出去开拓海外市场，支持外资企业走进来，实现吸收外资和对外投资并重的资本流动格局。

二、明确协调原则

在今后一段时期内我国参与区域税收协调中，应该明确这样一个原则：融入共治，避免主导，营造一个有利于自身更好发展的区域环境

中国经济实力的日益壮大一直伴随着“中国威胁论”，不仅让美国等西方发达国家加紧了对中国的遏制，也让周边的发展中国家担忧、警惕。来自发达国家的遏制和发展中国家的警惕都成为中国参与区域税收协调中不得不面对的阻碍因素。以中国与东盟的合作为例，早在 2001 年 6 月东盟秘书长塞夫里诺在博鳌中国—东盟高官会议上就明确指出，中国—东盟自由贸易区的倡议必须保留东盟的核心地位，充分考虑东盟的利益。尽管中国一再对外承诺支持东盟的主导地位，但东盟一直对中国保持担忧和警惕，随着自由贸易区的发展，东盟各成员国与中国之间的经济贸易交往的比重超过各成员国之间的比重，从而削弱东盟的凝聚力和主导力。而从中国的实力来看，目前还是没有足够的经济实力通过某种程度的让渡自身利益承担起区域合作尤其是多边区域合作中的主

要责任。因此，有学者提出[①]，中国的区域战略取得成功有赖于三个条件：接受开放的地区主义，避免排挤美国；参与但拒绝主导地区合作，维护东盟核心利益；重点推进传统安全领域合作，降低合作难度。放弃极容易引起争议的所谓“主导”的虚名，更加注重现实，营造一个有利于自身更好发展的良好外部环境才是中国参与区域国际税收协调的根本所在。在包括东盟在内的已建立的双边和多边自由贸易协定中，中国以融入共治的姿态来共同制定和维护区域税收协调的规则。

三、优化协调布局

如何进行区域税收协调的战略布局，是我国实施区域国际税收协调战略的关键。随着中国参与区域国际税收协调的不断扩大和深入，中国在区域合作伙伴的选择方面不仅要考虑经济、贸易发展的需求，还要考虑国家安全尤其是能源安全的因素。从地理区域来看，要立足周边，放眼全球。具体而言，我国区域国际税收协调的战略布局要从以下几方面考虑。

1. 经济、贸易因素

区域合作对象的经济规模和发展阶段；通过开展区域合作、区域税收协调，能够在多大程度上促进中国经济的发展，扩大双方的贸易关系和经济关系；中国经济发展的需求；对方与其他国家开展区域合作的状况及其对中国的影响。

2. 地理因素

首先要考虑到，与中国相邻、相近的国家是区域国际税收协调的首选合作伙伴。其次，在立足周边的同时，还要放眼全球，逐步在全球范围内构建与区域合作网络，重点要加强与几个西方大国的伙伴关系。

3. 政治外交因素

通过经济关系加强友好关系；开展战略性的经济外交；合作对象的政局稳定性、统治能力。

4. 现实可行性

双方对区域税收协调的共识程度；对方合作愿意的强烈程度；我国合作意

---

① 余振．东亚区域贸易安排：福利效应与中国的参与战略［M］．北京：科学出版社，2010.

愿的强烈程度。

根据这些标准，可以将我国已参与的、正在谈判、研究的以及将来应考虑的区域合作进行划分和规划。

第一，以中国—东盟自由贸易区的国际税收协调为中心，在中长期内构筑起东亚区域内的税收协调。中国经济未来高速成长需要一个相对稳定而公平的对外贸易、投资环境。然而，随着中国经济对世界的影响作用愈加明显，世界各国尤其是欧美发达国家针对中国的贸易和投资壁垒也在不断增加，中国在欧美大国的经济环境不容乐观。而亚洲，尤其是包括东盟在内的东亚地区，不仅在地理上与中国相邻相近，在经济上也与中国相依相存。中国对外经济活动70%集中在包括东盟在内的东亚地区，东亚各国和地区是中国贸易和投资的最大伙伴，因此，东亚是中国经济高速成长所可以依赖的广阔腹地，东亚是中国区域国际税收协调的最重要的伙伴。构建包括东盟在内的东亚区域合作，还有利于形成与欧盟、北美自由贸易区的鼎足之势。只有通过加强东亚区域内的税收协调，逐步消除区域内商品、资本和其他生产要素流动的障碍，扩大区域市场规模，加快产业结构调整的步伐，形成更加合理的区域内产业布局，相应减少对区域外资金、技术和市场的依赖，才能具备与欧盟、北美自由贸易区相抗衡的经济实力，才能应对并缓和来自欧盟、北美和世界其他区域经济一体化组织的激烈竞争，防范东亚金融危机时被各个击破的局面再度发生。因此，积极推动中国—东盟以及将来东亚区域的国际税收协调，既符合中国的政治、外交和安全利益，又能够为中国的可持续发展创造良好的国际环境、更为广阔的经济腹地，进一步促进中国经济快速稳定发展。东亚中国—东盟“10+1”模式为整个东亚合作创造了一个模式，中国—东盟自由贸易区的合作使东亚“10+3”、“10+6”合作轮廓初步显现。因此，我国目前要重点先推进中国—东盟自由贸易区的税收协调，在关税协调的基础上，对区域内间接税、直接税的协调也需要作一些前瞻性的规划和考虑；在中国—东盟自由贸易区内税收协调不断深化、成功运作的情况下，相信东亚区域合作、税收协调的开启也水到渠成。

第二，积极在全球范围内开拓区域税收协调伙伴。立足周边，以东亚为依托，参与区域税收协调、区域经济一体化，是中国参与区域税收协调战略布局的首要选择。但中国的区域税收协调并不因此仅仅局限于周边，而是以周边的区域合作为重点，同时有选择地推进与其他区域具有战略意义的税收协调。除

了东盟之外，通过与秘鲁、哥斯达黎加、智利、新西兰、新加坡、巴基斯坦，以及中国的香港和澳门特区建立自由贸易区，开展关税协调，中国目前大致勾勒出围绕太平洋的一个区域合作布局，合作范围扩展到了南美洲、中美洲。加上目前正在谈判的瑞士、冰岛、挪威、海湾合作委员会、南非，中国在北欧、中东和非洲也有所布局。总体看来，中国的区域合作与税收协调的布局以亚洲为中心，围绕太平洋呈圈状构筑，延伸到每一个大洲，一个全球范围的布局已初显轮廓。但是这个布局还略显单薄，还需要进一步加固，要将一些大洲的主要大国和地区纳入布局。目前在我国的布局中，基本上每个大洲的合作伙伴都不是本大洲内的代表性大国。与各个大洲的代表性大国建立起区域性合作与税收协调关系，不仅有利于为我国经济发展、贸易和投资扩大寻求有实力的市场，还有利于我国与该洲内其他国家的区域性合作不遭到代表性大国的阻碍和反对。

第三，与战略性能源、资源输出国逐步密切区域税收协调，以确保我国获得稳定的能源和资源供应。在立足谋求经济发展的基础上，积极开展与能源大国的区域税收协调也应该作为我国区域合作与区域税收协调战略的一个重要环节。目前与海湾合作委员会的自由贸易区建设由于受到美国等几个西方大国的阻碍，推进较为缓慢，但我国需要采取措施，不但要加强与海湾合作委员会的双边经贸合作、双边政治经济关系的发展，还要密切关注复杂的国际形势，加强与美国、欧盟等利益相关方的周旋，争取早日结束双边谈判，使中—海自由贸易区进入关税协调的实施阶段。

四、选择科学的协调步骤和方式

中国参与区域国际税收协调可以获得贸易投资收益、增长收益等，但是也面临着协调所带来的协调成本，包括招致的区域外的压力和阻碍、我国为参与协调需让渡的税收及相关利益以及区域内的各种障碍。为确保区域国际税收协调带来的效用最大化，也为了确保我国经济在参与协调的过程中处于平稳发展的状态，我国应积极研究参与每一个区域税收协调的必要性和可行性。深入研究由此带来的影响，权衡利弊，分区域、分阶段地参与区域国际税收协调，尽可能降低协调成本，在互利共赢的基础上与其他国家或地区建立更为紧密的经贸关系。

1. *要分区域、差别对待*

对于与中国贸易结构不同的国家，例如石油输出国和部分发达国家，则采取以市场换市场的策略，税收协调的重点在于消除关税壁垒，获得市场准入，通过产业间分工进一步发挥彼此优势，获取区域合作的贸易和投资创造利益。对于与中国贸易结构趋同的伙伴，则在消除关税壁垒的基础上进一步严格执行原产地规则，还可通过相互的税收优惠政策来引导、强化彼此之间的产业内分工，通过外部竞争内部化的策略，化解外部竞争，以规模经济获得区域经济一体化的动态利益。对于那些贸易结构层次处于中国下游的国家，中国完全处于技术领先优势地位，则可以通过有针对性的关税协调扩大对这些国家的高科技产品的出口，同时以优惠的关税为它们提供便利的市场准入，输入这些国家的廉价商品，提高贸易福利收益；另外还可发挥中国在技术、研发等领域的比较优势，与对方进行避免所得税双重征税的协调，鼓励中国企业对其进行直接投资。

2. 分阶段，循序渐进

主要把握几个原则：

(1) 先着力开展地理相近、经济联系紧密、政治关系和睦的区域的税收协调。尽管近年来地理相隔较远的区域合作在世界范围内不断出现，但是与邻国建立区域性税收协调关系却可以得到较多的额外收益，最突出的就是邻国形成的关税同盟可以减少边境手续所带来的交易成本，并确保在存在贸易转移效应时，每个国家都可以得到自己应得的关税份额和财政收入。另外，经济联系越紧密，政治关系越和睦，就越能推动税收方面的合作与协调。

(2) 先开展双边协调，再进行多边协调。一般理论认为，区域经济合作所带来的福利效应与其包含成员的多少是成正比的。另外成员国越多，达成一致的困难就越大，最后只能在少数问题上达成一致，合作的整体收益不高。区域税收协调也是如此。所以，我国可以按照先易后难的方式，从以双边关税协调为主的双边自由贸易协定开始，逐步扩大，最后获得双边关税协调的叠加效应，或者在双边协调成熟的基础上，由双边协调扩大到多边协调。

(3) 先保证扩大深度，再努力扩大广度。尽管我国目前参与的区域国际税收协调还停留在以关税协调为主的初级协调阶段，但是其实国内商品税、所得税对贸易的直接影响在区域合作中处于相对隐形的地位，目前还不完全被WTO规则所限制，也通常不在区域关税协调的范围。关税之外的商品税和所得税也可以发挥贸易壁垒的作用，“一国虽然按最惠国关税论，对外国某产品

征收较低关税，但若该国对该产品课以较本国产品更高的国内税，就会使关税减让功亏一篑。这种国内税实际上成为一种变相关税”①。另外，如果一国政府对出口企业给予所得税补贴，减免了企业的税负，企业的竞争力就会基于这个因素得到提高，这种国内所得税的优惠政策也相当于一种变相关税。还有，目前跨国企业所得税的国际避税日益成为税收利益在区域各成员国间分配不公的重要因素，区域内的国际税收竞争政策也不时使成员国之间产生冲突。因此，我国在参与区域国际税收协调时，有必要对协调的深度进行优先考虑。具体做法是，优先对已建立起双边贸易协定，并且税收协调实践较为成熟的区域开展进一步的税收协调，再拓展新合作伙伴的关税协调。中国目前首先要着力推进中国—东盟自由贸易区的税收协调深度，推进关税协调、全面建成自由贸易区；加强对话和磋商，倡导在反国际避税、税收情报交换、避免双重征税方面逐步达成协定；倡导构建区域内成熟的税收协调机制，待条件成熟时再尝试逐步涉及国内商品税、所得税的协调。其次是推进与其他几个已建立自由贸易区的国家和地区的税收协调深度。最后是拓展新的自由贸易区合作。

（4）大致遵循关税—间接税—直接税协调的路线。在同一区域内的税收协调，可以借鉴欧盟经验，大致遵循关税—间接税—直接税协调的路线。以中国—东盟自由贸易区的协调为例，目前正采取封闭式区域内优惠关税措施，即产品分为三类按不同的时间表减让关税。在下一步的间接税协调阶段，主要致力于增值税和消费税协调，重点是增值税协调，旨在解决阻碍商品跨境流动的重复征税和限制优惠范围问题。借鉴欧盟增值税协调的经验，协调步骤在于首先统一开征增值税，再统一增值税类型，实行消费型增值税，同时加强税收情报交换、反避税等合作；然后在税制较为统一的基础上，规范税基，统一减免税规定，进一步增加税制的透明度；最后在税基统一的基础上进行税率的接近。在直接税协调上，重点在于企业所得税的协调，协调的主要内容在于避免双重征税和国际避税，个人所得税的协调只需避免重复征税即可。

五、进一步完善协调机制

以中国—东盟自由贸易区为例，因为它是我国最重要的多边合作区域，是

① 朱青．国际税收（第3版）［M］．北京：中国人民大学出版社，2008：343.

亚洲范围内影响最大的经济一体化区域，也是目前最有希望与欧盟、北美自由贸易区形成鼎立之势的一个区域。在该区域国际税收协调机制的成功构建将成为我国今后参与区域税收协调的参照，也将成为世界范围内南南区域合作税收协调机制的典范。三个区域的国际税协调相比，欧盟是发达国家与发达国家之间的合作，其税收协调程度最高，机制化程度也最高；北美自由贸易区是发达国家与发展中国家的合作，其税收协调程度和机制化程度仅次于欧盟；中国—东盟自由贸易区是发展中国家与发展中国家的合作，建立时间较短，税收协调程度最低，机制化程度也最弱。仅就中国—东盟自由贸易区目前的实际情况和发展水平而言，这样的机制化已经是一个不错的开端和基础。今后中国—东盟自由贸易区的税收协调机制一定要借鉴欧盟和北美自由贸易区的机制，但绝不能照搬，而是要通过扬长避短，在进一步的机制化建设中逐步完善与自身实际相适应的鲜明特色，构建适合南南水平型区域国际税收协调的机制。这里需要强调的是，中国—东盟自由贸易区的合作尽管有多边参与，但经济政策包括税收政策的协调是在以多边协调为分支、以双边协调为主线的方式下进行的。例如，中国对东盟新成员国的优惠待遇，如多享受5年的过渡期和推迟3～4年完成降低关税进程，并非中国单独与这些国家进行磋商的结果，而是在东盟内部先多边协商达成一致后由东盟这一集团组织与中国进行双边协调达成的协议。

六、提高我国税制国际化程度和国际税收管理协调水平

（一）提高我国税制的国际化程度，与国际惯例接轨

税制的趋同是区域经济一体化下国际税收协调的基础。顺应世界税制发展趋势，主动完善国内税制，尤其是在制定我国的税收政策时，应将区域经济合作的因素考虑在内，以提高我国税收制度的国际化程度，使我国的税收制度更加适应我国开放式经济发展以及我国参与区域税收协调、区域经济合作的需要。我国近年来已经通过税制改革，使我国的税制逐步与国际惯例接轨，如完成的生产型增值税向消费型增值税的转型，统一了外资企业和内资企业的税制，建立了反避税的相关政策，提高了税制透明度等，但还需在以下几方面作出努力：

1. 实施相对稳定、适度竞争、逐渐中性的出口退税制度

我国目前出口退税制度的缺陷在前面已做了分析。为了增强我国对外贸易

的竞争力、我国参与区域国际税收协调的能力，应该从以下三方面尽快完善我国的出口退税制度：

（1）相对稳定性。在经济全球化和区域经济一体化的形势下，我国的出口退税政策不应作为经常性调节出口贸易的政策工具，而应作为消除国际间双重征税的税收工具来对待。尽管我国现阶段调整产业结构和转变贸易增长方式需要实施一定程度的“差别退税”，但这种差别应通过制度相对稳定来体现，而不应让出口退税产品的类别、退税率出现频繁的调整。这样可以减轻出口退税政策对企业经营决策的扭曲，从而促进企业竞争力的提高。

（2）适度的竞争性。我国在金融危机期间提高出口退税率来带动出口增长，收益不大，反而招致反补贴等贸易摩擦，得不偿失。把调整出口退税率作为一种税收竞争政策须适度，否则成本大于收益，由此引发的贸易摩擦有损我国在国际上的影响，会使世界各国在较长一段时间内对我国的出口严加防范和调查。因此，我国对出口退税率的调整需要谨慎，尽量避免频繁波动而被外界当作不正当税收竞争政策来抵制。

（3）逐渐偏中性。出口退税的本质是减少对贸易的扭曲，促进公平竞争。另外，就我国实行新税制后的企业所得税来看，我国企业的竞争力正在下降。目前中国企业的一般增值税率为17%，所得税率为25%，若完全取消出口退税，出口企业税负（以所得税率计算为标准）将超过40%以上。同期美国、日本、德国、英国的企业所得税分别为39%、30%、29.8%和28%，“金砖四国”中的巴西、印度和俄罗斯分别为34%、34%和20%。由于上述国家出口企业基本上只含企业所得税（资源税比重较小），因此中国出口企业税负将至少高于这些国家1个百分点（美国），均值约为9个百分点。因此，我国应把逐渐实现“零税率”的彻底退税作为改革目标，恢复增值税的“中性”，最大限度地体现出口退税制度的竞争力。可以考虑用出口关税调整来替代出口退税率调整，以达到我国出口产业结构调整的目的。因为WTO虽然对进口关税有限制，但对出口关税却没有限制。

2. 完善反国际避税制度和工作机制

国家统计局2011年公布的数据显示，我国亏损外资企业中约2/3是通过减收增支、转移商品定价、虚报成本等假报亏损来避税，造成我国损失税款达300亿元。有专家指出，个人所得税、营业税等方面的税收没有计算在内，所以实际偷逃税要远远超过这个数字。不仅境外企业如此避税，国内企业也如此。[①] 因此，我国的反国际避税工作机制亟待完善。要管理、服务和调查并重，创建反避税防控体系。要拓展反避税领域，促进反避税工作向纵深发展。着力在企业、行业、交易、区域和措施五个方面实现拓展：从外资企业向内资企业，特别是“走出去”企业拓展；从加工制造业向金融、贸易等服务产业拓展；从关联购销交易向关联股权、无形资产转让和融资等交易拓展；从东南沿海地区向中西部地区拓展；从转让定价和预约定价管理向成本分摊、受控外国企业管理、资本弱化和其他反避税新措施拓展。另外，还要探索行业避税规律，培养行业专家。继续加强行业联查和集团跨区域联查，实现案件调查的全国联动，深入分析不同行业的避税规律，有针对性地采取措施。在全国范围内建立一批行业分析团队，建立全国反避税行业专家库，培养反避税行业专家。

3. 有针对性地建立健全涉外税收法规体系

由于转让定价是最主要的国际避税方式，也是我国涉外税收管理中的重要内容，反转让定价税制的完善程度是我国涉外税收法规体系的核心。从理论上看，我国的转让定价与主要发达国家差异不大，似乎已与国际惯例接轨，但存在的一些问题还有待完善。我国目前转让定价税制，主要是国家税务总局2004年修订的《关联企业间业务往来税务管理规程》，其多为原则性的规定，条文比较简单，可操作性不强，具体实施起来难度较大、效果不是很好。实践中反转让定价避税的税制最完善的是美国，我国要借鉴美国的成功做法，从以下几方面完善反转让定价税制：

（1）应将转让定价的实施范围扩大到国外关联企业。我国现行的反避税条款仅适用于外商投资企业与其境内关联企业间转让定价的避税问题，而对境内外商投资企业与境外关联企业间的避税问题涉及不多。

（2）增强实施细则的可操作性。采用更加灵活实用的方式确定转让定价调整方法。根据国际惯例引入“正常交易值”的概念，以适应错综复杂的国际经济环境。同时，可参照国外做法和我国对偷税漏税的处罚标准，增设对利用转让定价进行避税，以及违反申报、纳税等征管办法的处罚条款。美国规定，企业避税（所得税）净额达500万美元以上的，除如数追缴外，还将处

---

① 搜狐财经网．http：//business. sohu. com/20110922/n320146312. shtml.

以20%～40%的罚款。

（3）建立完善的纳税申报制度，明确纳税人的义务和举证责任，明确规定纳税人有义务向税务机关提供与纳税有关的一切财务资料以及国外关联企业的交易情况和国外关联企业的决算报告。对于隐瞒事实、不如实申报的企业，税务机关应采取各种方法重点检查。

（4）积极推广预约定价制度。预约定价制度的实质是把转让定价的事后调整改为事先预约，具有保护纳税人的合法经营、有利于企业经营决策、减少征纳纠纷等特点，被越来越多的国家作为调整转让定价行为和遏制国际避逃税的有效手段之一。因此，我国需要加快步伐，设置专门的机构，建立起能够胜任预约定价制业务的税务征管队伍，以便积极推行预约定价制。

（5）税务机关要设立专门机构，负责转让定价税制的管理，包括转让定价的调查、处理与情报交换。目前，我国税务机关大多还没有专门的机构和人员从事这份工作，致使我国转让定价税收实务处理进展较慢。

4. 改革其他相关税制，为有效参与国际税收协调做好准备

（1）尽快把营业税并入增值税。目前我国对货物和加工、修理修配劳务已实施了消费型增值税，实现了税制与国际接轨的一大进步，但对其他大部分劳务和服务仍然征收营业税，形成了增值税与营业税并存的局面。这种局面不仅使增值税与营业税的界限不易分清，增加税制的复杂性和操作难度，更重要的是，营业税要按营业额全额征税，存在重复征税，增值税链条也因大部分劳务征营业税而中断，无法进行准确抵扣。反映在出口环节上，出口的劳务和服务由于前面环节的重复征税而在出口退税后无法实现“零税率”，在一定程度上削弱了我国服务贸易出口的竞争力。应借鉴国际惯例，尽快将营业税并入增值税的征收系统，消除双重征税，使出口劳务实现“零税率”。

（2）在关税方面，逐步降低名义税率，优化关税保护结构，提高市场开放度。财政部自2011年7月1日起，大幅下调汽油、柴油、航空煤油和燃料油的进口关税，其中柴油、航空煤油将以零关税进口，这是一个比较好的关税调整趋势。但我国还需较大幅度地降低纺织、服装、食品等劳动密集型及具备比较优势产业产品的关税，对于幼稚工业和一些资本技术密集型产业仍保持一定程度的递升保护结构。但是对奢侈品应该一步步降低进口关税。目前我国较高的奢侈品关税，再加上在关税基础上要征消费税，在消费税基础上还要征增

值税，使奢侈品价格在国内和国外的价格差别非常大，就使一部分原来准备在国内购买奢侈品的群体转向在国外购买，使我国流失了大量的潜在进口收入，流失了我们自己本身的竞争力。降低这些商品的进口关税不仅可以挽回流失的进口收入，还可以加大国内进口的数量，平衡目前较为严重的贸易顺差现象。

（二）进一步提高我国的国际税收管理、协调水平

1. 加强税收征管信息化建设

目前，我国税收征管的信息化管理已取得阶段性成果，信息网络已在全国全面建立，硬件设备达到一定规模，中国税收征管信息系统已在上百个城市中试行，建立了覆盖全国的增值税防伪系统等，但仍需在很多方面努力。要拓展数据采集领域，提高数据准确度。不再划分中国税收征管信息系统、出口退税系统、行政管理系统、决策支持系统，而是开发、推广应用一个功能更全，覆盖面更广，应用更方便的统一综合软件，如“中国税收信息系统软件”在全国推广使用。使税务系统能充分共享所有的内部信息资源，通过计算机系统征管数据直接集中到省级税务机关，甚至国家税务总局进行处理。上级税务机关可以对纳税人和基层税务人员的征纳行为进行监控，征收过程透明化；税务系统可与社会各部门、各机构乃至各纳税人之间架起的横向桥梁使税务部门更为便利地获取到海量信息，从而使税务工作日趋完善、日渐简单。逐步实现网上报税、网上查询、网上稽查、网上登记等各种现代化的税收信息服务手段。

2. 增进与税收情报交换方面的国际合作

要认真履行税收协定中所规定的税收情报交换义务，集中力量核查重要案件，特别是发挥征管协作在防止纳税人利用转让定价、税收协定滥用、不合理列支成本费用等逃避税方面的作用。各级税务部门应结合当地经济发展水平，加强对情报交换的增值利用，进一步做好外来情报核查、对外提出情报请求、对外提供自动和自发情报工作。有选择性地研究授权代表访问、同期税务检查、行业情报交换和税款征收协助问题，逐步从当前单一情报交换过渡到以情报交换为主、税款征收协助为辅的国际税收征管格局。另外还要积极接受税收透明度和情报交换全球论坛同行审议小组对中国税收情报交换工作的审议和评估。

3. 完善企业“走出去”税收服务与管理机制

全面掌握我国居民企业及个人境外投资经营、境外取得所得和纳税等情

况，建立“走出去”企业和个人的涉税档案。积极研究促进企业“走出去”的各项税收政策，对国家鼓励的对外投资项目研究进行税收政策方面的支持。进一步研究完善企业境外所得的确认和征税、境外税收的抵免、境外投资等方面的政策。以税收协定为依托，充分利用国地税收交流合作平台，积极帮助“走出去”企业和个人了解投资国的税收制度，为境外投资的企业和个人提供税收法律保障及相关税收服务。重视税收协定相互协商程序的利用，化解我国企业和居民境外投资的风险。进一步规范和加强境外注册中资控股企业依据实际管理机构标准认定为居民企业的所得税管理。

4. 调整与 WTO 规则冲突的税制，增强应对贸易摩擦能力

我国“入世”以后贸易摩擦不断增多，到 2012 年上半年为止，我国已连续 17 年成为遭受贸易摩擦最多的国家。当然一方面的原因是新一轮的国际贸易保护主义的影响以及我国出口的不断扩大致使发达国家对我国加紧了遏制，但也说明我国税制与 WTO 规则的冲突不容忽视。应对贸易摩擦需要财政政策、贸易政策、金融政策等多方面的合力来构建一个应对贸易摩擦的机制，但是加强我国税制与 WTO 规则的合作性协调却是应对机制中的关键一环。因此，我国亟待深入研究 WTO 规则，及时梳理并修改与 WTO 不相符的税制。2011 年外方在对我国的反补贴调查中主要关注的税收政策有三类：一是处在过渡期的原外商投资企业所得税法规定的相关优惠政策。外商投资企业所得税“两免三减半”、购买国产设备投资抵免企业所得税、区域性外商投资企业所得税低税率优惠等政策如何过渡、何时终止等问题是外方调查的主要内容。二是新企业所得税法规定的有关优惠政策。特定地区的企业所得税优惠、国家需要重点扶持的高新技术企业所得税优惠、研发费加计扣除政策的适用条件和征收管理程序受到外方重点关注。三是增值税转型改革前的相关优惠政策。涉案企业在案件调查期以前若干年度享受外商投资企业购买国产设备退增值税、扩大增值税抵扣范围等政策的情况常常被外方追溯调查。我国应总结近年贸易摩擦中外方质疑的税收政策，再认真研究 WTO 的相关规则，找出如何更好地适应和运用 WTO 规则，改革完善相关税制，才能提高我国的国际税收管理和协调水平。

第七章 结论与展望

第一节 结 论

总的来说，这本书在梳理国内外学者对国际税收协调分析的基础上，从区域经济一体化的视角出发，提出了一个区域经济一体化下国际税收协调的理论分析框架，进一步将理论与实践结合来分析区域经济一体化进程中的国际税收协调问题，主要结论如下：

一、推进区域经济合作的一体化程度，必须以推进区域内国际税收协调为重要途径

本书通过国际税收协调对区域经济一体化效应的分析发现，区域经济一体化与国际税收协调相生相伴，国际税收协调直接推动了区域经济一体化的进程。每一个区域经济一体化组织的发展从自由贸易区、关税同盟到共同市场以及经济与货币联盟，无一不是税收协调推动的结果。目前世界上最成功的区域经济一体化组织——欧盟从建立之初就致力于有步骤、有机制地进行国际税收协调：从关税协调到增值税、所得税协调，在反避税、反有害税收竞争、反转让定价方面进行坚持不懈的合作，以及建立欧盟独立预算、颁发税收制度的建议和指令。正是这些税收协调举措推动了欧盟在经济、文化、教育等方面的一体化合作，从而使其一体化程度不断加深，成为目前世界上一体化程度最深、一体化范围最广的区域。其他的经济一体化区域尽管国际税收协调主要还停留在关税协调的层次，但通过关税的协调，对内实行低税率甚至零关税、对外实行统一或

差别性关税，大大促进了自由贸易的发展，使区域内市场一体化程度逐步加深。

国际税收协调对区域经济一体化的推动效应主要通过以下几方面来实现：首先是通过关税协调消除区域内贸易壁垒，扩大区域内贸易和投资规模，增进区域经济的依存度。通过关税协调，区域内逐步取消相互之间的各种贸易壁垒，从而实现区内贸易自由化，区域内贸易和投资规模扩大，依存度增加。其次是通过间接税协调减少区域内商品的价格扭曲、避免商品重复征税，消除区域内商品自由流动障碍。再次是通过直接税协调，消除区域内个人和投资所得重复征税、约束有害国际税收竞争，促进区域内人员及资本流动。最后是通过区域内各成员国之间国际税收征管的合作与协调，防止国际逃避税，消除跨国经济往来的障碍和扭曲，使区域经济互利共赢。

因此，要推进区域经济合作的一体化程度要以推进区域内国际税收协调为重要抓手。目前世界区域经济一体化范围不断扩大，截至 2012 年 1 月 15 日，在 WTO 及其前身 GATT 注册登记的区域贸易协定（RTA）已达 511 个，其中已生效执行的就有 319 个。然而这些区域经济合作组织的一体化进程均达不到欧盟那样的进展速度和成效，大多还停留在自由贸易区阶段，并且都遇到了不同的困难。可以考虑以推动国际税收协调为支点，通过构建区域经济税收协调的互利共赢机制来推动区域经济合作。以我国为例，目前我国参与的 10 个区域经济一体化组织都处于自由贸易区建设的低级阶段，有的区域经济合作形式松散、进展缓慢，如 APEC；有的区域经济合作推动起来困难重重，如东亚区域合作。我国应找准支点，突出重点，在区域经济合作中争取主动。应呼吁区域成员国认识到，在区域经济一体化下，如果没有税收协调，各国税收政策、制度的差异，以及由此而引起的国际税收冲突与矛盾将成为阻碍商品、服务和生产要素在区域范围内的自由流动的障碍，区域经济合作的进一步深化将无法实现。应找准这些区域中各国共同关心的、容易启动合作的税收协调问题，包括关税减让、避免双重征税、反国际避税等，积极倡导在这些领域进行合作来推动区域经济合作。

二、在区域经济一体化进程中，保持国际税收适度的“协调性竞争”或“竞争中合作”是区域成员国的最佳选择

本书以资本税为例建立了一个两国分析模型，并将该模型扩展为多国参与

的、类似区域经济一体化背景下的模型。通过该模型对两国进行国际税收竞争与协调的博弈分析发现，没有协调的竞争所达到的纳什均衡是次优的，而进行了协调的纳什均衡则可以使两国都获得帕累托最优的分配。这个结论同样适用于多国参与的经济一体化区域，即在区域经济一体化背景下，完全不受约束的国际税收竞争会导致无效率或者低效率，而在竞争中保持适度的协调却可以为成员国带来更多的福利效应，各区域成员国应在竞争中保持协调合作。因此，国际税收竞争需要一定程度的协调来使各国达到最优的纳什均衡状态。适度的国际税收竞争可以让资本和其他资源在全球范围内合理、有效地配置，有利于实现税收中性，提高经济效率，促进经济增长，但是过度的税收竞争会导致本国和他国福利水平的下降，因此区域内可以保护适度的国际税收竞争但各成员国应在竞争中保持协调与合作。当然，国际税收协调的效应具有多样性和复杂性的特点，关键是要找到国际税收协调与竞争的最优均衡点，使各成员国在这个点上达成某种利益均衡、实现某种妥协的体制性安排，保持适度的“协调性竞争”或“竞争中合作”，最终实现区域各成员国在竞争中多赢、共赢的结果。

在区域经济一体化进程中，一个国家实施税收竞争政策不可避免地会对其他国家带来外部性影响，如果这种影响损害到其他国家的利益，必然会引起相关国家也采取相应的税收竞争政策来进行反对和抵制，最终使该国的福利水平下降，制约了该国的经济发展，同时也使其他国家的福利水平下降。因此，区域内成员国在运用税收竞争政策和工具来实现其宏观经济目标时，应把其他国家的经济发展状况、实施的税收政策等各种变量考虑在内，应积极寻求与其他成员国适时适度的国际税收协调，在竞争与协调中达到和谐共赢的发展。

各成员国参与区域内国际税收协调固然需要在一定程度上让渡部分国家经济主权，以满足其他国家的经济需要，这必然会对该国造成一定的福利的损失。但从大局和长远的角度来看，积极的协调使区域内国际税收竞争有利于各国经济可持续发展，最终使各国获得整体福利的改进和经济的协调发展。

三、必须分析影响经济一体化进程中国际税收协调程度的高低及效应大小的几个主要因素

本书归纳出一个普遍适用于经济一体化区域的、国际税收协调的主要影响因素分析法，从以下几方面来分析一个区域国际税收协调的运作条件：①区域

经济合作的目标与一体化程度。区域经济合作的目标越高，合作的范围越广、程度越深，表明区域一体化的潜力越大，成员的合作意愿和精神越强烈，也就越具有国际税收协调的条件和必要性。②区域成员国经济发展水平的差异。一个区域内的各成员国经济发展水平相近，则各国对公共服务的需求、对福利水平的偏好以及相应的税收政策、税收征管水平就不会相差太大，进行区域内国际税收协调就会较容易一些。反之，如果一个区域内成员国间经济发展水平差异较大，则国际税收协调的难度也较大。③区域成员国之间的经济依存度。世界上较为成功的区域经济一体化组织成员国内都具有较高的经济依存度，而区域成员之间是否具有较高的经济依存度也是决定区域内国际税收协调是否必要和可行的重要因素。这种经济的相互依存度主要体现在两个方面：一是贸易的相互依存度，二是直接投资的相互依存度。④区域成员国的税制差异。区域成员各国税制差异较大，说明生产要素的跨国流动存在的税收阻碍因素可能比较多，纳税人从中逃避税收的空间也比较大，也就意味着税收协调的任务很重，也很迫切；另外，税制差异大，税收协调的难度就大。⑤其他因素，包括区域成员合作意愿的强烈程度、成员国在地理上的相邻程度、政体、宗教、文化的差异。

笔者认为，只有对这个区域国际税收协调的运作条件作具体分析，才能得出适于该区域开展国际税收协调的策略。当一个区域具有共同的合作目标和较深的一体化程度、相近的经济发展水平、较高的经济依存度、差别不大的税收制度时，就需在区域内进行深度国际税收协调，就可以考虑建立约束力较强的税收协调机制，甚至建立超国家权力机构来进行税收协调；协调的内容不仅要涉及关税，还应涉及间接税、直接税；相应地，该区域协调的程度要高一些，协调的效应也较多、较大一些。反之，当一个区域的合作意愿不是很强烈、一体化程度较低、经济发展水平差距较大、经济依存度不高、税收制度差异较大时，就只能在该区域开展松散的、低层次的国际税收协调，就不适宜在区域内建立强权的机构或者颁布指令、法规等来协调，而只能采取以协商为主、试探性、灵活性的协调方式；相应地，协调的程度要低一些，协调的效应也较小一些。

四、正确认识和把握区域国际税收协调发展的规律是成功地实现国际税收协调的关键

本书在总结欧盟等一些区域国际税收协调进程的基础上，提出了区域经济

一体化下国际税收协调程度的测度和评价指标：首先是税收制度的趋同化程度，包括关税的协调程度（主要取决于区域内关税减让的程度和对非成员国关税的统一程度、出口退税的彻底程度、区域内关税征收原则是否统一），间接税的趋同程度（取决于增值税税制、税基、税率和征税原则的趋同程度，以及消费税税制、税基、税率和征税原则的趋同程度）和直接税的协调程度（取决于区域成员国是否实行一致的内外资企业所得税政策、区域成员国的企业所得税管辖权是否统一）。其次是税收征管的合作程度，包括税收情报交换制度的健全程度、反国际避税制度的健全程度，以及防范有害税收竞争措施的健全程度。再次是区域性税收协调机制的健全程度，包括税收协定数量和协定内容的完善程度、区域性税收协调制度的约束力、区域性税收协调机构化程度及工作机制的完善程度。最后是区域成员国税收征管水平的高低。

笔者再进一步根据以上的评价指标对区域经济一体化下国际税收协调程度进行测度，按协调程度由低至高将区域税收协调分为四个类别：初级协调、中级协调、全面协调和集权式协调。并且依据测度指标对四种类别的协调进行了阐述和评价。在以上几项指标下，从初级协调到集权式协调呈现出协调力度由弱至强、协调内容由窄至宽、协调方式由简单到复杂、协调机制由不完善到完善的趋势。对这四种类别协调特点及相关指标的认识是正确把握区域国际税收协调进程的关键，有助于区域及其成员国认识区域经济一体化下国际税收协调的发展路径、特征和趋势，认清本区域处于什么样的协调阶段，在相应的阶段下，国际税收协调的重点是什么，要达到的目标是什么，应具体采取什么样的协调方式和机制。

五、中国参与区域国际税收协调还处于初级协调阶段，要对此进行战略性规划、采取科学的行动策略，为我国社会经济发展创造良好的国际环境

本文通过对中国参与区域国际税收协调的实证分析得出，中国参与区域国际税收协调的优势有开放度优势、大国综合优势、税收制度优势、促进公平竞争的机制优势。劣势包括缺乏战略性规划和管理，参与区域国际税收协调的目标不明晰、布局不够合理；出口退税政策缺陷限制了我国税制的国际竞争力；国际税收协调能力不高，限制了我国参与区域国际税收协调的广度和深度。我

国参与区域国际税收协调的机遇有贸易和投资的增长收益、经济增长收益、本国税收制度获得完善的收益、国家安全收益，同时也面临诸多挑战，包括"中国威胁论"和"中国责任论"对我国参与区域国际税收协调的挑战，中国参与的多边区域税收协调中主导权面临两难，进一步推进多边区域税收协调面临的难度，以及进入世界区域税收协调的后发劣势等。

总体来说，我国参与区域国际税收协调的优势大于劣势，机遇大于挑战，收益大于成本。因此，必须扬长避短，抢抓机遇，直面挑战，力争使我国在区域国际税收协调和区域经济合作中实现国家利益最大化，为我国社会经济发展创造良好的国际环境。为此，要对我国参与区域国际税收协调进行科学的战略性规划，采取有策略的行动。首先应该正确选择我国参与区域国际税收协调的目标，这一目标就是要以国际税收协调推进区域经济合作，实现睦邻、安邻、富邻。协调的布局要立足经济发展，兼顾国家安全，要立足周边，也要放眼全球。为确保参与区域税收协调带来的效用最大化，也为了确保我国经济在参与过程中处于平稳发展的状态，我国应积极研究参与每一个区域税收协调的必要性和可行性，分区域、分阶段地参与区域税收协调，尽可能降低协调成本，在互利共赢的基础上推进区域经济合作。应实行由近及远，先易后难的方针，当前应着力开展地理相近、经济联系紧密、政治关系和睦的区域的税收协调，特别是中国—东盟自由贸易区的税收协调；首要开展国家间的双边税收协调，其次才是多边协调；首先保证扩大协调的深度，再努力扩大协调的广度。

我们要清醒地意识到，加强国际税收协调是区域经济合作的必然选择，在这一过程中，首先需要成员国一定程度上让渡部分国家税收主权，付出一定的成本和损失，但从区域经济整合的大局和长远的角度看，这样的协调是区域经济合作共赢发展的需要。其次要认识到，尽管目前我国所参与的区域经济合作大多只涉及关税协调，但随着一体化步伐的加快，区域间生产要素的流动日趋频繁，全方位的国际税收协调与合作势在必行，因此，有必要对间接税、直接税的协调作前瞻性考虑。再次，作为发展中的大国，我们在维护大国应有权利的同时，要通过积极倡导和参与国际税收协调，向周边国家传递出睦邻、安邻、富邻的友好意愿，实现区域内税收利益合理分配，通过以邻为善、共谋发展，营造一个更利于自身发展的国际环境。我们要以开放的态度、发展的眼光开展国际税收协调，还要注意树立区域合作中的大国形象。努力构建实现区域合作各成员国互利共赢的长效机制，推动区域合作的可持续发展，进而为我国经济社会发展创造良好的国际环境。

六、要创造条件不断推进包括中国—东盟自由贸易区在内的各个区域的国际税收协调进程

本书经过对中国—东盟自由贸易区国际税收协调的案例分析得出，中国—东盟自由贸易区进行国际税收协调在经济上、技术上、政治上都还有诸多困难和问题，但开展国际税收协调仍然很有必要。中国—东盟自由贸易区内国际税收协调主要存在以下制约因素：区域经济合作目标定位不高，一体化程度较低，再加上区域内各国政治体制和宗教文化差异较大，使区域内的合作尚未形成紧密有效的国际税收协调机制；区域内成员国间经济发展不平衡，使各国对市场开放的承受力各不相同，限制了国际税收协调的空间；区域内目前贸易、投资相互依存度的相对偏低，产业结构与出口结构的竞争性较大，使各国间达成国际税收协调的动力不够强烈；区域各国间接税和直接税的税种、税率和征税原则的差异较大，税收优惠政策大不相同，各国的税收征收水平也参差不齐。然而，在该区域推进国际税收协调仍然很迫切、很必要。尽管与欧盟相比，中国—东盟自由贸易区内目前的贸易比重、贸易依存度、投资依存度都不算高，但由于该区域地理上的紧密相邻，再加上区域内产业贸易指数较高，贸易结构也具有一定的互补性，从而使其潜在的贸易范围和规模十分巨大。另外，地域的相连，特别是中国—东盟自由贸易区正式建成后，中国与东盟各国商品、服务、技术、人员和资本等生产要素的跨国流动必将不断扩大和加强，加上各国经济开放度的提高，必然导致商品、服务、劳务、资本等生产要素在各国间越来越频繁地流动，也就必然会使各国的税收利益相互交织、相互冲突，使各国的税收政策相互影响、相互作用。目前东盟各国税收制度的差异以及由此引发的重复征税、有害税收竞争和国际偷税、避税等税收问题也将日益突出，税收冲突和不协调已逐渐成为中国与东盟各国经贸关系发展的突出障碍。因此，有效解决中国与东盟国家间的税收冲突、推进税收协调，是中国与东盟各国经贸关系发展的迫切需要。

我国应积极倡导和推动中国—东盟自由贸易区开展税收协调，但在今后一段时期内只能采取松散、灵活、以协商为主的税收协调方式和机制。我们要认

清形势，积极倡导，建立符合我国与东盟需要税收协调的机制。

首先，中国—东盟自由贸易区没有共同的经济政策，只能实施分阶段、渐进性、区别对待的协调机制。欧盟成员国经济发展水平大体相当，于是区域内通过制定共同的经济政策和税收政策来开展税收协调。而中国—东盟自由贸易区内成员国的经济差异较大，只能采取差别对待的协调方式，例如，将降税产品分为早期收获产品、敏感产品和正常产品三类，按不同的时间表减让关税；允许中国、东盟 6 国与东盟新成员国适用不同的税率等，落后成员国因此拥有更多的选择自由，更有利于促进不发达国家的发展。其次，区域内的税收协调近期内应以承诺为主，不宜建立约束性较强的法律性协调制度。欧盟和北美自由贸易区的操作规则及运行程序具体而明确，约束性较强。尤其是欧盟，其基本条约和条例独立于成员国的法律，可以直接适用于国家和个人。而中国面对的东盟各国政治、经济、宗教情况差别较大，短期内难以在区域内建立起有效的协调和监督机制。在这方面，我国可以视协调进程的发展，与东盟各国签署补充协定来进一步增强约束性，但短期和中期内不适合像北美自由贸易区那样在较强约束性条款下进行，更不可能像欧盟那样制定法律性文件来约束。最后，要以对话磋商、协商一致的决策机制为主。欧盟是以法德为轴心的、超国家机构主导的多边合作机制，因此其决策机制是在一系列超国家机构的主导下进行的，税收协调政策的动议权、决策权、执行权分属不同的机构，严格按照“有效多数”表决制，但重大问题仍需“一致通过”。北美自由贸易区以承诺为主，法律约束较弱。北美自由贸易区虽然没有欧盟那样的超国家机构主导，但却是美国居于主导地位的多边合作机制，在美国主导的既定税收协调规则下，所有决定均需一致同意才可通过。而中国—东盟自由贸易区内，中国与东盟均没有足够的经济实力通过某种程度的单方面让渡自身利益承担起区域稳定与发展的主要责任，因而互谅互让、对话磋商、协商一致在今后一段时期内都将是其税收协调机制的特点。

总之，中国—东盟自由贸易区的税收协调机制化程度受制于自身的差异性，与欧盟和北美自由贸易区相比具有起点低、约束性较差、灵活性较大、包容性较强、效率相对较低的特点。但是毕竟任何区域的国际税收协调都有自身独特的发展基础，之所以取得成功正在于自身的协调机制能够立足于这一基础，并采取与之相适应的有力措施。今后中国应该倡导与东盟一起努力，逐步完善区域内的税收协调机制。探讨制定类似于欧盟1957年的《罗马条约》中有关税收协调的法律框架，为建立税收协调奠定法律基础。研究建立税收利益补偿机制，对税收协调过程中产生的利益分配不均再进行协调。区域内组织税收专家对成员国税收政策协调问题进行研究，定期将研究成果提交各成员国政府决策参考，对各成员国的税制改革提出建议，在此基础上使成员国之间对重大的税收协调问题达成共识，为深化税收协调逐步打下基础。

第二节 展 望

囿于数据不足的限制，加上自己的研究能力和时间所限，本书的研究还存在很多不尽满意之处。例如，本书没能对区域经济一体化下成员国参与国际税收协调需要付出的成本进行研究，分析不同的成员国参与税收协调付出的不同成本，从而进一步说明协调过程中应怎样使成员国成本最低、效用最大。

笔者认为，区域经济一体化下的国际税收协调问题有待进一步深入研究的方向有以下三个方面：

一、在区域没有建立起超国家机构进行税收协调的情况下，深化成员国参与国际税收协调的博弈分析

区域内如果建立了像欧盟那样的超国家机构，则国际税收协调的政策制定、监督执行均由这样的机构来完成，成员国必须服从这个机构的管理。但目前除了欧盟以外，还没有一个区域建立起这样的超国家机构，各区域成员国参与国际税收协调也大多建立在没有立法的、约束力不很强的协商机制上，国际税收协调其实就是各国在税收领域内进行的博弈。今后将进一步深化研究不对称信息条件下区域各成员国参与国际税收协调的博弈，建立分析模型，分析博弈的过程和结果。

二、如何在经济发展水平差异较大的区域达成共赢的国际税收协调

经济发展水平决定着一个国家在这一时期宏观经济政策和税收政策的目标，同时也是一个国家税收来源的基础。因此，处于不同经济发展阶段的国

家，其宏观经济政策、对公共服务的需求、对福利水平的偏好、税收政策等也必然不同。这也注定了在一个成员国经济发展水平相近的区域进行国际税收协调要容易得多，例如欧盟；而在一个成员国经济发展水平差异较大的区域，如中国—东盟自由贸易区，开展税收协调难度会很大。在这样的区域，如何充分考虑成员国不同的税收利益要求，抓住共同点，设立过渡机制、利益分摊机制或者其他机制，构建区域共赢的国际税收协调制度是一个值得深入研究的问题。

三、关于区域经济一体化下国际税收协调机制的研究

这也是笔者有意进一步研究的方向。在区域经济一体化下，需要构建怎样的机制来推动国际税收协调？尽管各个区域经济一体化组织的政治、经济、文化条件各不相同，但是在区域合作发展方面却有很多共性，在国际税收协调方面也有共性，因此，构建一种普适性的国际税收协调机制可以适用于各区域，当然，在具体适用时需要调整和改变机制中的一些项目。笔者构想的这个机制包括：①区域经济一体化下国际税收协调的目标和原则；②区域国际税收协调的机构设置与运行规则；③区域国际税收协调的方式，包括各国税制改革以趋同区域经济发展需要，对话、协商、谈判、多双边政府首脑会议，制定共同遵守的税收协议，建立区域性协调制度、法规，过渡机制、税收协调利益分摊机制，国际调解、仲裁和司法等。

参考文献

中文文献：

[1] 鲍灵光．OECD 关于恶性税收竞争的报告［J］．涉外税务，1999（3）．

[2] 白当伟，陈漓高．区域贸易协定的非传统收益：理论、评述及其在东亚的应用［J］．世界经济研究，2003（6）．

[3] 蔡应辉．有害国际税收竞争的规制问题研究［M］．北京：科学出版社，2009．

[4] 曹亮．区域经济一体化的政治经济学分析［M］．北京：中国财政经济出版社，2006．

[5] 曹亮，张相文．欧盟区域税收协调对中国—东盟自由贸易区构建的启示［J］．宏观经济研究，2007（6）．

[6] 常世旺．国际性区域税收协调：理论与补证研究［D］．山东大学李齐云教授指导的博士论文，2007．

[7] 常世旺．论中国—东盟自由贸易区税收协调［J］．东南亚研究，2008（4）．

[8] 成键．区域性国际组织与中国战略选择［M］．贵阳：贵州人民出版社，2004．

[9] 陈璃．有关税收协调的理论研究［J］．税务研究，2009（8）．

[10] 陈璃．全球视野下的税收协调理论与实践［M］．北京：中国税务出版社，2010．

[11] 陈漓高，齐俊妍，张燕等．国际经济组织概论［M］．北京：首都经

济贸易大学出版社，2010.

［12］陈强顺．欧盟的共同关税与间接税［J］．中国对外贸易，2001（11）．

［13］陈涛．经济全球化下国际税收竞争的理论与实践［D］．厦门大学邓力平教授指导的博士论文，2002.

［14］陈欣．国际税收竞争与公共产品［J］．宏观经济，2010（3）．

［15］成新轩．试析欧盟的间接税协调［J］．欧洲，2002（4）．

［16］崔晓静．负责任税收主权与国际税收协调［N］．光明日报，2009 年 11 月 24 日第 10 版．

［17］崔晓静．欧盟税收协调法律制度研究［M］．北京：人民出版社，2011.

［18］邓力平．经济全球化、WTO 与现代税收发展［M］．北京：中国税务出版社，2000.

［19］邓力平．当代西方国际税收竞争理论述［J］．税务研究，2001（7）．

［20］邓力平，詹凌蔚，郑榕．效率、公平、主权、协调［J］．涉外税务，1999（12）．

［21］邓力平．国际税收竞争的实证研究［J］．涉外税务，2002（7）．

［22］邓力平．国际税收竞争与合理调整税负［J］．福建税务，2002（1）．

［23］邓力平．经济全球化下的国际税收竞争研究：理论框架［J］．税务研究，2003（1）．

［24］邓力平，王智煊．国际税收竞争模型构建评析［J］．税务研究，2008（12）．

［25］邓力平，陈涛．国际税收竞争研究［M］．北京：中国财政经济出版社，2004.

［26］邓力平．国际税收竞争：基本分析、不对称性与政策启示［M］．北京：经济科学出版社，2009.

［27］邓毅，崔晓如．国际税收竞争理论及我国国际税收政策取向［J］．国际税收，2003（11）．

[28] 邓子基，邓力平．北美自由贸易区与税收一体化［J］．涉外税务，1994（2）．

[29] 邓子基等．国际税收导论［M］．北京：经济科学出版社，1998．

[30] 丁毅．入世五年，税收应对之路［J］．中国税务，2007（3）．

[31] 樊慧霞．国际税收竞争与国际税收协调之辩证观［J］．内蒙古财经学院学报，2008（5）．

[32] 樊丽明，常世旺．全球区域性税收协调与中国税收政策取向［J］．税务研究，2005（4）．

[33] 樊莹．国际区域一体化的经济效应［M］．北京：中国经济出版社，2005．

[34] 冯旭梅．中国税制在国际税收竞争下的改革策略［J］．国际商务财会，2008（9）．

[35] 傅道忠，汤菲．国际税收竞争理论与实践对我国的启示［J］．现代经济，2007（12）．

[36] 傅志华．经济全球化对国际税收制度的挑战［J］．涉外税务，1998（3）．

[37] 葛辉，彭岳．WTO 框架下的直接税问题［J］．涉外税务，2006（2）．

[38] 葛夕良．欧盟直接税协调的最新进展［J］．涉外税务，2002（6）．

[39] 龚辉文．税制竞争力初探［J］．税务研究，2004（2）．

[40] 国际税务总局"区域经济一体化与税收协调"课题组．欧盟税收协调的理论及经验教训研究［J］．经济研究参考，2006（45）．

[41] 国家税务总局政策法规司．中国税收政策前沿问题研究（第四辑）［J］．北京：中国税务出版社，2007．

[42] 韩霖．国际税收竞争的效应、策略分析：结合我国国情的研究［M］．北京：经济科学出版社，2007．

[43] 韩绍初．改革进程中的中国增值税［M］．北京：中国税务出版社，2010．

[44] 黄爱玲．浅谈经济全球化正反税收竞争及税收协调［J］．当代经济研究，2002（2）．

[45] 胡怡建．国外间接税协调的原则和方法［J］．涉外税务，1996（9）．

［46］黄红英．欧盟的间接税协调［J］．中国对外贸易，2000（12）.

［47］黄焱．国际税收竞争的福利效应分析［J］．税务研究，2006（5）.

［48］黄焱．国际税收竞争与最优资本课税研究［M］．北京：中国税务出版社，2009.

［49］吉林省国际税收研究会课题组．中国—东盟税收协调现状及相关政策建议［J］．涉外税务，2008（4）.

［50］贾军安．税收征管国际合作研究［D］．厦门大学 2007 年博士学位论文．

［51］贾绍华．促进区域经济协调发展的税收政策探讨［J］．法学杂志，2005（1）.

［52］江心英．东道国外资税收激励政策效应的国际研究综述［J］．国际贸易问题研究，2005（2）.

［53］勒东升．税收国际化与税制改革［M］．北京：中国财政经济出版社，1995.

［54］勒东升．试论税收国际协调的理论与实践［J］．上海行政学院学报，2003（6）.

［55］勒东升．税收国际化趋势［M］．北京：经济科学出版社，2003.

［56］勒东升，龚辉文．经济全球化下的税收竞争与协调［M］．北京：中国税务出版社，2008.

［57］理查德·A. 马斯格雷夫．比较财政分析［M］．上海：上海人民出版社，1996.

［58］李传喜．我国目前转移定价调整工作面临的几个主要困难［J］．广东财经职业学院学报，2009（4）.

［59］李栋文．经济全球化与税收利益国际协调［D］．厦门大学庄宗明教授指导的博士论文，2003.

［60］李飞，吴运友，郭书英．国际税收竞争的经济学分析［J］．宏观经济，2010（3）.

［61］李艳丽．中国自由贸易区战略的政治经济学分析［D］．2008 年博士学位论文．

［62］李鑫．新形势下的国际税收协调［J］．税务研究，2003（7）.

[63] 凌岚．竞争中的合作：国际税收协调的新机制［J］．税务研究，2003（1）．

[64] 刘永伟．国际税收协定的几个重大发展及其展望［J］．中国法学，2009（3）．

[65] 刘耘．境外投资财税激励政策的国际比较及借鉴［J］．经济问题，2008（8）．

[66] 罗秦．关于我国贸易税收政策的再思考：基于风险管理的视角［J］．税务与经济，2007（12）．

[67] 罗秦．中国企业所得税法与WTO规则从冲突走向协调［J］．税务研究，2008（2）．

[68] 罗秦．金融危机下提高我国出口退税的税制竞争力的思考［J］．税务研究，2009（2）．

[69] 罗秦．论提升我国税制的国际竞争力：基于对外贸易的视角［J］．税务与经济，2010.（1）．

[70] 罗秦．税收竞争、贸易摩擦与中国贸易税制竞争力［D］．2011年博士学位论文．

[71] 罗欣．试析国际税收竞争及其协调［J］．江西金融职工大学学报，2009（6）．

[72] 荣宏庆，丛春荣．欧盟税收一体化的协调内容及其借鉴［J］．当代经济研究，2006（7）．

[73] 明安斌．对我国出口退税政策目标的再思考［J］．税务研究，2007（6）．

[74] 彭岳．WTO协定下的间接税问题［J］．涉外税务，2006（11）．

[75] 乔丹丹．我国外资企业逃避税的现状分析［J］．黑龙江对外经贸，2009（4）．

[76] 阮芳．我国国际税收协调问题研究［D］．广东外语外贸大学硕士学位论文，2008.

[77] 邵明均等．税收间接抵免的特点及其运用［J］．涉外税务，1997（12）．

[78] 深圳“走出去”企业税收服务研究课题组．对“走出去”企业税收

服务现状及需求的调查与思考 [J]. 涉外税务，2010 (4).

[79] 苏明等．建立国际税收合作组织的研究 [J]. 税务研究，2003 (6).

[80] 孙玉红．全球 FTAs 网络化与发展中国家一体化战略 [M]. 北京：对外经济贸易大学出版社，2007.

[81] 孙群，孙纳．国际税收竞争对我国的启示 [J]. 税务研究，2005 (11).

[82] 陶继侃．国际税收与国际的税收协调 [J]. 世界经济，1988 (1).

[83] 汤建军，朱远程．国际贸易理论中的贸易税收政策 [J]. 北方经济，2008 (11).

[84] 唐小明，雷又生．"10+1" 框架下的中国—东盟税收协调 [J]. 特区经济，2008 (10).

[85] 唐震华．国际上转让定价税制发展的综合评析（上，下）[J]. 涉外税务，1997 (1)、(2).

[86] 田丰．提高出口退税率对中国经济增长的作用有限 [J]. 国际经济评论，2010 (5).

[87] 田红玉．出口退税政策如何走出"三角误区" [J]. 国际贸易，2010 (7).

[88] 王传纶．国际税收 [M]. 北京：中国人民大学出版社，1992.

[89] 王春．经济全球化下的国际税收协作机制及发展趋势 [J]. 国际税收，2009 (9).

[90] 王君．经济全球化下的国际税收协作机制及其发展趋势 [J]. 国际税收，2009 (3).

[91] 王良穆，孙红梅．经济全球化下的国际税收竞争与税收优惠 [J]. 财经问题研究，2005 (4).

[92] 王红霞．服务于国家安全及整体战略——美国双边及区域自由贸易协定战略目标及启示 [J]. 国际贸易，2004 (10).

[93] 王瑛，胡天辉，周强．中国—东盟自由贸易区税收协调探讨 [J]. 宏观经济，2008 (7).

[94] 王雍军．税制优化原理 [M]. 北京：中国财政经济出版社，1995.

[95] 维托·坦齐．有必要建立一个世界税收组织吗 [A].//阿沙夫·拉辛、埃弗瑞·萨德卡．全球化经济学：从公共经济学角度的政策透视（中文版）[M]. 上海：上海财经大学出版社，2001.

[96] 吴从容．浅论中国—东盟自由贸易区的税收协调 [J]. 黑龙江对外经贸，2007（12）.

[97] 吴强．国际税收竞争理论研究 [D]. 华中科技大学博士学位论文，2007.

[98] 吴永求．对我国有关所得来源地判定标准修改的建议 [J]. 涉外税务，2010（1）.

[99] 杨春梅．经济全球化下的税收国际协调 [D]. 厦门大学邓子基教授指导的博士论文，2001.

[100] 杨志清．国际税收 [M]. 北京：中国人民大学出版社，2005.

[101] 苑新丽．国际税收协调的发展趋势 [J]. 财经问题研究，2002（10）.

[102] 尹音频．提升中国企业所得税制竞争力的探讨 [J]. 涉外税务，2007（1）.

[103] 尤安山．中国—东盟自由贸易区建设 [M]. 上海：上海社会科学院出版社，2008.

[104] 余峻梅，魏佳．从国际税收竞争走向国际税收合作 [J]. 涉外税务，2003（3）.

[105] 余振．东亚区域贸易安排：福利效应与中国的参与战略 [M]. 北京：科学出版社，2010.

[106] 中国税务学会税收学术研究委员会《经济全球化税收对策》课题组．经济全球化条件下的国际税收协调 [J]. 税务研究，2005（9）.

[107] “中国—东盟税收问题研究”课题组．中国—东盟税收协调问题研究 [J]. 涉外税务，2008（4）.

[108] 张彬等．国际区域经济一体化比较研究 [M]. 北京：人民出版社，2010.

[109] 张东杰．论国际税收协调及其对国际政治的影响 [D]. 吉林大学硕士学位论文，2009.

［110］张蕴岭，沈铭辉．东亚、亚太区域合作模式与利益博弈［M］．北京：经济管理出版社，2010.

［111］张泽平．浅析国际税收协定争端解决机制中的仲裁方式［J］．财税纵横，2009（3）.

［112］张镇燕．国际税收协调的趋势探索与我国对策研究［D］．对外经济贸易大学硕士学位论文，2006.

［113］郑榕．经济全球化背景下的国际税收政策［J］．涉外税务，2002（5）.

［114］钟晓敏．竞争还是协调：评欧盟未来的税收政策走向［J］．财经论丛，2001（9）.

［115］钟晓敏．论欧盟税收政策的协调［J］．世界经济，2002（2）.

［116］钟晓敏．欧盟税收政策的协调：过去、现在与未来［J］．世界税收评论，2003（12）.

［117］周照．区域经济一体化中的国际税收协调机制研究［D］．西南财经大学硕士学位论文，2005.

［118］周易武．不对称国际税收竞争下我国税收政策选择研究——以我国与东盟为例［D］．山东大学硕士学位论文，2009.

［119］朱洪仁．经济全球化与国际税务合作的现状和前景［J］．涉外税务，2001（5）.

［120］朱青．国际税收（第 3 版）［M］．北京：中国人民大学出版社，2008.

［121］施本植．兴国之要与强国之路［J］．中国经济观察，2012（2）.

［122］施本植，郑蔚．国际税收协调对经济一体化发展的影响分析［J］．思想战线，2012（3）.

外文文献：

［1］Aldaha, R. FDI Investment Incentive System and FDI Inflows: The Philippine Experince, *Philippine Institute for Development Studies*, 2006（20）: 99-103.

［2］Azemar, C. , Desbordes, R. and Mucchielli, J. Do Tax Sparing Agreements Contribute to the Attraction of FDI in Developing Countries? *International Tax and Public Finance*, 2007 (14): 33-54.

[3] Barros, P. and Gabral, L. Copeting for Foreign Direct Investment. *Review of International Economics*, 2000 (8): 75-80.

[4] Berglas, E. Harmonization of Commodity Taxes. *Journal of Public Economics*, 1981 (16): 132-138.

[5] Bjerksund, P. and Schjelderup, G. The political Economy of Capital Controls and Tax Policy in a Small Open Economy. *European Journal of Political Economy*, 1998 (13): 44-57.

[6] Bjorvatn, K. and Schjelderup, G. Tax Competition and International Public Goods. *International Tax and Public Finance*, 2001, 55: 93-99.

[7] Bonis, V. D. Regional Intergration and Commodity Tax Harmonazation. CDSifo Working Papers, April, 1996.

[8] Boskin, J. and Gale, W. New Results on the Effect of Tax Policy on the International Location of Investment. *The Effect of Taxation on Capital Accumulation*, Chicago: University of Chicago Press, 1987: 111-123.

[9] Bovenberg, L. Destination- and Origin-based Taxation under International Capital Mobility. *International Tax and Public Finance*, 1994, 1: 65-69.

[10] Bratton, W. and McCahery, J. A. Tax Coordination and Tax Competition and in European Union: Evaluating the Code of Conduct of Business Taxation. Common *Market Law Review*, 2001, 38: 677-718.

[11] Brennan, G. and Buchanan, J. *The Power to Tax: Analytical Foundations of a Fiscal Constitution.* New York: Cambridge University Press, 1980: 332-345.

[12] Brueckner, J. K. A Tiebout/Tax Competition Model. *Jornal of Public Economics*, 2000, 77: 285-306.

[13] Breton, A. The Growth of Competitive Government. *Canadian Journal of Economics*, 1989, 22 (4): 58-64.

[14] Breton, A. and Ronald, W. The Equilibrium Size of a Budget-maximazing Bureau: A Note on Niskanen's Theory of Bureaucracy. *Journal of Political Economy*, 1975, 83 (1): 76-82.

[15] Bucovetsky, S. Asymmetric Tax Competition. *Journal of Urban Econom-*

ics, 1991, 30: 67-181.

[16] Bucovetsky, S. and Wilson, J. Tax Competition with Two Instruments. *Regional Science and Urban Economics*, 1991, 21: 89-123.

[17] Bucovetsky, S. and Haufler, A. Preferential Tax Regimes with Asymmetric Countries. *CESifo Working Papter*, 2006.

[18] Chen, J. and Smerkal, C. International Tax Competition: A Case for International Cooperation in Globalization. *Trasition Studies Review*, 2004, 11 (3): 59-76.

[19] Cremer, H. and Gahvari, F. Tax Evasion, Fiscal Competition and Economic Integration. *European Economic Review* , 2000, 44: 1633-1657.

[20] Desai, M. Are We Racing to the Bottom? Evidence on the Dynamics of International Tax Competition, in J. Hines ed.. *International Taxation and Multinational Activities*, Chicago: University of Chicago Press, 1999: 123-201.

[21] Desai, M. , Foley, C. and Hines, J. A Multinational Perspective on Capital Structure Choice and International Capital Markets. *Journal of Finance*, 2004, 59: 78-98.

[22] Desai, M. , Foley, C. and Hines, J. Do Tax Havens Direct Economic Activity? *Economic Letters*, 2006, 90: 23-56.

[23] Devereux, M. B. The Terms of Trade and the International Coordination Inqurity. *Journal of Finance*, 1991, 29: 91-121.

[24] Dhillon, A. , Perroni, C. and Scharf, K. A. Implementing Tax Coodination. *Journal of Public Economics*, 1999, 72: 243-268.

[25] Edgar, T. Corporate Income Tax Coordination as a Response to International Tax Competition and International Tax Arbitrage. Canadian Tax Journal, 2003 (51): 1079-1151.

[26] Edwards, J. and M. Keen. Tax Competition and Leviathan. *European Economic Review*, 1996, 40: 113-134.

[27] Eggert, W. and B. Genser. Is Tax Harmonization Useful? *International Tax and Public Finance*, 2001, 8: 511-527.

[28] Eggert, W. and M. Kolmar. Residence-Based Capital Taxation in a Small Open Economy: Why Information is Voluntarily Exchanged and Why It Is Not.

International *Tax and Public Finance*, 2002, 9: 465–482.

[29] European Commission. Company Taxation in the Internal Mrket, COM, 2001, 582 final, Brussels.

[30] Fehr, H. , Wiegard, W. and Rosenberg, C. *Wlfare Effects of Value–Added Tax Harmonization in Europe.* New York: Springle Berlag Press, 1995: 122–232.

[31] Fuest, C. The Political Economy of Tax Coordination as a Bargaining Game Between Bureaucrats and Politicians. *Public Economics*, 1998, 24: 35–51.

[32] Fuest, C. and Huber, B. Tax Competition and Tax Coordination in a Median Voter Model. *Public Choice*, 2001, Vol. 107, 97–113.

[33] Fuest, C. and Huber, B. Why is There so Little Tax Coordination? The Role of Majority Voting and International Tax Evation. *Regional Science and Urban Economics*, 2001, 31: 89–132.

[34] Fuest, C. and Huber, B. Labor and Capitla Income Taxation, Fiscal Competition, and the Distritution of Wealth. *Journal of Pulbic Economics*, 2001, 79: 75–97.

[35] Glisk, J. Asymmetric FDI and Tax– Treaty Bargaining: Theory and Evidence. *Journal of Public Economics*, 2003, 23: 333–364.

[36] Grombrugghe, A. and Tulkens, H. On Pareto Improving Tax Changes under Fiscal Competition. *Journal of Public Economics*, 1990, 41: 98–113.

[37] Gordon, R. Taxation of Investment and Savings in a World Economy. *American Economics Review*, 1986, 76: 1086–1102.

[38] Gnossen, S. and Shoup, C. Coordination of Value–Added Taxes in S. Gnossen ed. *Tax Coordination in the EC*, Kluwer Press, 1987: 145–175.

[39] Gropp, R. and Kostial, K. The Disappearing Tax Base: Is Foreign Direct Investment Eroding Corporate Income Taxes? *Working Paper No.* 31, 2000, European Central Bank.

[40] Grossman, H. Border Tax Adjustments: Do They Distort Trade? *Journal of International Economics*, 2002, 10: 153–186.

[41] Grubert, H. Tax Planning by Companies and Tax Competition by Government: Is There Evidence of Changes in Behavor? In J. R. Hines (ed.), *Internation-*

al Taxation and Multinational Activity. Chicago: Chicago University Press, 2001: 201-234.

[42] Hashimzade, N., Khovadaisi, H. and Myles, G. D. Tax Principles, Product Differntiation and the Nature of Competition. *International Tax and Public Finance*, 2005, 12: 695-712.

[43] Hartman, G. Tax Policy and Foreign Direct Investment in the United States. *National Tax Journal*, 1984, 37 (4): 68-79.

[44] Haufler, A. and I. Wooton. Country Size and Tax Competition for Foreign Investment. *Journal of Public Economics*, 1999, 71: 121-139.

[45] Haufler, A., Schjelderup, G., Stahler, F. Commodity Taxation and International Trade in Imperfect Markets. CESifo Working Paper, No. 376, 2000.

[46] Hines, J. Tax Sparing and Direct Investment in Developing Countries. *NBER Working Paper*, 1998.

[47] Hines, J. Coporate Taxation and International Competition. *Ross School of Business Paper*, No. 1026. University of Michigan, 2005: 105-134.

[48] Hines, J. Which Countries Become Tax Havens? *NBER Working Paper*, 2006.

[49] Horner, F. M. Do We Need an International Tax Organization? Taxanalysts, 2001 (10): 1-14.

[50] Huber B. Tax Competition and Tax Coordination in an Optimum Income Tax Model. *Journal of Public Economics*, 1999 (71): 441-458.

[51] Jacob Viner. *The Customs Union Issue.* New York: Carnegie Endowment for International Peace, 1950: 1-97.

[52] James D. Can We Harmonize Our Views on European Tax Harmonization? *International Bureau of Fiscal Documentation*, 2000, 6: 263-268.

[53] Janeba, E. and W. Peters. Tax Evasion, Tax Competition and the Gains from Nondiscrimination: The Case of Interest Taxation in Europe. *The Economic Journal*, 1999, 109: 120-143.

[54] Janeba, E. and M. Smart. Is Targeted Tax Competition Less Harmful than Its Remedies? *International Tax and Public Finance*, 2003, 10: 86-94.

[55] Jensen, H. The Advantage of International Fiscal Cooperation Under Alternative Monetary Regimes. European Journal of Political Economy, 1995, 12: 485-504.

[56] Kanbur, R. and M. Keen. Jeux Sans Frontieress: Tax Competition and Tax Coordination When Countries Differ in Size. *American Economics Review*, 1993, 83: 341-401.

[57] Karakosta, O., Kotsoglannis, C. and M. Lopez-Garcia. Does Indirect Tax Harmonization Deliver Pareto Improvements in the Presence of Global Public Goods? *CESifo Working Paper*, No. 2668, 2009: 5.

[58] Keen, M. Welfare Effects of Commodity Tax Harmonisation. *Journal of Public Economics*, 1987, 33: 107-114.

[59] Keen, M. Pareto-Improving Indirect Tax Harmonisation. *European Economic Review*, 1989, 33: 1-12.

[60] Keen, M. The Welfare Economics of Tax Coordination in the European Community. *The Economics of Tax Policy*, ed. M. Devereus, Oxford University Press, 1996: 254-291.

[61] Keen, M. and Marchand, M. Fiscal Competition and the Pattern of Public Spending. *Journal of Public Economics*, 1997, 66: 38-75.

[62] Keen, M. Preferential Regimes Can Make Tax Competition Less Harmful. *National Tax Journal*, 2001, 54: 23-54.

[63] Keen, M. Information Sharing and International Taxation: A Primer. *International Tax and Public Finance*, 2006, 13: 81-110.

[64] Keena, M., Lahiri, S. and Raimondos-Mollerc, P. Tax Principles and Tax Harmonization Under Imperfect Competition: A Cautionary Example. *European Economic Review*, 2002, 46: 1559-1568.

[65] Kotsogiannis, C., Lopez-Garcia, M. A. and Myles, G. D. The Origin Principle, Tax Harmonization and Public Goods. *Eonomic Letters*, 2005, 87: 211-1219.

[66] Lockwood, B. Can International Commodity Tax harmonization be Pareto-improving When Governments Supply Public Goods? *Journal of International Eco-*

nomics, 1997, 43: 387-408.

[67] Lopez-Garcia, M. On Walfare and Revenue Effects of Indirect Tax Harmonization. *Economics Letters*, 1998, 60: 185-193.

[68] Ludema, R. D. and I. Wooton. Economic Geography and the Fiscal Effects of Regional Integaration. *Journal of International Economics*, 2000, 52: 88-103.

[69] Miller, M. and Salmon, M. Policy Coordination and Dynamic Games, In: W. H. Buiter and R. C. Marston. Eds. *International Economic Policy Coordination*, New York: Cambridge University Press, 1985: 26-64.

[70] Morse, E. L. *Modernization and the Transformation of International Relations*, New York: NY: Press Press, 1976: 34-87.

[71] Oates, W. E. *Fiscal Federalism.* Harcourt Brace Jovanovich, USA, 1972: 46-85.

[72] Oshawa, Y. A Spatial Tax Harmonization Model. *European Economic Review*, 2003: 47.

[73] Parry, I. W. H. How Large are the Welfare Costs of Tax Competition? *Journal of Urban Economics*, 2003, 54: 53-89.

[74] Richard C. *The Economics of Interdependence: Economic Policy in the Atlantic Community.* New York: McGraw-Hill, 1968: 78-132.

[75] Rasmussen, B. On the Scope for International Tax Cooperation: The Role of Capital Controls. *Open Economics Review*, 1999, 10: 35-64.

[76] Razin, A. and E. Sadka. International Tax Competition and Gains from Tax Harmonization. *Economies Letters*, 1991: 37.

[77] Razin, A. and Yuen, C. Optimal International Taxation and Growth Rate Convergence: Tax Competition vs. Coordination. *International Tax and Public Finance*, 1999, 6: 569-598.

[78] Reis, A. On the Welfare Effect of Foreign Investment. *Journal of International Economic*, 2001, 54: 345-401.

[79] Shepherd, W. F. *International Fiancial Integration: History, Theory and Applications in OECD Countries.* Aldershot: Ashgate, 1994.

[80] Sinn, H. Tax Competition and Tax Harmonization in Europe. *European*

Economic Review, 1990, 34: 90–104.

[81] Sorensen, P. Welfare Gains from International Fiscal Coordination, Public Finance with Several Levels of Government. *Proceedings of the* 46th *Congress of the International Institute of Public Finance*, the Hague, 1992.

[82] Sorensen, P. The Case for International Tax Coordination Reconsidered. *Economic Policy*, 2000, 10: 10–24.

[83] Sorensen, P. Do We Need Tax Coordination? Working Paper, University of Copenhagen, 2001: 35–64.

[84] Sorensen, P. International Tax Coordination: Regionalism Versus Globalism. *Journal of Public Economics*, 2003, 88: 1187–1214.

[85] Tanzi, V. The Impact of Economic Globalization in Taxation. *International Bureau of Fiscal Documentation*, 1998: 8.

[86] Tiebout, C. A Pure Theory of Local Expenditures. *Journal of Political Economy*, 1956, 64: 69–97.

[87] Turnovsky, S. J. The Gains from Fiscal Cooperation in the Two–commodity Real Trade Model. *Journal of International Economics*, 1988, 25: 233–321.

[88] Van Der, P. International Policy Coordination in Interdependent Monetary Economics. *Journal of International Economics*, 1988, 23: 356–371.

[89] Weiss, A. and Molnar, F. International Cooperation is Possible. Edited by H. Stein. *Tax Policy in the Twenty–first Century*, Philip Morris Companies Inc., 1988: 85–103.

[90] Wilson, J. D. *A Theory of Interregional Tax Competition. Journal of Urban Economics*, 1986, 19: 296–315.

[91] Wilson, J. D. Tax Competition with International Differences in Factor Endowments. *Regional Science and Urban Economics*, 1991, 21: 46–91.

[92] Wilson, J. D. Theories of Tax Competition. *National Tax Jornal*, 1999, 52: 35–74.

[93] Wilson, J. D. and D. E. Wildasin. Tax Competition: Bane or Boon? *Jornal of Public Economics*, 2004, 88: 460–482.

[94] Willdasin, D. E. Interjurisdictional Capital Mobility: Fiscal Externality

and a Corrective Subsidy. *Journal of Urban Economics*, 1989, 25: 193–212.

[95] Zhong, L. and Lahiri, S. International Joint ventures and Tax competition in an Integrated Market. *International Review of Economics and Finance*, 2009, 18: 38–44.

[96] Zodrow, G. R. and Mieszkowski, P. The Incidence of the Property Tax: The Benefit View Versus the New View. In G. R. Zodrow (ed.). *Local Provision of Public Services: The Tiebout Model after Twenty–Five Years.* New York: Academic Press, 1986: 68–92.

[97] Zodrow, G. R. Tax Competition and Tax Coordination in the European Union. *International Tax and Public Finance*, 2003, 10: 651–671.

后　记

本书是在我的博士论文基础上反复修改而成的，它不仅是我几年来博士研究成果的总结，也是一个继续深入研究的起点，我对它倾注了相当大的热情和努力。总的来说，这本书是基于国内外学者对国际税收协调理论基础、必要性、效应、机制、模式的研究，围绕区域经济一体化进程中的国际税收协调问题，针对区域经济一体化进程中国际税收协调的理论分析框架、国际税收协调程度的评价方法、国际税收协调对区域经济一体化的效应，以及我国参与区域性国际税收协调战略进行的研究。由于这些问题的研究涉及政治、经济、国际关系、社会文化等诸多领域，因此这也是一项复杂而艰巨的工作。同时，限于笔者的学识水平，书中的错误和遗漏在所难免，敬请读者赐教。

本书的完成首先要感谢我的博士生导师施本植教授，他学养精深、治学严谨、乐观通达，堪称师道楷模、学界典范。本书从选题、资料收集、初稿、再到定稿都是在施本植教授的指导下完成的。教授的谆谆教导、严谨的治学态度和睿智的为人处世方法都将使我受益终身。

本书付诸出版，多得云南大学林文勋校长的指教、关怀和支持，另外也得益于研究生院赵琦华院长的关心与帮助，谨此深表谢忱！

求学和研究过程中，受到了云南大学经济学院张荐华教授、徐光远教授、郭树华教授、张林教授、蒋冠教授、罗美娟教授、李娟老师、邓铭老师等诸位师长的指教和帮助，也得到了国际合作与交流处领导和同仁的关怀，在此一并致谢！

经济管理出版社的陆雅丽编辑为本书的出版付出了辛勤的工作，特此致谢。最后，我还要感谢我的家人和朋友，我的工作和学习得到了他们的支持和帮助；也要感谢我的儿子，他带给了我极大的欢乐，让我忘却工作与研究之苦。

郑　蔚

二〇一三年四月于云南大学